S. 281   Kopp gibt freie Hand
    170   1989 Challenger exp
    112   Mondlandung - Bild
    106   Warum müssen ihren
20 — 24   Mondbilder

*Mit dem Mond
zur Weltherrschaft*

1. Auflage September 2008

Copyright © 2008 by Jochen Kopp Verlag,
Pfeiferstraße 52, D-72108 Rottenburg

Umschlaggestaltung: Peter Hofstätter, München
Satz, Layout & Lekorat: Bürodienstleistungen Rauch, Rosenfeld
Druck und Bindung: CPI – Clausen & Bosse, Leck
Alle Rechte vorbehalten.

ISBN-13 978-3-938516-75-1

Gerne senden wir Ihnen unser Verlagsverzeichnis:

KOPP VERLAG
Pfeiferstraße 52
D-72108 Rottenburg
E-mail info@kopp-verlag.de
Tel. (0 74 72) 98 06 0
Fax (0 74 72) 98 06 11

Unser Buchprogramm finden Sie auch im Internet unter:
www.kopp-verlag.de

G.F.L. Stanglmeier
&
A. Liebe

Mit dem Mond zur Weltherrschaft

Geheime Missionen im All

KOPP VERLAG

»Heiliger Sankt Leibowitz,
lass' sie da unten weiterträumen.«
(aus »Sternenjäger« von James A. Mitchener)

posthum für
Leo Sedlmayr

zur Erinnerung an die
Mission Apollo 7

für
Ingrid, Raphael und Constantin

und
mit der Bitte um Verzeihung an
Georgij Dobrowolski,
Viktor Pazajew
sowie
Wladislaw Wolkow

INHALTSVERZEICHNIS

Vorwort		11
Einstieg		13
Einleitung		17
TEIL 1	DIE VERGANGENHEIT	19
Kapitel 1	Der Mond: Mehr als nur ein kosmischer Nachbar?	20
Kapitel 2	Der Vergeltungsexpress	27
	Unternehmen »Paperclip« kontra Präsidentenorder	32
Kapitel 3	Das Phantom von Baikonur	35
	Amerikas »Weltraum-Pearl Harbour«	39
Kapitel 4	Der Mond wird rot	42
	Rätselhafte Dokumente	45
Kapitel 5	Katastrophe auf Startkomplex 41	48
	Sabotage?	51
Kapitel 6	Der Fall Iljuschin	54
	Flug bestätigt!	58
Kapitel 7	Der Wendepunkt	62
Kapitel 8	Der Chamberlin-Plan oder	
	Amerikas zweites Ass im Mondrennen	66
	»Money first!«	71
Kapitel 9	Koroljows mysteriöser Tod	73
	Tarn-Programm Zond	77
Kapitel 10	Astronautensterben	81
	Das Baron-Protokoll	84
	NASA: Keine Sabotage	87
Kapitel 11	Todesschreie aus dem All	91
	Das Geheimnis um Sojus 2	94
Kapitel 12	Area J	98
	Die Russen rüsten auf	103
Kapitel 13	Das Webb-Monster	104
	Die Russen kontern	107

Der »Luna-15«-Schock 110
Eine unheilige Allianz 116
Kapitel 14 **Die Sache mit Apollo 14** **118**
Neue Recherchen 121
»Kein Kommentar!« 124
Granatenhagel: Die erste Waffe auf dem Mond! 126
Versteckt, verfälscht, verschwiegen 129
Kapitel 15 **Der Fossilien-Rover** **130**
LTP – die wahren Rätsel des Mondes 132
Das Geheimnis der »rostigen Steine« 135
Sex, Crime and Money: Der Mars-Skandal 138
Kapitel 16 **Die NASA verspielt den Sieg** **140**
Daten-GAU bei der NASA 143
Kapitel 17 Der **Bär brüllt wieder!** **146**
Sabotage oder Unvermögen? 148
Das bittere Ende 151
Kapitel 18 **Die Geheimnisse des »Roten Sterns«** **155**
Lücken und Fragezeichen 157
Missionen, die es nie gab 160

TEIL II SIEGER UND BESIEGTE **163**
Kapitel 19 **Der Koloss von Tjuratam** **165**
Ausverkauf eines Traums 170
Kapitel 20 **Die dritte Macht** **173**
Japans Ziel 176
Kapitel 21 **Ziel »Mondbasis«** **178**
»Lock the doors« – »Schließt die Türen« 182
Kapitel 22 **Das Clementine-Geheimnis** **186**
Die Karte des Galileo 187
»Oh My Darlin' Clementine« 189
Top Secret: Wasser auf dem Mond! 192
Kapitel 23 **Die gelbe Gefahr** **195**
Der erste »Schusswechsel« 197
Südkorea – mehr als nur ein Außenseiter? 201

TEIL III GEGENWART & ZUKUNFT **203**
Kapitel 24 **Die Invasion beginnt!** **205**
Der »Fall Estonia« 210

Kapitel 25 **Der Fall Estonia**   212
     Die Ehe scheitert   214
     Ein russisch-europäisches »Mondbündnis«?   217
     Geheimer Mondpakt zwischen Russland und China?   218
Kapitel 26 **Die zweite Welle**   223
     Im Allerheiligsten der NASA   225
     2012: Mond-Grand-Prix im Krater Schumacher?   227
Kapitel 27 **Die Mondlandung:**
     Ein Märchen oder märchenhafte Wahrheit   229
     Schattenspiele   232
Kapitel 28 **Geheime Raumfahrt und Geheimdienst-Raumfahrt**   234
     Die Santa-Cruz-Studie   239
     Der wahre Kampfstern Galaktika   240
     Geheimauftrag Phoenix   242
Kapitel 29 **Vandenberg Air Force Base –**
     die Area 51 der Raumfahrt   246
     Waren sie nie weg?   250
     Clementine ist kein Einzelfall   250
Kapitel 30 **Mission Dwa Orla –**
     Fahrplan zu Weltherrschaft   253
     Laserkanone soll Weltherrschaft erbringen   256
     Zurück zur Fra-Mauro-Region – und zu Apollo 14!   257
Kapitel 31 **Die Schlacht**   260
     Name: Juri Schargin. Beruf: Sternenkrieger   261
     Washingtons Antwort: Space Seals   264
     Das NASA-Dilemma   266
     Die neue US-Strategie:
     All-Macht statt Weltherrschaft!   267
Kapitel 32 **Raumschiff Orion**   270
     Altair – Amerikas nächste Mondfähre   273
     Nomad Explorer: Der erste Mondpanzer?   276
Kapitel 33 **Macht und Ohnmacht**   276

Danksagungen   280
Literaturhinweise   284
Begriffs- & Abkürzungsverzeichnis   291
Register   297

VORWORT

»That's one small step for a man – one giant leap for mankind!«
Mit diesem Satz, der in die Geschichte der Raumfahrt einging, betrat
der Kommandant Neil Armstrong am 21. Juli 1969 um 4.56 Uhr eu-
ropäischer Zeit als erster Mensch den Mond: »Ein kleiner Schritt für
einen Menschen – ein Riesensprung für die Menschheit!«
Für uns, die Älteren, die diesen historischen Juli 1969 noch persönlich erlebten, die jenem Augenblick der Landung vor dem Fernseher
erregt und in unglaublicher Spannung entgegenfieberten, bleibt dieses
technisch-wissenschaftliche Abenteuer unvergesslich: Der Start der
Saturnrakete am 16. Juli 1969, als der schwarz und weiß gemusterte
Riese mit seinen 3.000 Tonnen und drei Astronauten an Bord unter
dem Brüllen seiner Feuer speienden fünf Triebwerke langsam in den
Morgenhimmel von Florida stieg ... Die stündlichen Berichte über den
drei Tage währenden, antriebslosen Flug auf der exakt vorberechneten
Bahn zum Mond ..., die ein Jugendfreund von mir, Heinz Trauboth,
als Chefsystem-Ingenieur von Huntsville im US-Bundesstaat Alabama
aus kontrollierte ... Die zwölf Mondumläufe, bevor das Landemodul
Eagle in einem einstündigen Landeanflug, sieben Kilometer vom eigentlichen Ziel entfernt und trotzdem sicher im Meer der Stille schließlich
aufsetzte ...
Für den technischen Fortschritt der Menschheit war an diesem Tag
ein neues Kapitel aufgeschlagen worden.
Zwei Monate später, im September 1969, war ich mit meiner Film-
crew für die »utopische Reportage« mit dem Titel »Die Delegation«,
die später nach der Erstsendung die Goldene Kamera erhielt, nach
Dreharbeiten in Kanada und in New York schließlich auch in Florida, auf Cape Kennedy, gelandet, bevor es nach Puerto Rico und Peru
weiterging.
Dort stand auf dem Weltraumbahnhof die nächste Saturnrakete für
Apollo 12 bereits auf dem gigantischen, kettenbewehrten Tieflader, der
dieses 38 Stockwerke hohe Monster im Schneckentempo von der

Montagehalle zur Abschussrampe transportierte. Eine für uns atemberaubende Begegnung.

Es folgten noch weitere Missionen zum Mond: die Beinahe-Katastrophe von Apollo 13, dann die erfolgreichen Landungen von Apollo 14, 15 und 16. Aber irgendwann war dann Schluss, das Programm erfüllt, das Budget der NASA erschöpft. Der Mond war wieder das, was er immer schon war: das unerreichbare, weit entfernte Symbol romantischer Träume.

Wie singt Konstantin Wecker doch so passend sentimental: »Das kann doch nicht alles gewesen sein ...«

Die Autoren G.F.L. Stanglmeier und A. Liebe, die nicht an ein Ende von Mondmissionen glauben, haben nun – weiß der Himmel, wie sie das geschafft haben – geheime Archive in Ost und West, in China, Japan, Indien und Südkorea geplündert. Und sie entwerfen im vorliegenden Buch, anknüpfend an die Geschichte der bisherigen Mondlandungen, kompetent und packend ein Szenarium künftiger Missionen mit allen Konsequenzen.

Der Aufbruch zum Mond mit bemannten Flügen und weiter zu den nächsten Planeten hat für sie und ihre Leser erst begonnen.

Rainer Erler
Autor und Filmemacher

EINSTIEG
Ich bin ein Kind der NASA

Ich habe sie alle erlebt. Sämtliche bemannten Apollo-Flüge von Apollo 7 im Oktober 1968 bis hin zum russisch-amerikanischen »shake hands« beim Apollo-Sojus-Testprojekt im Jahre 1975. Bereits bei Apollo 8 war ich der Chef des Mission Control Centers in Houston. Ich war an meiner Konsole perfekt ausgerüstet. Vor mir mein Radiorekorder, mit dem ich die einzelnen Controller abrief, daneben ein tragbares Radio mit Ohrmuschel-Hörer. Den hatten die in Texas ja auch. Außerdem brauchte ich ihn wirklich dringend, um nächtens heimlich unter der Bettdecke die stündlichen Nachrichten mit Informationen über den Flug hören zu können. Man hat's eben nicht einfach gehabt damals, vor nunmehr 40 Jahren, im zarten Alter von – aber lassen wir das …

Nur einmal habe ich eine Übertragungsstunde (fast) vollständig versäumt. Gott sei Dank war es nichts Wichtiges, nur die erste Landung von Menschen auf einem anderen Himmelskörper, die habe ich verschlafen. Neil Armstrongs historische Worte »Ein kleiner Schritt nur für einen Menschen, aber ein großer Sprung für die Menschheit« – ich habe sie nicht gehört. Kein Wunder: Ich hatte seit dem Start von Apollo 11 keine einzige Sekunde mehr geschlafen. Als ich aufwachte, war alles längst gelaufen, die Crew war bereits wieder auf dem Weg in die Mondlandefähre Eagle.

Es sollte sehr, sehr lange Zeit dauern, bis ich meine erste vollständige Mondexpedition erleben durfte. Bei Apollo 12 nämlich fiel die Kamera aus. Noch heute frage ich mich, ob die Idee von Charles Conrad, den Schaden der Kamera mit ein paar kräftigen Hammerschlägen zu beheben, wirklich so prickelnd war. Eines aber steht fest: »NASA-like« war sie allemal! Die Sache hatte nur einen kleinen Haken: Der Bildschirm blieb schwarz. Aber noch heute erinnere ich mich an die hervorragende Tonqualität des Funkverkehrs …

Bei Apollo 13 war die Sache nicht mehr lustig. Die zivilisierte Welt bangte nach der Explosion im Versorgungsteil des Apollo-Raumschiffs um das Leben der Crew. Ich nicht. Mir war von Anfang an klar, dass Flugdirektor Chris Kraft »die 13« wieder wohlbehalten zur Erde zurückbringen würde. Sein Leitspruch »A failure is not an option!« («Ein Scheitern ist nicht akzeptabel!«) wurde für mich zum elften Gebot. Und als die geretteten Astronauten Lovell, Haise und Swigert an Deck des Trägers »Iwo Jima« standen, war mir sofort bewusst, dass dies die Stunde war, in der Gott Konkurrenz bekommen hatte.

Dann aber kam 1971 Apollo 14 – *meine* Apollo 14! Erstmals sah ich live, wie Astronauten den Mond betraten, wissenschaftliche Experimente aufbauten und Gesteinsproben einsammelten. Neben Alan Shepard, dem ersten NASA-Astronauten, gehörte noch Edgar D. Mitchell zu dem Erkundungsteam in der Fra-Mauro-Region. Hätte ich damals geahnt, dass ich Mitchell 2006 in Interlaken in der Schweiz exklusiv interviewen würde, ich wäre wohl ausgeflippt wie bei einem Rolling-Stones-Konzert!

Edgar D. Mitchell interessierte mich schon damals besonders – aus einem ebenso besonderen Grund: Er sollte im Rahmen der Apollo-14-Mission einen »ungewöhnlichen Geheimauftrag erledigen«, von dem »nur wenige Eingeweihte« Kenntnis besaßen. Mittels Zener-Karten galt es experimentell zu prüfen, ob Telepathie auch über längere räumliche Distanzen ihre Wirkung behält beziehungsweise überhaupt entfalten kann. Die Zener-Karten wurden in den 30er Jahren des vorigen Jahrhunderts entwickelt. Sie tragen Symbole wie beispielsweise ein Quadrat oder einen Kreis. Der Absender trägt sich das jeweilige Symbol ein und versucht, es via »Gedankenkraft« an den Empfänger zu übermitteln, der seinerseits versucht, das richtige Symbol zu empfangen.

Angeblich hat das Experiment funktioniert. Doch das interessierte mich in diesem Fall nur am Rande. Vielmehr versuchte ich zu ermitteln,

• wer den Geheimauftrag erteilt hatte.
• wer diese »Eingeweihten« waren.
• welchen Nutzen man bei der NASA aus den Ergebnissen
  zu ziehen hoffte.

Die Geheimhaltung aber wurde auch nach der erfolgreichen Rückkehr der Besatzung aufrechterhalten – und das ist das eigentlich Merkwürdige an diesem Vorgang. Die NASA galt und gilt im Gegensatz zu den Russen als äußerst auskunftsfreudige Behörde, die gerade auch den Medienvertretern gegenüber sehr hilfsbereit ist. Wenn also die NASA glaubt, etwas der Geheimhaltung unterwerfen zu müssen, hat sie dafür aus ihrer

Sicht schwerwiegende Gründe. Die müssen damals vorgelegen haben. Denn rund zwei Monate nach der Mission schrieb die Tageszeitung »Die Welt« in ihrem Artikel »Einen menschlichen Gedanken in die Erdumlaufbahn schicken?«: »Die NASA hat verfügt, dass die Resultate erst später veröffentlicht werden.« Und an anderer Stelle im selben Artikel des Verfassers Rainer Fabian wird noch einmal bekräftigt: »Das Ergebnis des Versuchs wird, laut Anweisung der NASA, erst später veröffentlicht.« Offensichtlich war also seinerzeit die NASA der Auftraggeber. Oder war sie lediglich Erfüllungsgehilfe des Pentagon? Damals wunderte mich der Vorgang zwar – mehr aber auch nicht.

Erst Jahre später erfuhr ich, wie tief die NASA in die Telepathieforschung involviert war – und warum. Schon vor dem Apollo-14-Experiment drangen nämlich Gerüchte darüber an die Öffentlichkeit, dass die NASA, teilweise sogar hauptverantwortlich, bei der Erforschung der Gedankenübertragung mitwirkte. So auch im Juli 1959, als das erste Atom-U-Boot der Welt, die USS Nautilus, Kurs auf die offene See nahm. Neben den Routineaufgaben stand auch ein einmaliger Test auf dem Programm: Ein anonymer Gast an Bord sollte versuchen, von unter Wasser aus gedanklich mit einem an Land befindlichen Kollegen in Kontakt zu treten. Zu diesem Zweck notierte er sich zweimal täglich die Zahlen, die er gedanklich aussandte und ebenso jene, von denen er annahm, dass sie ihm von seinem Versuchspartner telepathisch übermittelt wurden. Zwölf Tage blieb der Unbekannte an Bord, dann waren die Versuchsreihen abgeschlossen.

Doch wozu das alles? Die Antwort gab der damalige Forschungsdirektor der nationalen Luft- und Raumfahrtbehörde, Eugene Konecci. Seinen Ausführungen zufolge verfügte die Sowjetunion damals über nicht weniger als acht verschiedene Forschungszentren für Parapsychologie, deren Arbeit im Rahmen des Raumfahrtprogramms der UdSSR hohe Priorität genoss. Die sowjetischen Experimente wurden von den Amerikanern aufmerksam beobachtet (das heißt: nachrichtendienstlich). Konecci seinerzeit wörtlich: »Wenn die Experimente auch nur halb so gut sind, wie die Russen behaupten, werden sie die Ersten sein, die einen Gedanken auf eine Erdumlaufbahn bringen.« Deshalb also der Apollo-14-Versuch! Ich hatte meine Antworten und war zufrieden. Das war ein kapitaler Fehler, denn ich ahnte nicht einmal, dass sich rund um die Apollo-14-Mission noch weitaus merkwürdigere Vorkommnisse ereigneten als das Telepathieexperiment.

Aber der Zufall wollte es so, dass ich vor einigen Jahren einen Artikel über die Monderkundung von Shepard und Mitchell schreiben musste. Erst im Rahmen der zugehörigen Recherchen wurde mir allmählich klar, dass meine »Antworten« nicht einmal die Spitze des Eisbergs abdeckten.

G. F. L. Stanglmeier

EINLEITUNG

Eigentlich sollte dieses Buch eine Zusammenfassung über den aktuellen Stand der Mondforschung und die künftigen Aktivitäten in diesem Bereich der Raumfahrt werden. Was wir nun vorlegen, ist dagegen ein Real-Thriller. Und wie in den meisten Thrillern gehören auch bei uns Sex, Crime und Money zu den Kredenzien dieser Dokumentation – allerdings vollkommen überraschend und unbeabsichtigt. Wir jedenfalls hätten dergleichen nicht in einem Band zum Thema Monderkundung erwartet. Auch Spione, Agenten und Saboteure sollten allenfalls Randerscheinungen in diesem Metier darstellen. In unserem Report nimmt die Schlapphut-Branche in ihren mannigfaltigen Daseinsformen aber notgedrungen eher breiten Raum ein.

Wo derart illustre Akteure zusammentreffen, darf selbstverständlich die Politik nicht fehlen. Und natürlich tut sie das auch nicht, denn Raumfahrt würde es ohne Parteien und deren Vertreter in Parlamenten vermutlich noch heute nicht geben. Raumfahrt ist deshalb in jedem Fall immer auch zugleich handfeste Politik. Und Politik bedeutet letztlich Macht, Machtstreben und globale Vorherrschaft.

Gemäß dieser Kette wurde, was als Raumfahrtbuch konzipiert war, durch unsere Rechercheergebnisse mehr und mehr zu einem Report über das teuerste, aufwändigste und dramatischste Kapitel der Nachkriegszeit: die Eroberung des Mondes. In den Medien ist dabei häufig vom »Wettlauf zum Mond« die Rede. Gemäß der uns zugänglichen Dokumente und Insider-Informationen halten wir diese Bezeichnung jedoch für falsch. Angesichts der in den folgenden Kapiteln aufgezeigten illegalen Hightech-Transfers, geplanten und durchgeführten geheimen Raumfahrtprojekte, nachrichtendienstlichen Aktivitäten sowie Sabotageversuchen und politischen Machenschaften internationalen Ausmaßes halten wir die Bezeichnung »Mondkrieg« für zutreffender. Denn in Wahrheit geht es nicht, wie uns die Apollo-Flüge in den 1960er und 1970er Jahren zum Mond suggerieren möchten, um kurze Visiten, bei denen das Hissen des amerikanischen Sternenbanners einen Schwerpunkt im Programm der jeweiligen Mission darstellte. Vielmehr geht es um die erste permanente Inbesitznahme und Besiedelung eines anderen Himmelskörpers durch den Menschen. Vor allem aber stehen im Vordergrund die politisch-militärische Nutzung des Mondes und dessen ökonomische Ausbeutung. Beide Ziele werden mit einer finanziellen und technologischen Energie verfolgt, die ihresgleichen sucht. Am Ende dieser Entwicklung, vielleicht in 20 Jahren bereits, wird es neben der atomaren Apokalypse und dem immer bedrohlicheren Menetekel des Klimawandels eine dritte Komponente geben, die eine geradezu dramatische Veränderung der geopolitischen Situation auf unserem Planeten zur Folge haben wird: die Inbesitznahme des Mondes durch eine oder mehrere Nationen der Erde – mit kaum abschätzbaren Konsequenzen. So besteht etwa die Gefahr, dass der Mond vom wissenschaftlichen Studienobjekt und kosmischen Siedlungsraum zum Schlachtfeld irdischer Interessenskonflikte avanciert. Es droht die Inbesitznahme des Mondes durch eine oder mehrere Nationen der Erde.

Was harmlos klingt, birgt in Wahrheit höchste Brisanz. Denn es geht dabei nicht, wie man den Erdenvölkern immer wieder weis zu machen versucht, um die friedliche, wissenschaftliche Erkundung des Erdtrabanten. Vielmehr sind handfeste wirtschaftliche, militärische und politische Interessen die wahren Triebfedern für das Moonrace, den Wettlauf der Menschen um den Besitz des Mondes.

1. TEIL

DIE VERGANGENHEIT

*»Der Erste ist der Erste
und der Zweite ist niemand.«*
General George Armstrong Custer

Kapitel 1

DER MOND: MEHR ALS NUR EIN KOSMISCHER NACHBAR?

Entgegen einem weit verbreiteten Irrtum ist der Begriff »Mond« keine spezifische Namensbezeichnung für den Erdtrabanten. »Mond« im astronomischen Sinne ist vielmehr eine Art Sammelbegriff für »Begleiter eines Planeten«. Ausgenommen sind davon allerdings etwaige Staub- und Eisringe, die einen Planeten umschließen – so wie das beispielsweise beim Saturn der Fall ist.

Die mittlere Entfernung des Mondes von der Erde beträgt rund 385.000 Kilometer. Da seine Bahn Einflüssen von Sonne und Erde ausgesetzt ist, schwankt seine Entfernung zwischen den Extremwerten von mindestens 363.400 Kilometer und maximal 405.500 Kilometer. Das vielleicht auffälligste Merkmal des Mondes als Himmelskörper ist die Tatsache, dass er der Erde stets die gleiche Seite zuwendet. Dies rührt daher, dass seine Eigenrotation die gleiche Periode aufweist wie sein Umlauf. Die Folge: Wir können lediglich 4/7 seiner Oberfläche von unserem Planeten aus betrachten, gut 3/7 der Mondoberfläche bleiben einem irdischen Beobachter aber verborgen.

Der Mond – rund 380.000 Kilometer von der Erde entfernt, übt seit vielen tausend Jahren große Faszination auf die Menschen aus. Wird er das Schlachtfeld der Zukunft? Bild: Luc Viator

Der Mond ist kugelförmig und hat einen Äquatordurchmesser von ziemlich exakt 3.476 Kilometer. Seine maximalen Höhenunterschiede zwischen der höchsten Erhebung und dem niedrigsten Punkt betragen dabei zirka zwölf Kilometer. (Zum Vergleich: Die Differenz auf der Erde ist mit 20,5 Kilometern deutlich höher.)

Da der Mond über eine verschwindend geringe Atmosphäre verfügt, sind seine Oberflächendetails von der Erde aus hervorragend zu erkennen. Man unterteilt die lunaren Großlandschaften in Terrae und Mare in Anlehnung an die lateinischen Begriffe für Erde und Meer. Während mit Mare die Tieflandregionen bezeichnet werden, handelt es sich bei den Terrae um die heller erstrahlenden Hochländer. Mare sind vor allem dadurch gekennzeichnet, dass sie kaum über auffällige Oberflächenreliefs verfügen. In einem dieser relativ ebenen Becken, dem Mare Tranquillitatis, landeten die ersten Menschen auf dem Mond.

Eines haben Terrae und Mare bei aller Unterschiedlichkeit gemein: eine überaus hohe Dichte an Kratern unterschiedlichster Größe. Ohne Zweifel einer der auffälligsten Mondkrater ist der auf der Südhalbkugel gelegene Tycho mit seinen hellen, wie Spritzspuren über die Oberfläche verlaufenden »Strahlen«, die bei hohem Sonnenstand und Vollmond von der Erde aus sogar mit bloßem Auge erkennbar sind. Die größten Krater weisen Durchmesser von mehr als 200 Kilometer auf und sind eingefasst von imposanten Wällen, deren Höhe mehrere tausend Meter betragen kann. Die Entstehung der Krater ist noch ungeklärt. Zwei

Eine der bekanntesten Tieflandregionen auf dem Mond: das Mare Imbrium in einer Aufnahme der Mission Apollo 17.
Bild: NASA

Ist sogar von der Erde aus zu erkennen: der berühmte Mondkrater Tycho, der sich auf der Südhalbkugel des Erdtrabanten befindet.
Bild: NASA

Primärtheorien hält die Wissenschaft parat: Sie können, was derzeit als am Wahrscheinlichsten gilt, von kosmischen Trümmern wie Meteoriten, Asteroiden und angezogenen Kometenschauern in die Oberfläche geschlagen worden sein. Dies würde bedeuten, dass die Krater äußeren Einflüssen zuzuschreiben wären. Oder aber sie sind vulkanischen Ursprungs. Demnach wären die überwiegend kreisförmigen Becken durch den Einschlag von Auswurfmaterial aus dem Mondinnern verursacht worden. Wie groß die Anzahl sämtlicher Mondkrater sein muss, lässt sich unschwer an einem Beispiel verdeutlichen. Mit den erdgebundenen Teleskopen lassen sich etwa 35.000 Krater allein auf jener Seite des Mondes registrieren, die der Erde zugewandt ist.

Die hell- bis grellweißen Regionen des Mondes markieren Hochregionen, die sich bei näherer Betrachtung meist als lang gestreckte Bergketten entpuppen.

Wenn auch von der Erde aus ohne Fernrohr nicht erkennbar, zählen doch die sogenannten Rillen zu den markanten Landschaftsformen des Erdtrabanten. Es handelt sich dabei um 300 bis 500 Meter breite Gräben, die sich auf einer Länge von bis zu mehreren hundert Kilometern – Flussläufen nicht unähnlich – durch die Mondoberfläche winden.

Die Temperaturen, die auf dem Mond gemessen werden können, schwanken zwischen höllisch heiß und eisig kalt – je nachdem, wo man sich befindet. Sie erreichen extreme plus 130° C am Tage und frostige minus 150° C in Lagen, die vor der Sonne geschützt sind.

Über die Entstehung des Mondes gehen die Auffassungen der Forscher und Experten auch heute noch weit auseinander. In der Diskussion stehen vorrangig drei Hypothesen:

- Lehrmeinung Eins vertritt die Ansicht, der Mond habe sich wie die Erde aus Trümmerteilen und Staubpartikeln des »Urnebels« gebildet.
- Lehrmeinung Zwei ist dagegen der Überzeugung, der Himmelskörper sei durch die Erdanziehungskraft »eingefangen« worden.
- Letztlich favorisiert eine stattliche Zahl von Mondforschern die Möglichkeit, dass der Mond das Produkt einer gewaltsamen Abspaltung von der Erde sei (zum Beispiel durch einen kolossalen Meteoriteneinschlag eben auf der Erde). Der Mond wäre demnach tatsächlich ein »Kind der Erde« – und damit könnte die Menschheit (ursächlich betrachtet) auf zwei Himmelskörper als kosmische Heimat verweisen.

Bis zu 200 Kilometer breit und mehrere tausend Meter tief sind manche Mondkrater.
Die Aufnahme des Angström-Kraters stammt von Apollo 15. *Bild: NASA*

Doch dieser Ableger im Weltall, so haben die Daten der bemannten Erkundungsflüge wie auch die der unbemannten Sonden einhellig ergeben, hat mit unserem Lebensraum nichts mehr gemeinsam. Allein schon das Fehlen des für den Menschen lebensnotwendigen Sauerstoffs macht es unmöglich, sich ohne technische Hilfsmittel auf seiner Oberfläche fortzubewegen. Hinzu kommt noch die permanente Gefahr solarer Protoneneruptionen, worunter man gigantische, durch elektromagnetische Vorgänge in der Sonne ausgelöste Ausbrüche versteht, die Protonen (positiv geladene Elementarteilchen) ins All schleudern, was auf der Erde zu Polarlichtern und Störungen im Radioempfang führen kann. Deren tödliche Auswirkungen auf Astronauten hat James A. Mitchener eindrucksvoll und zugleich ergreifend in seinem Roman »Sternenjäger« beschrieben.

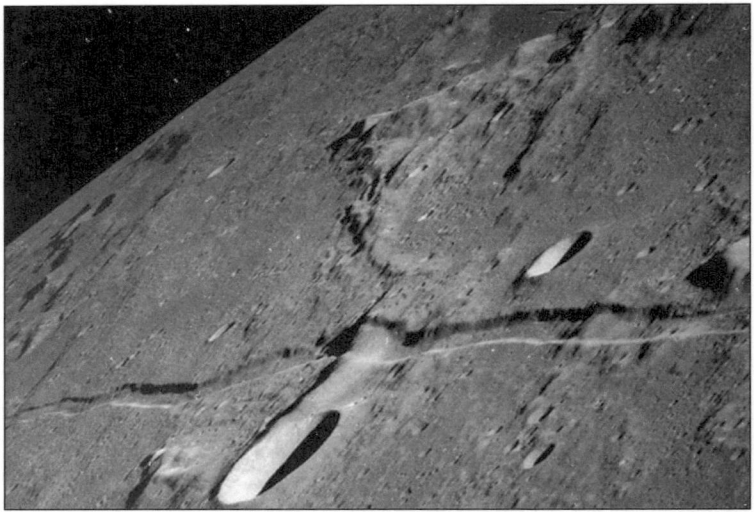

Breite Gräben, die mehrere hundert Kilometer lang sein können, sind eines der prägenden Landschaftselemente auf der Mondoberfläche. Bild: NASA

Auch die viel zitierten und von den Astronauten praktizierten »Känguru-Sprünge« zur Fortbewegung auf dem Mond sind zwar lustig anzusehen, aber vom medizinischen Standpunkt aus betrachtet keineswegs so unproblematisch, wie man laienhaft annehmen könnte. So entlastet zwar die geringe Schwerkraft des Trabanten (sie beträgt im Vergleich zur Erde nur ein Sechstel) die Muskeln und das Skelett. Auf der anderen

Seite verändern sich dadurch bei Langzeitaufenthalten jedoch sowohl die Statur als auch die Gelenkfunktionen des menschlichen Körpers. Bei der sprunghaften Fortbewegung ist selbstverständlich auch die Sturzgefahr überproportional hoch. Und tatsächlich zeigen die Filme über die Apollo-Missionen einige Sturzszenen, die den Betrachter den Atem anhalten lassen. Schließlich ist der Boden des Mondes übersät mit scharfkantigen Gesteinssplittern, welche die robusten Raumanzüge aufreißen können. Ein derartiger durchgehender Riss hätte mit Sicherheit den Tod des Astronauten zur Folge gehabt.

Das Mondgestein besteht zum überwiegenden Teil aus basaltähnlichen Steinen, Lunabas genannt, und Staub. Der größte Unterschied zwischen den lunaren Basalten und den irdischen Vorkommen dieser Art besteht in der teilweise hohen Anreicherung des Mondbasalts mit Titan. Allerdings ist dies nicht allgemein gültig. Der Titan-Anteil schwankt mit etwa 3,5 bis 8,0 Prozent doch erheblich.

Die immer wieder propagierte Behauptung, der Mond wirke auf die Erde ein, ist real. Das beste Beispiel hierfür sind die viel zitierten Gezeitenkräfte. Wissenschaftlich nicht zu untermauern sind dagegen Einflüsse des Mondes auf das irdische Wetter. Gleiches gilt auch – wie häufig behauptet – für biologische Wirkungen auf den menschlichen Organismus. Schlafstörungen, um nur ein Beispiel zu nennen, lassen keinen Zusammenhang mit Mondkräften erkennen. Aber es ist durchaus möglich, dass in dieser Frage das letzte Wort noch nicht gesprochen ist.

Unser Wissen über den Mond beginnt mit der Erfindung des Fernrohrs durch Galileo Galilei um 1610. In den folgenden Jahrhunderten gelangen der Astronomie mit stetig verbesserten Gerätschaften immer detailliertere Zeichnungen und später auch Fotografien. Der Quantensprung in der Mondforschung kam jedoch erst mit dem Beginn des Raketenzeitalters und dem dadurch ermöglichten Wettlauf zum Mond, dem »Space-« oder »Moonrace« zwischen den Vereinigten Staaten und der ehemaligen Sowjetunion. Letztere hatte dabei zunächst die Nase vorne. Am 4. Oktober 1957 vermeldete die Propaganda-Maschinerie der kommunistischen Weltmacht ein wahrhaft historisches Ereignis: Der UdSSR gelang an diesem Tag als erster Nation der Welt, einen Satelliten ins All und dort auf eine Umlaufbahn um die Erde zu bringen. Die westliche Welt war geschockt. Der daraus entstandene Begriff »Sputnik-Schock« ist sogar heute noch geläufig.

Was zu diesem Zeitpunkt freilich niemand ahnte, war die Tatsache, dass die amerikanischen Politiker, Militärs und Wissenschaftler noch verblüffter waren als der Normalbürger auf den Straßen von New York oder Los Angeles. Ursache hierfür war der bis zu diesem Tage unerschütterliche Glaube der USA, den Raumfahrtwettlauf bereits gewonnen zu haben – und das schon zwölf Jahre zuvor. Und tatsächlich begann das »Moonrace«, das Rennen zum Mond, bereits unmittelbar vor dem Ende des Zweiten Weltkriegs im Frühjahr 1945.

Aber weder in Russland noch in den Vereinigten Staaten, sondern in Bayern, genauer gesagt im Landkreis Garmisch-Partenkirchen, wo Deutschlands höchster Berg, die 2964 Meter hohe Zugspitze in den weiß-blauen Himmel ragt. Dort gaben sich zum ersten Mal illustre Herren (und Damen) ein Stelldichein in Sachen Wettlauf zum Mond: Spione, Agenten, Wissenschaftler und Soldaten aus West wie Ost.

Wir sind heute über die damaligen Abläufe relativ gut informiert. Aber noch immer werden sowohl von den US-Amerikanern wie auch von den Russen Teile der vorhandenen Akten unter Verschluss gehalten. Dabei spielen gerade »Paperclips«, also Büroklammern, eine nicht unbedeutende Rolle beim tatsächlichen Start des Wettrennens zum Mond.

Ohne ihn hätte die Erforschung des Mondes nicht beginnen können: Galileo Galilei, der um 1610 das Fernrohr erfunden hat.
Bild: Bibliothek des allgemeinen und praktischen Wissens

Kapitel 2

DER VERGELTUNGSEXPRESS

Im April 1945 gab es in Deutschland wohl keinen Wissenschaftler, der auch nur im Traum daran gedacht hätte, dass er nur wenige Jahre später an der Eroberung des Weltraums mitwirken würde. Das »Tausendjährige Reich« der Nationalsozialisten lag nach nur zwölfjähriger Hitler-Diktatur bereits größtenteils in Schutt und Asche. Die letzten verbliebenen Kampfeinheiten machten sich auf den Weg nach Süden. Ihr Ziel war die imaginäre »Alpenfestung«, jene »Wahnreduit« des »Führers«, von der aus die Rückeroberung des verlorenen Territoriums erfolgen sollte. Doch nicht nur Heereseinheiten wurden dorthin verlegt. Auch kriegswichtige Personen wie Ingenieure, Waffenexperten und Wissenschaftler wurden in diese Gegend befohlen.

Zu ihnen gehörten auch die »Peenemünder«, so benannt nach ihrem ursprünglichen Entwicklungsstandort Peenemünde an der deutschen Ostseeküste. Die Peenemünder, das waren Hunderte deutscher Raketenexperten, welche die fliegenden Bomben V-1 und V-2 (Hitlers »Vergeltungswaffen«) entwickelt und sie zur Tod bringenden Serienreife perfektioniert hatten.

Als absehbar war, dass der Feind Peenemünde in wenigen Tagen einnehmen würde, beorderte der Leiter der V-Waffen-Produktion, SS-

Sollte Hitlers Wunderwaffe sein und die Wende im Zweiten Weltkrieg zu Gunsten der Deutschen bringen: die Vergeltungswaffe V-2, die von den Ingenieuren um Wernher von Braun konstruiert wurde. Bild: Imperial War Museum

Schaffte Wernher von Braun und seine Kollegen von Peenemünde in das im Frühjahr 1945 noch sichere Oberammergau bei Garmisch-Partenkirchen: SS-General Hans Kammler, der Leiter der V-Waffenproduktion.
Bild: Greyfalcon

General Hans Kammler, seinen fähigsten Mann zu sich: Wernher von Braun. Ihm befahl Kammler: »Wählen Sie die 500 wichtigsten Spezialisten Ihrer Gruppe aus. Ich werde sie alle dorthin transportieren lassen, wo sie ihre Arbeit ungestört fortsetzen können.«

General Kammler orderte einen Sonderzug für die gesamte Mannschaft. In Anspielung auf die Waffen, welche die Männer konstruierten, wurde der Zug ironisch »Vergeltungsexpress« genannt. Und tatsächlich konnten die Raketenbauer in komfortablen Schlaf- und Speisewagen durch das zerstörte Deutschland fahren. Eine Vergnügungsreise war es dennoch nicht. Stets bedrohten alliierte Kampfflugzeuge den Zug, der mehrfach seine Reise wegen zerstörter Gleisanlagen und Umleitungen unterbrechen musste. Schließlich war die Sicherheitslage der Peenemünder so prekär, dass sie überwiegend nachts ihr Ziel ansteuerten.

Ihr Ziel – das war der idyllische Passionsspielort Oberammergau im bayerischen Landkreis Garmisch-Partenkirchen. Hier traf der »Vergeltungsexpress« am 7. April 1945 wohlbehalten ein. Auf Wernher von Braun und seine Leute wartete jedoch sofort eine unangenehme Überraschung: Umgehend wurden sie in einem von hohem Stacheldraht umzäunten Lager einquartiert – bewacht von SS-Soldaten. Angst beschlich die Peenemünder. Sollten sie etwa bei einem erwarteten Vorrücken der Amerikaner erschossen werden? Diese tödliche Aussicht brachte Wernher von Braun auf einen Gedanken mit umgekehrten Vorzeichen. Als General Hans Kammler zu einer Visite der Gruppe erschien, machte von Braun ihm gegenüber deutlich: »Nur ein gezieltes Bombardement auf diesen eng begrenzten Raum, und alle V-Waffen-Experten sind mit einem Schlag ausgeschaltet.« Seine Argumentation war nicht von der Hand zu weisen. Der SS-General gab deshalb sein Einverständnis, die Ingenieure in den umliegenden Gehöften unterzubringen. Die angespannte Situation dauerte ohnehin nur wenige Tage an, denn Kammler verschwand bald in östlicher Richtung. Angeblich soll er Selbstmord begangen haben.

Wenige Tage später erreichte die erste Vorausabteilung der 44. US-Division den Landkreis Garmisch-Partenkirchen. Mutig radelte ihnen Wernher von Brauns jüngerer Bruder Magnus entgegen und meldete den GI: »Hören Sie, wir sind eine Gruppe von V-Waffen-Konstrukteuren und möchten uns Ihnen ergeben.« Unteroffizier Fred P. Sniker von der US-Army sagte – von der Situation völlig überrascht – an seine Kameraden gerichtet: »Ich denke, das ist ein Verrückter.« Aber in der Folge merkten die Amerikaner rasch, dass sie keine Wirrköpfe aufgegriffen hatten, sondern einen Teil der bedeutendsten deutschen Forscher und Techniker jener Zeit. Entsprechend flink reagierten sie nun. Binnen weniger Tage zog man die Topkonstrukteure per Lastkraftwagen in Garmisch-Partenkirchen zusammen, wo man sie im ehemaligen Verwaltungsgebäude der Wehrmacht einquartierte. Bis zu 400 Raketen-

Endstation Alpen: General-major Walter Dornberger, der Kommandant der V-2-Produktionsanlage in Peenemünde, Oberleutnant Herbert Axter, Wernher von Braun und Hans Lindenberg (von links) in dem Tiroler Ort Reutte, nachdem sie sich den US-Truppen ergeben hatten.
Bild: Louis Weintraub

spezialisten waren zeitweilig hier untergebracht. Viele von ihnen spielten bei der späteren Erkundung des Weltraums eine maßgebliche Rolle. Aber das ahnte zu diesem Zeitpunkt noch niemand. Denn zunächst einmal wartete im Frühjahr 1945 auf zahlreiche Mitglieder der Gruppe aus Peenemünde das Kriegsgericht.

Und das aus gutem Grund: Die Raketenpioniere waren nämlich zum Teil nicht nur elitäre Fachleute, sondern gleichzeitig auch Angehörige der NSDAP und ihrer Unterorganisationen. Einer von ihnen war Dr. Kurt Debus. Gemäß amerikanischer Aktenlage war Debus Mitglied der SS. Wie bekannt wurde, soll er einen Arbeitskollegen wegen dessen anti-nationalsozialistischer Haltung denunziert haben. Auch die Erfassungsbögen anderer Gruppenmitglieder enthielten wenig schmeichelhafte Vermerke wie »hundertprozentiger Nazi« oder »gefährlicher Typ, Sicherheitsbedrohung«.

Doch keinem dieser Männer wurde je der Prozess gemacht. Ursache hierfür war der nahtlose Übergang vom »heißen« Krieg der verbündeten Siegermächte gegen die Nazi-Diktatur hin zum Kalten Krieg zwischen Ost und West um die Vorherrschaft der politischen Ideologien und Systeme. Bereits in den ersten Verhören der Gruppe um Wernher

Steile Karriere: Dr. Kurt Debus (rechts), ehemaliger SS-Angehöriger und mutmaßlicher Denunziant, brachte es bis zum Direktor des Weltraumbahnhofs Cape Canaveral.
Die Aufnahme zeigt Debus zusammen mit Werner von Braun kurz vor dem Start einer Rakete vom Typ Saturn. Bild: NASA

von Braun kamen die dunkle Vergangenheit und die Gesinnung deren einzelner Mitglieder nur sekundär zur Sprache. Stattdessen kreisten die Gespräche zunehmend um das technische Know how des Einzelnen wie auch des gesamten Teams. Selbstredend blieb den damals noch verbündeten russischen und englischen Geheimdiensten nicht verborgen, welch hochkarätigen Fang die Amerikaner da gemacht hatten. Und so wurde Garmisch-Partenkirchen, kaum besetzt, zum Zielort einer regen Agententätigkeit.

Es ist in der Vergangenheit immer wieder angezweifelt worden, dass die Kommunisten bereits bei Kriegsende außerhalb der von ihnen besetzten Gebiete ihren Geheimdienst einsetzten, beziehungsweise dass sie in der Lage gewesen sein sollten, binnen kürzester Frist einen handlungsfähigen Agentenring zu installieren. Doch die Quellen hierüber verdichten sich mehr und mehr. »Von Braun«, erinnert sich beispielsweise der ehemalige Geheimdienstoffizier Walter Jessel, »war aufgrund seines Wissens in der Position, regelrechte Verhandlungen mit uns *und anderen Agenten (Hervorhebung durch die Verfasser)* zu führen.« Und ergänzend fügt Jessel hinzu: »Im Bewusstsein ihrer einzigartigen Stellung nützten die Ingenieure ihr elitäres Wissen rigoros aus, um einer möglichen Strafverfolgung zu entgehen.« Der Nachrichtenoffizier behauptet sogar: »Von Braun konnte regelrecht Druck auf uns ausüben.«

Doch Straffreiheit war nicht die einzige Forderung auf der Liste der Deutschen. »Wir wollten«, so schreibt Werner von Braun diesbezüglich in seinen Memoiren, »unsere Arbeit fortsetzen. Ein Vertrag wäre der Beweis langfristiger Absichten seitens der USA gewesen, aber ein solcher Vertrag kam nicht zustande.«

Was der Chefplaner freilich geflissentlich verschweigt, sind seine daraufhin intensivierten Geheimverhandlungen mit den russischen und englischen Agenten. Bei den Sowjets beispielsweise wurde der Raketenpoker in bester James-Bond-Manier über das für die Versorgung der Peenemünder zuständige Küchenpersonal abgewickelt. Schließlich waren die Verhandlungen der Deutschen mit den Kreml-Agenten so weit gediehen, dass sie von Braun einen hoch dotierten, unterschriftsreifen Vertrag zuspielten. Da er sich nun auf dieses Papier stützen konnte, beließ es von Braun laut Walter Jessel nicht länger bei bloßen Drohungen, sondern »erlaubte sich nunmehr den Amerikanern gegenüber unverhohlene Erpressungsversuche«.

Jessels Angaben sind, wie wir heute wissen, wahr. So kommt der

Autor Tom Agoston in seinem Buch »Teufel oder Technokrat?« zu dem unerfreulichen Fazit, dass die Sowjets bereits in Oberammergau versuchten, deutsche Wissenschaftler in US-Diensten zu ködern. Und auch Christian Hallig, Mitglied der weniger bekannten deutschen Widerstandsgruppe Turicum, berichtet im Zusammenhang mit der Offerte eines angeblich ebenfalls im Raum Garmisch-Partenkirchen neu entwickelten »Strahlengewehrs« von »Beziehungen zu den Russen, hier mitten im amerikanisch besetzten Gebiet«. Angeblich befanden sich sogar Beweise dafür in einem verschlossenen Kuvert, das der Turicum-Mittelsmann der US-Army übergeben sollte. Die sowjetischen Spione waren also voll im Geschäft!

Unternehmen »Paperclip« kontra Präsidentenorder

Angesichts dieser Lage versicherte der US-Verhandlungsführer Oberst Holger Toftoy dem Deutschen Wernher von Braun: »Ich werde mich in Washington dafür einsetzen, dass man Sie und Ihre Männer nach drüben (gemeint sind die USA, *Anm. d. Verf.*) holt.« Toftoy spielte auf Zeit, wusste er doch nur zu gut, dass als Kriegsverbrecher eingestufte Personen einer ausdrücklichen Weisung des Präsidenten zufolge in jedem Fall der Justiz zugeführt werden mussten.

Um diese Präsidialorder zu umgehen – und somit seinen obersten Befehlshaber zu hintergehen – startete der US-Geheimdienst eigens für die deutschen Konstrukteure eine in der Geschichte der Spionage wohl ebenso einzigartige wie kriminelle Aktion.

Unter der Bezeichnung »Project Paperclip« (Unternehmen Büroklammer) säuberten amerikanische Einsatzkräfte in einer Nacht- und Nebelaktion sämtliche Akten der Peenemünder Gruppe von belastendem Material. Damit war formal der Weg in die USA für die Mannschaft um Wernher von Braun frei – und die UdSSR aus dem Rennen.

»›Paperclip‹ funktionierte derart gut, dass wir schon bald den zweiten Teil der Aktion, das Unternehmen ›Overcast‹, die Überführung der Deutschen in die Vereinigten Staaten beginnen konnten«, gab Oberst Toftoy später preis.

So erfuhr die Öffentlichkeit über 30 Jahre lang kein Wort über den teilweise fragwürdigen Charakter einiger deutscher Experten. Dr. Kurt Debus, der bereits erwähnte SS-Angehörige und mutmaßliche Denunziant, wurde später sogar Direktor des Raumfahrtbahnhofs Cape Canaveral in Florida.

Setzte sich in Washington dafür ein, dass Werner von Braun und seine Männer in die USA geholt wurden: Oberst Holger Toftoy, eine der Hauptfiguren des »Project Paperclip«.
Bild: Redstone Arsenal

Den Amerikanern war mit ihrer illegalen Aktion der bedeutendste Coup in der bisherigen Raumfahrtgeschichte gelungen. Mit Recht glaubte man, dem Stalin-Regime – unter tatkräftiger Mithilfe des Peenemünder Teams – mit deutlichem Vorsprung den Rang bei der Eroberung des Alls ablaufen zu können – sowohl beim Start des ersten Satelliten als auch in der zweiten Phase bei der Erforschung des Mondes.

Elf Jahre nach »Paperclip« sind Deutsche und Amerikaner bei der US-Army Ballistic Missile Agency in Huntsville/Alabama mit der Entwicklung von Raketen befasst: Holger Toftoy (hinten links) und Dr. Robert Lusser (rechts hinten) mit ihren Kollegen Dr. Ernst Stuhlinger und Wernher von Braun (Mitte rechts) sowie Hermann Oberth (vorne). Bild: NASA

Doch mehr als ein Jahrzehnt später mussten die USA erkennen, dass sie sich gründlich getäuscht hatten. Zwar verfügten sie jetzt über das Wissen eines Wernher von Braun, aber die UdSSR war längst nicht entmutigt über den verlorenen ersten Abschnitt im Wettlauf zum Mond. Im Gegenteil, sie hatte die Antwort auf das deutsche Genie Werner von Braun bereits in ihren eigenen Reihen: Sergej Koroljow. Aber schon dessen bloßer Name war ein hoch gehütetes Staatsgeheimnis. Niemand sollte wissen, wer das »Phantom« war. Seine Taten aber ließen die Welt aufhorchen. Und tatsächlich hat Sergej Koroljow Geschichte geschrieben – und die Weltmacht USA ein ums andere Mal vorgeführt und düpiert.

Kapitel 3

DAS PHANTOM VON BAIKONUR

Die trügerische Annahme der Amerikaner, sie hätten im Raketenpoker die Nase vorne, stützte sich darauf, dass sie die Gruppe um Wernher von Braun für ihre Zwecke gewonnen hatten. Die Peenemünder waren jedoch längst nicht sämtliche Mitarbeiter in der einstigen V-Waffen-Hochburg. Viele von ihnen führte in jenen schweren, schicksalhaften Tagen des Jahres 1945 der Weg aus den unterschiedlichsten Gründen nicht in die Alpenfestung oder gar weiter in die Vereinigten Staaten. Vor allem aber übersah man in Washington völlig die Tatsache, dass ein Großteil der technischen Gerätschaften sich nunmehr in Gebieten befand, die von den Sowjets besetzt waren. Hier konnten die Russen im Gegensatz zu Garmisch-Partenkirchen ganz offen und ungehindert operieren. Und das taten sie dann auch. »Mit beispielloser Eile«, so die Raumfahrtexperten Hubertus Hoose und Klaus Burczik, »bauten sowjetische Pioniereinheiten die Montagegebäude und Werkhallen ab.« Während die von-Braun-Mannschaft noch in Deutschland weilte, führten im Herbst 1945 die Sowjets bereits erste Brennkammerversuche mit

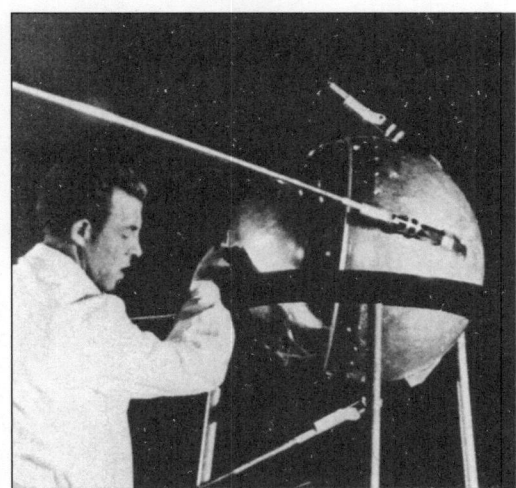

Schockte im Oktober 1957 die USA: die Raumsonde Sputnik 1, mit der die UdSSR das »Spacerace« überraschend eröffnete.
Bild: NASA/Asif Siddiqi

erbeuteten V-2-Raketen durch. Bereits zu diesem Zeitpunkt befanden sich die USA also im Hintertreffen. Es waren letztlich die entscheidenden Wochen und Monate, die den Amerikanern später beim erfolgreichen Start des ersten Satelliten ins All fehlten.

Und auch die »intellektuelle Beute« der UdSSR konnte sich sehen lassen: Wenn auch mit zeitlicher Verzögerung (die sich aufgrund der westlichen Behäbigkeit aber nicht nachteilig auswirkte), gelang es den Russen, einer veritablen Gruppe ehemaliger Peenemünder habhaft zu werden. Nun verfügte die UdSSR ebenfalls über hochqualifizierte deutsche Unterstützung. Es ist schon eine gewisse Ironie des Schicksals, dass diese 150 Mann umfassende Gruppe unter der Leitung des Diplom-Ingenieurs Helmut Gröttrup in einer Art »Vergeltungsexpress Ost« mit einem Sonderzug auf eine ungewisse Reise gebracht wurde. Allerdings durften die deutschen Wissenschafter von ihren Familien begleitet werden und sogar ihr Mobiliar und sonstigen Hausrat mitnehmen. Alles wurde in Kisten verpackt und in angehängten Güterwaggons verstaut. Über den Zeitraum der Aktion machen die Quellen geringfügig divergierende Angaben. Mal wird die Spanne zwischen dem 18. und 26. Oktober 1946 genannt, anderen Informationen nach erfolgte die Überführung des Gröttrup-Teams lediglich an zwei Tagen, am 21. und 22. Oktober. Erster Zielpunkt der Gruppe war Kalinin, nördlich von Moskau.

Neben dem zweiten Peenemünder-Team, den Produktionsanlagen und den sonstigen fertigen Gerätschaften hatten die Russen aber noch ein Ass im Ärmel: eine Karte, die schließlich die nächste Phase des Wettlaufs zum Mond entscheiden sollte – diesmal zu Gunsten der Sowjetunion. Die Trumpfkarte war Sergej Koroljow. Ihn als zweiten Wernher von Braun zu bezeichnen, würde seinen Leistungen nicht gerecht werden. Was Koroljow unter den bürokratischen Verhältnissen sowie den mangelhaften technischen und logistischen Voraussetzungen des Kommunismus erreichte und verwirklichte, ist beispiellos. Er war das

Das »Phantom von Baikonur«: Sergej Koroljow, der große Pionier der russischen Raumfahrt.
Bild: NASA/Asif Siddiqi

Das erste irdische Lebewesen im All: die Eskimohündin Laika. Damit wollten die Sowjets der Welt demonstrieren, dass auch der erste Mensch im Weltraum eines Tages ein Russe sein würde.
Bild: NASA/Alex Tschernow

»Phantom von Baikonur«, jenem legendären, geheimnisvollen Raumflugbahnhof der UdSSR, an dem die überwiegende Zahl der russischen Weltraumtriumphe wie auch der Katastrophen ihren Ausgang nahm. Aus Angst vor Attentaten und Entführungsversuchen wurde sogar, wie bereits erwähnt, Koroljows Name geheim gehalten. Noch im Jahre 1967 wird Sergej Koroljow von dem Raumfahrtkenner Otto Merk in dessen 352 Seiten umfassenden »Raumfahrt-Report« mit keiner Silbe erwähnt.

Unter dem Diktator Josef Stalin verbrachte Koroljow infolge falscher Anschuldigungen sechs Jahre in einem Straflager. Als Folge davon litt er Zeit seines Lebens unter schwerwiegenden gesundheitlichen Problemen. Dennoch war Koroljow die dominierende Persönlichkeit in den ersten Jahren der sowjetischen Raumfahrt. Im Westen gab es lediglich Gerüchte über den großen Konstrukteur. Erst nach seinem Tode im Jahre 1966 gaben die Sowjets offiziell Koroljows Identität preis.

Wie außerordentlich bedeutsam gerade in jenen Anfangsjahren der Erforschung des Alls eine qualifizierte zentrale Figur war, mussten die Vereinigten Staaten erst in leidvoller Erfahrung lernen. Sie ergingen sich stattdessen in vollmundigen Ankündigungen. So erklärte US-Präsident Dwight D. Eisenhower am 29. Juli 1955, dass sein Land im Rahmen des »Geophysikalischen Jahres« 1957/1958 mehrere (!) Satelliten in den Weltraum schießen würde. Womit das Weiße Haus freilich nicht gerechnet hatte: Die Reaktion aus dem Kreml kam postwendend! Selbstbewusst kündigte Moskau an, im gleichen Zeitraum ebenfalls einige Satelliten auf den Weg ins All bringen zu wollen.

Jetzt spitzte man erstmals auf den Korridoren der Washingtoner Politbühne die Ohren – aber das war's dann auch. Die Warnsignale verhallten letztlich ungehört. Stattdessen herrschten im kosmischen Wettlauf auf US-Seite weiter Kompetenzgerangel, Budgetstreitereien und Machtspiele vor. Das Ergebnis dieser Querelen waren mehrere, parallel durchgeführte Projekte:

- Wernher von Braun entwickelte für die US-Army die auf der V-2 fußende Redstone-Rakete.
- Die US-Air-Force versuchte sich an der Realisierung ihrer Mittelstreckenrakete Thor. Damit nicht genug: Auch ein Atlas genannter Satellitenträger wurde zeitgleich konzipiert.
- Das Heer hingegen glaubte eine eigene Konstruktion, die Jupiter-Rakete, realisieren zu müssen.
- Und schließlich beteiligte sich auch noch die Marine als dritte Teilstreitkraft mit dem Projekt Vanguard am Wettlauf.

Ausgerechnet die US-Navy erhielt den Zuschlag, den ersten amerikanischen Satelliten an der Spitze ihres Vanguard-Trägers in eine Erdumlaufbahn zu transportieren.

Otto Merk kommentierte diesen Wettlauf in den eigenen Reihen später mit den Worten: »Dass der Vorsprung der Sowjetunion in der Raumfahrt auf Anhieb errungen werden konnte, ist mit auf die Uneinigkeit der amerikanischen Teilstreitkräfte zurückzuführen.« Wohl zu Recht schlussfolgerte er daraus: »Diese Eifersüchteleien ... verzögerten den Vorstoß der Vereinigten Staaten in den Weltraum um ein bis zwei Jahre.«

So kam, was kommen musste: Die Sowjetunion entschied den Wettlauf ins All zu ihren Gunsten. Doch damit nicht genug: Während die Amerikaner noch ihre Wunden leckten, plante Sergej Koroljow bereits den nächsten Coup. Nur einen Monat nachdem Sputnik 1 am 4. Oktober 1957 als erster Satellit ins All gesandt worden war, jagte er das zweite Geschoss in den Himmel über der Steppe Kasachstans. Und auch dieser Flug geriet zur Sensation, denn an Bord befand sich das erste irdische Lebewesen, das in den Weltraum vordrang – die Eskimo-Hündin Laika. Insidern war völlig klar, was der Chefkonstrukteur damit ausdrücken wollte: Der erste Mensch im Weltraum würde eines Tages ein Russe sein.

Koroljows nächster Coup: die Sonde Sputnik 2, in die warme Luft gepumpt werden konnte, eine unerlässliche Voraussetzung für den Transport von Menschen in den Weltraum.
Bild: NASA/Peter Gorin

Amerikas »Weltraum-Pearl-Harbour«

Derweil hatten die Amerikaner andere Sorgen. Noch immer waren sie nicht ins Weltall vorgestoßen. Die Vanguard, auf die Amerika so große Hoffnung gesetzt hatte, explodierte am 6. Dezember 1957 in einem gigantischen Feuerball auf der Startrampe in Cape Canaveral, nachdem sie sich nur wenige Zentimeter erhoben hatte. Nach der Demütigung durch Koroljows Sputniks ergoss sich nunmehr auch noch Hohn und Spott über die US-Raketenpioniere. Die Amerikaner hatten ihr »Pearl Harbour der Raumfahrt«. Und wieder waren es die selben Faktoren, die auch schon 16 Jahre zuvor auf Hawaii zu der verheerenden Niederlage gegen die japanischen Angreifer geführt hatten: Überheblichkeit, Sorglosigkeit und Instanzengerangel.

Nach dem Vanguard-Desaster ließ man endlich die Gruppe um Wernher von Braun den nächsten Versuch wagen. Die Peenemünder waren bereit und lancierten in der Nacht vom 31. Januar auf den 1. Februar 1958 den Satelliten Explorer 1 in einen Erdorbit. Jetzt waren die USA wenigstens im Rennen. Und sie zogen ihre Lehren aus den Sputnik- und Vanguard-Schocks. Zum 1. Oktober 1958 gründeten sie die Bundesbehörde NASA, die nationale Luft- und Raumfahrtbehörde. Ihr

Schwerer Rückschlag für die USA: Die Vanguard-Rakete explodiert am 6. Dezember 1957 nur zwei Sekunden nach dem Start. Bild: NASA/US-Navy

wichtigstes Merkmal: Sie war eine zivile Einrichtung. Ihr erster Erfolg: Nach zähem Ringen wechselte die von-Braun-Mannschaft vollzählig in die neue Institution.

Damit waren die Kontrahenten klar: Wernher von Braun gegen das »Phantom von Baikonur«. Und das »Phantom« alias Sergej Koroljow plante bereits den nächsten Schlag: Während die NASA gerade dabei war, sich zu organisieren und zu etablieren, traf Koroljow die letzten Vorbereitungen, diesen Schlag in die Tat umzusetzen. Dabei soll er zu einem Vertrauten gesagt haben: »In einem Jahr wird der Mond kommunistisch sein.« Wer Koroljow kannte, der wusste, dass dieser Mann Übertreibungen und leere Phrasen verabscheute.

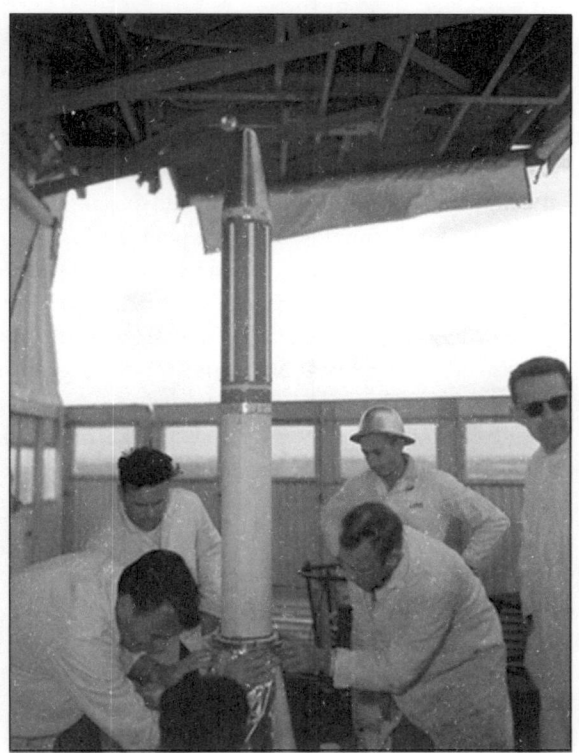

Schnell erholt: Nur wenige Wochen nach dem Vanguard-Desaster schlugen die Peenemünder um Wernher von Braun in Diensten der USA zurück und präsentierten mit Explorer 1 einen erfolgreich ins All lancierten Satelliten.   Bild: Redstone Arsenal

Kapitel 4

DER MOND WIRD ROT

Nach dem Erfolg mit Explorer 1 war verhaltener Optimismus in die Konstruktionsbüros und Montagehallen der Amerikaner zurückgekehrt. Die Peenemünder hatten ihren Wert für die USA unter Beweis gestellt und wurden nun alsbald eingebürgert. Von ihrer teilweisen Nazi-Vergangenheit war keine Rede mehr.

Noch im Jahr des Fluges von Explorer 1, also 1958, veröffentlichte Wernher von Braun unter dem Titel »Start in den Weltraum« auch in Deutschland seine künftigen Pläne. Seinen Vorstellungen entsprechend sollte zunächst der »Bau der Weltraumstation« in Angriff genommen werden. Und weiter schreibt er: »Von diesem Stützpunkt aus wird der Flug nach dem Mond selbst nur noch ein Schritt sein ...«

Man mag zu dieser Planung stehen, wie man will – sie war nur kurz darauf schon wieder Makulatur, denn von Braun hatte die Rechnung ohne das »Phantom« gemacht. Sergej Koroljow war es, der das Ziel vorgeben sollte und nur ein Jahr später die erste Mondsonde auf die Reise zum Mond schickte. Lunik 1 vollführte eine Mondpassage in etwa 5.000 bis 6.000 Kilometer Entfernung vom Erdtrabanten. Anschließend trat Lunik 1 in eine Umlaufbahn um die Sonne ein. Der Instrumententräger lieferte faktisch so gut wie keine wissenschaftlichen Ergebnisse. Doch hatte Koroljow eindrucksvoll demonstriert, dass er in der Lage war, mit seinen Raketen problemlos den Mond zu erreichen.

Genau das war der Auftrag für Lunik 2. Erstmals sollte eine irdische Kapsel auf einem anderen Himmelskörper niedergehen. Die am 12. September 1959 gestartete Mission wurde ein voller Erfolg. Keine zwei Tage später gelang der automatische Abwurf des Landebehälters, der nach sowjetischen Angaben am 13. September 1959 um 21:02:21 Uhr aufschlug. Der Behälter enthielt verschiedene Machtinsignien der Sowjetunion, darunter auch eine kleine Fahne mit dem Hammer- und Sichel-Emblem.

Es war das gleiche Spiel wie bei Sputnik. Die UdSSR schwang den Taktstock und gab den Ton an – und das mit atemberaubender Geschwindigkeit! Kaum war nämlich der Rummel um Lunik 2 verebbt, überraschte Koroljow erneut die westliche Führungsmacht. Nur drei Wochen (!) später, Anfang Oktober 1959, wurde Lunik 3 zum Mond geschickt. Lunik 3 verfügte über ein Bildübertragungssystem, das man zwar nicht an heutigen Standards messen kann, aber immerhin seinen Zweck erfüllte, der darin bestand, erstmals die Mondrückseite für die Menschen auf der Erde sichtbar zu machen. Das Vorhaben gelang auf Anhieb: Drei verschwommene Fotos wurden von den Russen veröffentlicht. Ob es sich dabei um sämtliche Bilder handelt, die bei dieser Mission gemacht wurden, ist noch immer ungeklärt.

Wie dem auch sei: Mitte Oktober 1959 war der Mond »rot«.

Und die Amerikaner? Sie verfügten noch nicht einmal über eine Sonde. Im Gegensatz zur »Sputnik«-Ära waren sie also diesmal nicht in der Lage, der russischen »Mondinvasion« entgegenzutreten.

Eines war Wernher von Braun und der gesamten NASA klar: Die Sache mit der Raumstation musste warten. Der Mond war das Ziel –

Фотография 1

Verschwommen und unscharf, aber immerhin: eines der Bilder, die Lunik 3 von der Mondrückseite auf die Erde funkte. Bild: NASA

und propagandistisch natürlich ungleich wert- und eindrucksvoller als die Errichtung einer orbital gebundenen Außenbasis um die Erde. Also warf die NASA ihre Prioritätenliste in den Papierkorb. »Auf zu neuen Ufern!«, lautete die Parole – und diese Ufer befanden sich auf der Oberfläche des Mondes. Koroljows Mannschaft aber konnte sich im Glanze ihrer Leistungen sonnen. Allerdings gibt es da ein Rätsel, das bis heute noch nicht zweifelsfrei gelöst ist.

Schmückten sich die Sowjets am Ende gar mit fremden Federn? Es ist jedenfalls noch immer schleierhaft, mit welcher Schnelligkeit die Russen ihre Schubstärken – und damit ihre Nutzlastkapazitäten – bei den Raketen in derart kurzen Zeitabschnitten so dramatisch erhöhen konnten. Erst in jüngerer Vergangenheit wurden diesbezüglich neue, aufschlussreiche Dokumente veröffentlicht, die einer bis heute verneinten Theorie neue Nahrung geben.

In einem Artikel des Magazins »mysteries« schreibt der Autor und Privatforscher Thomas Mehner: »Laut offizieller Geschichtsschreibung existierten seinerzeit (am Ende des Zweiten Weltkriegs/Anm. d. Verf.) zwei deutsche Wunderwaffen: der Marschflugkörper V-1- und die V-2-Rakete, welche durch ihren Einsatz offensichtlich wurden. Darüber hinaus tauchten aber nach dem Krieg immer wieder Gerüchte auf, wonach auch eine größere Rakete in Vorbereitung gewesen sei – die unter den Sammelbegriff V-3 fallende ›Amerika-Rakete‹. Ähnliche Gerüchte betrafen die ebenfalls unter die Bezeichnung V-3 fallenden Nachfolger der V-1, von denen aber nur selten berichtet wurde.«

Und weiter schreibt Mehner: »Die offizielle Sicht der Dinge lautet bis heute, dass die V-3 lediglich deutsche Propaganda gewesen sei und höchstens als Entwurf auf dem Reißbrett vorlag.« Thomas Mehner ist sich sicher: »Diese Sicht ist falsch!«

Seiner Ansicht nach »bauten die Deutschen bei Kriegsende bereits an weit reichenden Raketen und Weiterentwicklungen der klassischen V-1, die allgemein unter den beiden Sammelbezeichnungen V-3 und V-4 geführt wurden. Viele dieser Projekte lagen in den Händen der SS, die sich darauf verstand, diese weitestgehend abzuschirmen«. Mehner erwähnt in diesem Zusammenhang eine Person, die uns bereits geläufig ist: »Der bis heute geheimnisumwitterte General der Waffen-SS, Dr. Ing. Hans Kammler, dem die Leitung einiger dieser Projekte oblag, war wohl einer der ganz wenigen, welche die genauen Projektbezeichnungen im Detail kannten.« Es sei angemerkt, dass Kammler, der ja auch Wernher von Brauns Vorgesetzter gewesen war, in den letzten Kriegstagen spurlos verschwand. Entsprechend umfangreich ist die Zahl der Gerüchte, die sich um sein weiteres Schicksal ranken. Die vielleicht wahrscheinlichste Theorie besagt, dass der rücksichtslose Obergruppenführer des »Totenkopf-Ordens« den Freitod wählte.

Rätselhafte Dokumente

Mehner kann zur Untermauerung seiner Ansicht auf gewichtige Unterlagen verweisen. Ein Dokument ist der Bericht XXXII-125 des Combined Intelligence Objectives Subcommitee (CIOS), also des gemeinsamen Unterausschusses für Geheimdienstziele. Diese Einrichtung der ehemaligen Alliierten war eine jener Organisationen, die auf deutsche Hightech angesetzt waren – ein reines Technologie-Beuteteam. Der Report trägt den aufschlussreichen Titel »German Guided Missile Research«, was am treffendsten mit »Raketensuche unter deutscher Führung« umschrieben werden kann. Darin erwähnen die Verfasser auch eine V-3, die über eine erheblich größere Reichweite verfügte als die allgemein bekannte V-2. Laut Mehner kann man »sich dieses Gerät als einen unbemannten, schnellen Düsenbomber oder Marschflugkörper vorstellen, der in der Lage gewesen wäre, von Norwegen oder Deutschland aus zum Beispiel New York zu treffen«.

Weitere Erwähnungen finden sich beispielsweise im »Rychly-Report«, einem Bericht von Lieutenant V. L. Rychly, der in seiner Funktion als Offizier des US-Marine-Geheimdienstes nach Kriegsende die Tschechoslowakei bereiste. Er konnte aufgrund seiner Beobachtungen und Gespräche verschiedene Waffenentwicklungen registrieren, angefangen von Steuerungssystemen für U-Boote bis zu Mechanismen für Raketen der Typen V-3 und V-4.

Bestätigung findet der Rychly-Report in einem jahrzehntelang als »top secret« klassifizierten Papier des Chief of Naval Operations (CNO). Unter der Registraturnummer 0009-46 führt dort der Verfasser B. A. Hartt – ebenfalls ein Angehöriger der US-Navy – aus, dass es sich bei den Raketen der Serien V-3 und V-4 um mehrstufige Raketen handele, die mit 15 Metern Länge und drei Metern Durchmesser größer seien als die bekannten »Vergeltungswaffen« V-1 und V-2.

Thomas Mehners Unterlagen sind noch kein Beweis dafür, dass die rasanten sowjetischen Fortschritte in der Raketentechnik auf diesen deutschen Entwicklungen basierten. Aber sie sind ein massives Indiz dafür, dass zumindest entsprechende Konfigurationen in Planung waren oder sogar bereits als Prototypen existierten.

Sie könnten erklären, weshalb die Russen so dramatisch schnell erheblich gewichtigere Nutzlasten ins All transportieren konnten als ihre amerikanischen Kontrahenten. In jedem Fall ist es signifikant, dass beispielsweise ihr erster Satellit, Sputnik 1, lediglich 83 Kilogramm wog, die Nutzlast von Sputnik 2 hingegen bereits mehr als eine halbe Tonne betrug.

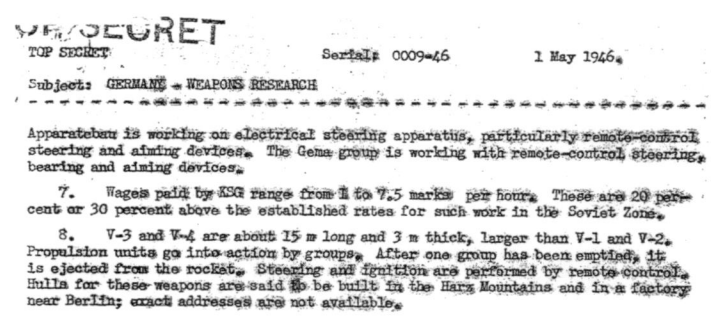

Jahrzehntelang als »top secret« klassifiziert: Das Papier »0009-46 Chief of Naval Operations«, in dem die Existenz der V-3- und V-4-Raketen bestätigt wird.

Faksimile: Thomas Mehner

Wie dem auch sei: Ende des Jahres 1959 war der Mond gewissermaßen fest in der Hand der Russen. Das amerikanische Selbstwertgefühl und Selbstverständnis lagen am Boden; der Glaube an die eigenen Fähigkeiten und Fertigkeiten hatte einen tiefen Riss erhalten. Und auch der übrige Westen war nicht gerade begeistert über Russlands Siegeszug im All. Am deprimierendsten an der ganzen Angelegenheit aber war die Tatsache, dass die USA zunächst gar nicht in Konkurrenz zu Moskaus lunaren Ambitionen treten konnten.

Die NASA verfügte nämlich über keine einzige Mondsonde. Derartige Geräte waren erst in Konstruktion. Es war also klar, dass die amerikanische Raumfahrtbehörde auch 1960 keinen symbolischen Kundschafter würde entsenden können. Dies führte zu einer regelrechten Depression in der Bevölkerung, und die Kritik an der US-Regierung wurde mit jedem sowjetischen Erfolg lauter.

Allerdings hatte man auch ein verzerrtes Bild von der sowjetischen
Vormachtstellung im All. Das lag in erster Linie daran, dass die UdSSR
ihre Fehlstarts und Fehlschläge bei Missionen so weit wie möglich verschwiegen. So war jahrzehntelang im Westen nahezu unbekannt, dass
die Russen nach den phantastischen Erfolgen des Jahres 1959 nur wenige
Monate später ihre bis dahin größte und opferreichste Katastrophe hin-
nehmen mussten.

Kapitel 5

KATASTROPHE AUF STARTKOMPLEX 41

Kasachstan, Raumfahrtzentrum Baikonur, 24. Oktober 1960: Die Sowjetunion steht kurz vor ihrer nächsten Großtat im Wettrennen mit den USA um die Vorherrschaft im All: Mit dem Jungfernflug des Prototyps ihrer neuesten Interkontinentalrakete vom Typ R-16 wollen die Russen an diesem Tag einen weiteren Meilenstein in der Raketentechnologie setzen.

Das Gelingen der Mission ist Pflicht, denn nur wenige Tage zuvor, am 19. Oktober, hatte das Zentralkomitee der Kommunistischen Partei den Beschluss gefasst, noch im selben Jahr den ersten Menschen in den Weltraum zu entsenden. Ein Fehlschlag würde dieses Vorhaben zunichte machen. Auf dem streng geheimen Abschussgelände – Startkomplex 41 – herrscht deshalb rege Betriebsamkeit in angespannter Atmosphäre. Nicht zuletzt auch deshalb, weil wegen der enormen Bedeutung des Unternehmens der Chef der strategischen Raketenstreitkräfte, Marschall Mitrofan Nedjelin, persönlich die Flugvorbereitungen leitet.

Doch die Rakete hat die Startrampe nie verlassen. Infolge von enormem Zeitdruck, Schlampereien und allerlei Pannen explodiert das R-16-Geschoss um 18.45 Uhr in einer mächtigen Feuersäule. Noch in 20 Kilometer Entfernung ist das flammende Inferno zu sehen. Innerhalb von Sekunden verlieren zwischen 90 und 120 Menschen (die Quellen nennen unterschiedliche Zahlen) ihr Leben – darunter auch Marschall Nedjelin. Noch höher ist die Zahl der Verletzten.

Bis heute ist die Katastrophe auf Rampe 41 eines der schwersten Unglücke in der Geschichte der Raumfahrt. Es verwundert nicht, dass das kommunistische Regime die Katastrophe vor dem eigenen Volk und der Weltöffentlichkeit verschwieg. So vergingen fast 30 Jahre, in denen mehr Gerüchte als Fakten über die tragischen Ereignisse in der kasachischen Steppe in den Westen drangen. Erst mit dem Zusammenbruch des Ostblocks gelangten erstmals belegte und verifizierte Informationen an die Öffentlichkeit. Einer der ersten Berichte stammt von dem Raumfahrtanalysten James E. Oberg aus dem Jahr 1990. Er kommt darin zu dem Schluss: »Bei keinem späteren Unglück auf dem Kosmodrom gab es eine so hohe Zahl an Toten wie an jenem Oktoberabend – nur drei Jahre nach Sputnik 1.« Oberg erwähnt in seinem Artikel ferner eine Passage aus den Aufzeichnungen des russischen Nobelpreisträgers Andrej Sacharow. Darin ist sogar von der Existenz von Filmmaterial über die Katastrophe die Rede. Und tatsächlich: Am 12. April 1990, dem »Tag der Kosmonauten«, strahlte das sowjetische Fernsehen nicht näher benannte Filmsequenzen eines Startunglücks aus, ohne jedoch weitere Details im Begleitkommentar mitzuteilen.

Doch die von Michail Gorbatschow initiierte Glasnost-Politik der sukzessiven Offenheit hatte auch eine Wende in der russischen Informationspolitik eingeleitet. Kurz darauf tauchten deshalb erste Fotos vom Unfallort auf, und Mitte der neunziger Jahre wurde geradezu ergreifendes Bildmaterial von der Tragödie des 24. Oktober 1960 publik. Man sieht darauf brennende Menschen, die in panischer Angst von dem Startgelände wegrennen. Andere wiederum laufen auf den Unglücksort zu, um die Flammen zu ersticken. Es sind grauenvolle Bilder.

Später stellte sich heraus, dass diese Aufnahmen angeblich seit rund 30 Jahren in den Tresoren der Moskauer Zentrale des sowjetischen Geheimdienstes KGB am Dschersinski-Platz eingelagert waren.

Diese Filmausschnitte bildeten die Grundlage einer 45-minütigen Fernsehdokumentation des Mitteldeutschen Rundfunks (mdr), die im Jahr 2003 unter dem Titel »Das Inferno von Baikonur« ausgestrahlt wurde. Die Journalisten bemühen sich darin, akribisch genau die Unglücksursache und den chronologischen Ablauf der Ereignisse zu rekonstruieren. Gleichwohl ist zweifelhaft, ob sich die Dinge so ereignet haben, wie sie in dem Filmbeitrag gezeigt werden. Zumindest kommen Zweifel daran auf, denn das Material offenbart auch äußerst rätselhafte Vorkommnisse im Anschluss an die Katastrophe.

Das beginnt schon bei den Menschen,

Leitete im Oktober 1960 die Vorbereitungen für den Jungfernflug der Interkontinentalrakete R-16: Marschall Mitrofan Nedelin, der Chef der strategischen Raketenstreitkräfte der UdSSR.
Bild: Rau-Rostow-Narod

die auf die Unglücksstelle zulaufen. Denn bei genauer Betrachtung eilen zahlreiche Männer an den Hilfsbedürftigen vorbei direkt auf das Flammenmeer zu. Leider bricht die Sequenz dann ab. Was aber kann wichtiger gewesen sein, als den Notleidenden beizustehen und Erste Hilfe zu leisten? Die mögliche Antwort darauf beinhaltet der mdr-Film jedoch nicht.

Vielleicht liegt des Rätsels Lösung ja in einer zweiten, gespenstisch anmutenden Szene. Sie ist nur wenige Sekunden lang und nicht Bestandteil des mdr-Beitrags. Darauf sind zwei Personen in futuristisch wirkenden Schutzanzügen zu sehen, die unvermittelt aus der Feuerwand heraustreten. Ohne erkennbare Panik, aber raschen Schrittes lassen sie die Feuerwand hinter sich. Dabei werden sie von einem Mann mit aufgesetzter Gasmaske mit Löschschaum abgespritzt, da auf ihren Spezialanzügen bereits kleinere Flammen züngeln. Das Besondere an der Szene ist jedoch ein mysteriöser Behälter, den die beiden zwischen sich tragen. Umrahmt wird der Kasten von vertikal angebrachten Gitterstäben. Der Inhalt des merkwürdigen Quaders ist zwar sicht-, aber nicht identifizierbar. Allenfalls lässt sich die Größe des rätselhaften Behälters auf etwa 75 × 20 × 30 Zentimeter schätzen. Das wirft Fragen auf – Fragen,

Geheimnisvoller Kasten mit Gitterstäben: Ihn aus dem Inferno nach der Explosion der R-16-Rakete zu bergen, schien wichtiger zu sein, als den brennenden Menschen zu helfen. Bild: mysteries

die zumindest vorläufig noch unbeantwortet bleiben. Sicher ist nur: Das Behältnis muss von enormer Bedeutung für die Sowjetunion gewesen sein, andernfalls hätten die beiden Männer sicher nicht ihr Leben dafür aufs Spiel gesetzt.

Zu ähnlichen Schlussfolgerungen gelangte auch die Dokumentation der Sendereihe »Spiegel TV«. Bereits Jahre vor dem mdr-Film wurden dort Teile der Baikonur-Filme im Rahmen einer Dokumentation über Raumfahrtunfälle ausgestrahlt. Trotz intensiver Bemühungen gelang es aber auch den bei »Spiegel TV« verantwortlichen Redakteuren nicht, das Geheimnis des Kastens zu lüften.

So wirft das Material mehr Fragen auf, als es beantwortet:

• Welchem Zweck diente der »Gitterkasten«?

• Woraus bestand sein Inhalt?

• Wieso gab es zahlreiche »Helfer«, die sich der Explosionsstelle zuwandten, anstatt sich um die brennenden Menschen und die anderweitig Verletzten zu kümmern?

Das sind lediglich drei Beispiele. Es ließe sich problemlos ein ganzer Katalog mit wohl über einem Dutzend offener Fragen erstellen. Der Kreml aber schweigt bis heute.

Sabotage?

Selbstverständlich warf das R-16-Unglück die Planspiele des Politbüros mit dem Stalin-Nachfolger Nikita Chruschtschow an seiner Spitze über den Haufen. Das betraf in erster Linie den geplanten Raumflug eines Sowjetbürgers. Dieses ehrgeizige Ziel wurde von Sergej Koroljow nun in das Jahr 1961 verlegt. Doch die Pannenserie bei den Russen setzte sich weiter fort. Menschenleben waren dabei allerdings keine mehr zu beklagen. Aber erstmals machte in diesem Zusammenhang ein Wort die Runde, das bedauerlicherweise noch häufiger zu nennen sein wird: Sabotage!

Dieser Verdacht kam nach dem unrühmlichen Ende der ersten sowjetischen Missionen zur Venus auf. Das Desaster umfasste gleich zwei unbemannte Raumschiffe. Allerdings wurde seinerzeit lediglich eine dieser Katastrophen publik.

• Das erste Schiff startete am 4. Februar 1961 und erhielt später von der Sowjetunion die Tarnbezeichnung Sputnik 7. Diese Sonde erreichte aber nicht die vorgesehene Umlaufbahn für den Einschuss der Einheit in Richtung Venus.

- Der zweite Fehlschlag ließ sich indes nicht verheimlichen. Die Sonde Venus 1, die auch unter ihrer russischen Bezeichnung Venera bekannt ist, ging aus (offiziell) ungeklärter Ursache verloren.

Zunächst verlief alles planmäßig. Der Instrumententräger startete ohne Probleme am 12. Februar 1961. Noch am selben Tag – das Gerät hatte bereits über 126.000 Kilometer zurückgelegt –, erfolgte die erste Kontaktaufnahme des Kontrollzentrums mit dem fliegenden Roboter. Dabei funktionierte Venus 1 zur allseitigen Zufriedenheit. Eine weitere Systemprüfung nur einen Tag später ergab ebenfalls völlig normale Werte.

Ging aus ungeklärter Ursache im All verloren: die russische Sonde Venera 1, die nach der Nedelin-Katastrophe den ehrgeizigen Raumfahrtplänen der UdSSR mit einer Mission zur Venus einen neuen Höhepunkt bescheren sollte.   *Bild: NASA*

Irgendwann nach der dritten Kontaktaufnahme am 17. Februar und vor dem 27. Februar kam es dann aber zu unerwarteten Komplikationen: Versuche, mit Venus 1 in Funkkontakt zu treten, blieben ohne Reaktion. Die Sonde war spurlos im Weltraum verschollen und wurde nie wieder aufgespürt.

Das allmächtige sowjetische Zentralkomitee veranlasste nach dem Image schädigenden Verlust eine eingehende Untersuchung. Dabei betonte Radio Moskau in einem Beitrag über Venus 1: »Sabotage während des Zusammenbaus der Sonde ist nicht auszuschließen.«

Aber selbst heute noch, nach Glasnost und Perestroika, werden die Ergebnisse der damaligen Untersuchungen weiter streng geheim gehalten. Wir wissen deshalb nicht, ob Venus 1 das erste Sabotageopfer im Agentenwettstreit zwischen Ost und West gewesen ist. Der Kalte Krieg wurde jedenfalls immer heißer, auch wenn die Pannenserie zunächst nichts an der Vorherrschaft der Russen im Weltraum veränderte.

Im Wettstreit der beiden Machtblöcke, erstmals einen Menschen ins All zu entsenden und wohlbehalten wieder zur Erde zurückzubringen, hatte Amerika sieben Astronauten ausgebildet und sie voller Stolz der Weltöffentlichkeit präsentiert. Nicht weniger Kosmonauten standen auf der östlichen Seite parat, den entscheidenden Schritt zu wagen. Allerdings blieb das Korps der Kosmonauten streng geheim. Kein Name wurde publik, bevor der betreffende Raumflieger nicht zu seiner jeweiligen Mission gestartet war – Sergej Koroljow blieb damit seiner Linie des Überraschungseffektes konsequent treu. Aufgrund der bisherigen Erfahrungen war man sowohl vor als auch hinter dem Eisernen Vorhang ohnehin mehrheitlich der Meinung, dass die Sowjetunion letztlich die Nase vorne haben würde. Und so war es dann ja auch. Nur blieb die Frage offen, wer denn der erste Russe im Weltraum war – und trotz gegenteiliger Meinungen ist sie das auch heute noch.

Kapitel 6

DER FALL ILJUSCHIN

Sergej Koroljow, das »Phantom von Baikonur«, hatte wieder zugeschlagen. In Windeseile verbreitete sich die Nachricht im Weißen Haus, dem Sitz des amerikanischen Präsidenten, der an jenem Tag John F. Kennedy hieß. Jener Tag, das war der 12. April 1961 – ein Tag, der die Welt verändert hat, denn erstmals war ein Mensch in den Weltraum vorgedrungen. Wie erwartet war es ein Bürger der UdSSR. Sein Name: Juri Gagarin, geboren am 9. März 1934, von Beruf Offizier der Jagdflieger. Insgesamt 108 Minuten dauerte die Mission vom Start bis zur Landung seines kugelförmigen Raumschiffes Wostok 1.

Selbst im Westen zollte man dem sympathischen Raumflieger, dem die Russen die Bezeichnung Kosmonaut gaben, Respekt und Anerkennung. Vom All aus funkte er fast euphorisch zur Erde: »Ich möchte zur Venus fliegen und sehen, was sich unter ihren Wolken befindet.« Der Flug verlief zwar nicht pannenfrei, aber letztlich kehrte Juri Gagarin wohlbehalten zur Erde zurück. Mit sämtlichen militärischen Ehren und einer Jubelparade wurde er auf dem Roten Platz in Moskau von der gesamten Führung des Politbüros empfangen und beglückwünscht. Der Vater des Erfolges aber, Sergej Koroljow, stand lediglich in der zweiten Reihe auf der Kreml-Mauer. Er wurde mit keinem Wort erwähnt – wie verbittert und wütend zugleich muss der Mann diesen Tag erlebt haben!

Wütend und vielleicht auch traurig, weil er wusste, dass mit Gagarin nicht einer der Männer die

Der 12. April 1961 hat die Welt verändert: An diesem Tag drang mit Juri Gagarin der erste Mensch in den Weltraum vor.
Bild: Russian Institute of Radionavigation and Time/www.rirt.ru

Meriten der Parteispitze entgegennahm, die sie eigentlich verdient gehabt hätten. Und damit dachte Koroljow keineswegs an sich selbst, sondern vielleicht an Wladimir Iljuschin.

Es ist nämlich von bis zu einem Dutzend Kosmonauten *vor* der Gagarin-Mission die Rede, die beim Start oder später im Weltraum ihr Leben verloren haben sollen.

Beförderte Gagarin ins All: das kugelförmige Raumschiff Wostok 1.   Bild: HPH

Dies berichtet unter anderem Oleg Penkovsky, ein Oberst des sowjetischen Geheimdienstes KGB. Über ihn soll Präsident Kennedy anerkennend geäußert haben: »Penkovsky ist unser bester Informant.« Der Oberst wurde jedoch enttarnt, verhaftet und zum Tode verurteilt. Seine Unterlagen, die in Fachkreisen wohlbekannten »Penkovsky Papers«, wurden danach jedoch mit Genehmigung des amerikanischen Auslandsgeheimdienstes CIA veröffentlicht. In dieser freigegebenen Version ist an zwei Stellen von toten Kosmonauten die Rede. So ist dort nachzulesen: »Einige Raumschiffe wurden gestartet ... Sie kosteten einigen ausgebildeten Kosmonauten das Leben.« Und an anderer Stelle greift Penkovsky erneut die Thematik auf und will wissen: »Es gab mehrere Starts von bemannten Raumschiffen noch vor Gagarins Flug.«

Nicht minder interessant ist ein Artikel der Zeitschrift »Electronic News«, der eigenen Angaben zufolge auf NASA-Informationen Bezug nimmt. Darin wird – bereits am 4. Oktober 1965 – behauptet, dass die Russen schon »zehn Kosmonauten, unter ihnen eine Frau« bei Raumflügen verloren hätten.

Diese Angaben sind allerdings höchst zweifelhaft. Weder wurden sie bislang offiziell von den maßgeblichen Stellen bestätigt, noch sind sie überprüfbar. So ist es durchaus denkbar, dass Penkovskys Angaben in Wahrheit gezielte Hinzufügungen der CIA sind, die dadurch unterschwellig einstreuen wollte, dass der kommunistische Vorsprung im Wettlauf um die Vorherrschaft im All nicht der Realität entspreche.

Und schon gar nicht ist davon auszugehen, dass die Sowjetunion einer Frau den Erstflug ins All überlassen hätte.

Auch die mittlerweile engen Kontakte zwischen den Raumfahrtbehörden haben keinerlei neuen Sachstand ergeben. Allerdings: Es gibt mindestens zwei ausgebildete sowjetische Raumfahrer, die nie eine Mission bestritten haben. Einer von ihnen ist Boris D. Andrejew. Im Rahmen des Apollo Sojus Test Project, dem ersten gemeinsamen Raumflug von USA und UdSSR im Jahr 1975, war er als Bordingenieur der zweiten russischen Ersatzmannschaft ausgewählt worden. Er gelangte aber weder bei diesem Unternehmen noch jemals danach zum Einsatz – angeblich wegen gesundheitlicher Probleme. Fest steht jedenfalls, dass Andrejew schon geraume Zeit nicht mehr dem russischen Raumfahrer-Korps angehört.

Für weitaus mehr Aufsehen sorgte aber 1986 das Eingeständnis eines tragischen Unglücks auf sowjetischer Seite, das sich tatsächlich noch

Übersichtliche Instrumente, aber im April 1961 auf dem Höchststand der Technik: das Armaturenbrett, das Juri Gagarin bei seinem legendären Flug zur Verfügung stand. Bild: JAC

vor Gagarins Flug ereignet hatte. Wie die Zeitung »Iswestija« seinerzeit mit behördlicher Genehmigung berichtete, erlag am 23. März 1961 der Kosmonaut Valentin Bondarenko den Verletzungen eines Trainingsunfalls. Demnach befand sich Bondarenko zum Zeitpunkt des Unglücks bereits seit zehn Tagen zu Testzwecken in einer Druckkammer des Kosmonauten-Ausbildungszentrums vor den Toren Moskaus. Sinn und Zweck der Trainingseinheit war es, den Raumfahrer in spe auf die »Abgeschiedenheit eines Raumfluges« vorzubereiten.

Zum Zeitpunkt der Katastrophe, so heißt es in dem Bericht, habe sich der 24-Jährige mit einem in Alkohol getränkten Wattebausch verschiedene Hautstellen betupft, an denen ein medizinisches Gerät angebracht war. Nach Beendigung des Vorgangs habe Bondarenko dann den Tupfer achtlos beiseite geworfen. Die Folgen waren für ihn tödlich, denn der Wattebausch fiel auf ein glühendes elektrisches Heizgerät, an dem der Alkohol augenblicklich entflammte. Hinzu kam, dass in der Druckkammer eine vornehmlich mit Sauerstoff angereicherte Atmosphäre eingespeist war, in der sich die aufzüngelnden Flammen rasch zu einem vernichtenden Inferno entwickelten. Dennoch gelang es, Bondarenko lebend und bei Bewusstsein aus der Kammer zu bergen. Wiederholt äußerte er unmittelbar danach: »Ich bin selbst schuld. Macht niemanden anders dafür verantwortlich.« Acht Stunden nach seiner Rettung aber verstarb Viktor Bondarenko um 15 Uhr Moskauer Zeit. Die Todesursache soll ein schwerer Schock infolge der erlittenen Verletzungen gewesen sein.

Viktor Bondarenko wurde am 16. Februar 1937 in Charkow geboren. Nach dem Schulbesuch in seiner Heimatstadt absolvierte er die Luftwaffen-Pilotenschule Armavirskoje. Anschließend kam er zu den sowjetischen Flugstreitkräften. 1960 schließlich wurde Bondarenko in das Kosmonautenkorps aufgenommen. Es war beabsichtigt, ihn im Rahmen des Wostok-Nachfolgeprogramms einzusetzen. Er hinterließ seine Frau Galina und seinen fünfjährigen Sohn Alexander Valentinowitsch. Am 15. Mai 1987 benannten die Russen einen Krater mit 30 Kilometer Durchmesser auf der Mondrückseite in der Nähe des Gagarin-Kraters zu Ehren des tödlich Verunglückten als Krater Bondarenko.

Das erschütternde Ende Bondarenkos änderte gleichwohl nichts an Russlands Plänen: Drei Wochen später stieg das Raumschiff Wostok 1 mit dem »Kolumbus der Raumfahrt« an Bord auf einem mächtigen

Feuerschweif in den kasachischen Himmel: Major Juri Gagarin war damit der erste Kosmonaut, der in die Schwerelosigkeit des Alls vorstieß.

Doch war er tatsächlich der Erste? Bis 1999 hatte dies kaum einer ernsthaft angezweifelt. Dann aber trat ein gewisser Wladimir Iljuschin jun. ins Rampenlicht der Öffentlichkeit und behauptete, er sei in Wahrheit derjenige, der vor Gagarin einen Weltraumflug unternommen habe. Wie Iljuschin verbreitete, sei er bereits fünf Tage vor Gagarin ins All geflogen. Der Sohn des berühmten russischen Flugzeugkonstrukteurs Sergej Iljuschin will am 7. April 1961 in der Kapsel Rossija unter strengster Geheimhaltung vom Kosmodrom Baikonur abgehoben haben – zu einer an Dramatik kaum mehr zu überbietenden Mission. Iljuschin selbst erzählt den Ablauf der Ereignisse eher nüchtern: »Zunächst verlief alles nach Plan«, sagt er. »Nachdem ich aber die Erde knapp umrundet hatte, verlor ich den Funkkontakt zur Bodenstation.« Nach einer weiteren Erdumkreisung entschloss er sich, im dritten Umlauf die Landung ohne Unterstützung der Bodenkontrollstation durchzuführen. Während des Wiedereintritts in die Erdatmosphäre verlor Wladimir Iljuschin das Bewusstsein. Also konnte er sich nicht, wie vorgesehen, per Schleudersitz aus dem Raumschiff katapultieren. Infolgedessen schlug er relativ hart auf – in China! Schwer verletzt soll man den Russen sofort in ein Krankenhaus gebracht haben, wo es gelang, sein Leben zu retten.

Flug bestätigt!

Nun könnte man diese Geschichte getrost als »Kosmonauten-Latein« zu den Akten legen, hätten nicht weitere Recherchen zu bemerkenswerten Ergebnissen geführt. So steht zweifelsfrei fest, dass die Schilderung des Piloten Iljuschin keine neuzeitliche Phantasieerzählung darstellt. Vielmehr tauchten entsprechende Hinweise äußerst zeitnah auf. So bezog sich bereits am 22. April 1961 die Deutsche Presseagentur (dpa) in einer Meldung auf entsprechende Informationen ihres Sonderkorrespondenten Edouard Bobrowski. Gerade einmal zehn Tage nach Gagarins »Erstleistung« bestätigte der Journalist: »Nicht Gagarin war der Erste – sondern Iljuschin«. Und er ergänzte (wie sich rund 30 Jahre später herausstellen sollte absolut zutreffend), dass Wladimir Iljuschin »völlig ohne Bewusstsein« in einem Moskauer Krankenhaus liege.

Iljuschin bestätigte die Vorgänge in einem Interview für die amerikanische TV-Reihe »Phenomenon – The Lost Archives«. Daraus entstand eine einstündige Dokumentation des Produzenten Dr. Elliott H. Haimoff. Darin wird auch der Bericht eines Ingenieurs der US-Air-Force wiedergegeben, der 1961 auf Tern, einem Eiland der hawaiianischen Inselgruppe, stationiert war. Dort war der Techniker Mitglied einer Ortungseinheit, die man um Unterstützung bei der Verfolgung der Umlaufbahn nach einem für März oder April 1961 geplanten Satellitenstart der Sowjetunion gebeten hatte. Wie sich herausstellte, handelte es sich bei dem Satelliten um ein Wostok-Raumschiff, das wenige Tage vor Juri Gagarins historischem Flug in den Orbit lanciert worden war. »Nach dem »Flug«, erinnerte sich der Ingenieur weiter, »wurden die Aufzeichnungen an ein NSA-Quartier auf dem US-Marinestützpunkt Pearl Harbour weitergeleitet.« Die NSA (nicht zu verwechseln mit der Raumfahrtbehörde NASA!) ist die Kurzbezeichnung für den technischen Geheimdienst der USA, die National Security Agency. Sie ist mit mehreren tausend Mitarbeitern der größte Geheimdienst der Vereinigten Staaten.

Einer Überprüfung hält die plausibel klingende Iljuschin-Story aber nicht stand, wie folgende Rechercheergebnisse erkennen lassen:

- Der Ingenieur der US-Air-Force ist bis heute anonym geblieben. Es besteht also keinerlei Möglichkeit, seine Behauptungen zu verifizieren oder ihn mit anderslautenden Informationen zu konfrontieren.

- Die Informationen des dpa-Sonderkorrespondenten Edouard Bobrowski stehen in eklatantem Widerspruch zu den Ermittlungsergebnissen des Moskauer Korrespondenten der französischen Zeitung »Paris Presse«, Lucier Barnier. Nach seiner Darstellung wurde ihm in Moskau erklärt, Iljuschin liege tatsächlich in einem Moskauer Krankenhaus. Gleichwohl erfolge die stationäre Behandlung aber wegen der Verletzungen, die sich der Flieger bei einem *Autounfall* fast einen Monat zuvor zugezogen haben soll.

- Stutzig macht auch die Tatsache, dass sich die Volksrepublik China, auf deren Territorium Iljuschin gelandet sein will, zu keinem Zeitpunkt über Bergung und Erstversorgung des russischen Kosmonauten geäußert hat. Angesichts der jahrzehntelangen politischen Differenzen zwischen den beiden Nationen ist das sehr ungewöhnlich.

- Soweit bekannt hat kein einziger Kosmonaut jemals bestätigt, dass Wladimir Iljuschin zu irgendeinem Zeitpunkt Angehöriger des sowjetischen Kosmonautenkorps gewesen ist.

So interessant also die Gerüchte auch sein mögen, die sich um einen bemannten »Vor-Gagarin-Flug« ranken, so wenig ändern sie an der bekannten Version über den ersten Menschen im All.

Konter der USA: Keine vier Wochen nach Gagarins Flug starteten die USA am 5. Mai 1961 das Raumschiff Mercury.   Bild: NASA

Der erste Amerikaner im All: Alan Shepard, flog an Bord von Mercury senkrecht in den Weltraum und stürzte nach fünfminütiger Schwerelosigkeit wieder zur Erde zurück. Später sollte er als Astronaut dann einmal auf dem Mond landen.
Bild: NASA

Juri Gagarin folgte am 5. Mai 1961 auf amerikanischer Seite der Start des Ein-Mann-Raumschiffes Mercury. An Bord befand sich mit Alan B. Shepard der einzige Astronaut der ersten Gruppe, der später einmal auf dem Mond landen sollte. Aber daran dachte an diesem Tag wohl nicht einmal er selbst. Shepard unternahm lediglich einen ballistischen Flug, das heißt, er schwenkte nicht in eine Umlaufbahn um die Erde ein, sondern er stieg einfach senkrecht in den Himmel, um nach knapp fünfminütiger Schwerelosigkeit wieder zurück zur Erde zu stürzen. Der erste amerikanische Flug dauerte bis zur Wasserung der Kapsel im Pazifik gerade einmal 16 Minuten.

Das Rennen um die Vorherrschaft war gelaufen. So dachten in jenen Tagen wohl die meisten. Die Supermacht USA war endgültig ins Hintertreffen geraten. Entsprechend euphorisch war die Stimmung im Ostblock, während die technologiebegeisterten Amerikaner in eine resignative Depression verfielen. Das Land der vermeintlich unbegrenzten Möglichkeiten war, so hatte es den Anschein, an die Grenzen seiner Möglichkeiten gestoßen. Wie sollte man Gagarins historische Erstleistung auch nur egalisieren geschweige denn überbieten? Die Antwort auf diese Frage sollte die Nation schneller erhalten, als sie es sich selbst in ihren kühnsten Träumen erhoffte.

Kapitel 7

DER WENDEPUNKT

Der 25. Mai 1961 war ein ganz normaler Tag. Und doch sollte es ein Tag werden, der zwar selbst nicht in die Geschichte einging, wohl aber Geschichte schrieb – einer jener Tage eben, deren Wirkung erst mit Verzögerung erkennbar wird.

Der erst seit wenigen Monaten im Amt befindliche neue US-Präsident John F. Kennedy hielt an diesem Tag vor beiden Häusern des Kongresses eine Rede zur Lage der Nation. Und Kennedy kannte die Lage sehr genau. Gagarins Flug war das technologische Waterloo seines Landes. Er nahm deshalb kein Blatt vor den Mund, als er seine Ausführungen begann: *» Wenn wir den Kampf zwischen Freiheit und Tyrannei gewinnen wollen, der gegenwärtig überall auf der Erde tobt, dann dürfen die dramatischen Erfolge im Weltraum, die in den letzten Wochen erreicht wurden, nicht unberücksichtigt bleiben. Sie haben uns allen, wie 1957 der Sputnik, den gewaltigen Einfluss dieser Leistungen auf das Denken der Menschen in allen Teilen der Erde vor Augen geführt. Am Beginn meiner Amtszeit habe ich deshalb unsere Anstrengungen auf dem Gebiet der Weltraumforschung sofort einer Überprüfung unterziehen lassen. Gemeinsam mit dem Vizepräsidenten sowie dem Vorstand des Ausschusses für Luft- und Raumfahrt haben wir analysiert, in welchen Bereichen wir stark sind und in welchen nicht. Das Ergebnis: Jetzt ist der Zeitpunkt gekommen, entscheidendere Schritte zu unternehmen, die Zeit für neue, große amerikanische Pioniertaten, der Zeitpunkt, an dem unsere Nation klar die führende Rolle bei den Leistungen im Weltall übernehmen sollte, wo in verschiedenster Hinsicht auch der Schlüssel für unsere Zukunft auf Erden zu finden sein wird. «*

Und weiter sagte Kennedy: *»Ich glaube, dass wir dafür sämtliche Hilfsmittel und geistigen Fähigkeiten besitzen. Tatsache ist gleichwohl, dass wir nie die für eine solche Führung erforderlichen nationalen Entscheidungen getroffen haben. Ebenso wenig haben wir jemals unsere Hilfsquellen dafür mobilisiert. Niemals haben wir gar langfristige Ziele definiert oder die uns* zur Verfügung stehende Zeit so genutzt, dass die Verwirklichung dieser Ziele gesichert gewesen wäre.

Auch wenn wir den Vorteil anerkennen, den die Sowjetunion durch ihre großen Raketentriebwerke erlangt hat, und der ihr einen Vorsprung von vielen Monaten verschafft, und wenn wir es als wahrscheinlich ansehen, dass sie diese Führung für einige Zeit zu noch eindrucksvolleren Erfolgen ausnutzen wird, sind wir dennoch angehalten, neue Anstrengungen zu machen. Denn wenn wir auch nicht garantieren können, dass wir eines Tages die Ersten sein werden, so wissen wir doch, dass jede Unterlassung, sich an diesen Anstrengungen zu beteiligen, uns in die Rolle des Letzten drängen wird. (…) Wir dringen in den Weltraum vor, weil bei sämtlichen Aufgaben, denen sich die Menschheit stellen muss, freie Menschen stets ihren Anteil zu tragen haben.

Ich ersuche daher den Kongress, über die zusätzlichen Mittel hinaus, die ich bereits früher für das Raumfahrtprogramm gefordert habe, auch die für die Erreichung der folgenden nationalen Ziele benötigten Finanzmittel zu bewilligen.«

Der Tag der Wende: Am 25. Mai 1961 hält Präsident John F. Kennedy seine legendäre Rede vor beiden Häusern des Kongresses, in der er das klare Ziel formuliert, dass die USA als erste Nation einen Menschen zum Mond schicken wollen.   Bild: NASA

Und dann kam Präsident Kennedy zum Höhepunkt seiner Rede, der Ankündigung der nationalen Raumfahrtziele der USA: »*Erstens: Ich glaube, dass sich die Vereinigten Staaten das Ziel setzen sollten, noch vor Ende dieses Jahrzehnts einen Menschen auf dem Mond zu landen und ihn sicher wieder auf die Erde zurückzubringen. Kein anderes Projekt der Raumfahrt wird innerhalb dieser Periode eindrucksvoller und für die Erforschung des Raumes wichtiger sein, und kein anderes wird so schwierig zu erreichen und so kostspielig sein. Wir schlagen vor, die Entwicklung eines geeigneten Mondschiffes zu beschleunigen. Wir schlagen vor, weitaus größere Raketentriebwerke als bisher zu entwickeln, bis wir sicher sind, auf welcher Seite die Überlegenheit ist.*

In diesem Zusammenhang plädieren wir auch für die Bewilligung zusätzlicher Mittel für die Entwicklung modernerer Typen von Trägerraketen, die dazu dienen sollen, unbemannte Forschungssonden zu starten. Diese Sonden werden vor allem für einen Zweck von Bedeutung sein, den unser Volk nie außer Acht lassen wird: das Überleben jenes Menschen, der als Erster den kühnen Flug zum Mond unternimmt, zu gewährleisten. Doch genau betrachtet wird es nicht ein Einzelner sein, der zum Mond fliegt, sondern die gesamte Nation, denn wir alle müssen mithelfen, unseren Mann dorthin zu bringen.«

Mit diesen Maßgaben schlug Präsident Kennedy gleich mehrere Fliegen mit einer Klappe:

- Er bereitete seine Landsleute auf weitere spektakuläre Erfolge der Russen vor. Dadurch würde eine neuerliche psychologische Schockwelle in der Bevölkerung vermieden.
- Er setzte den Führungsanspruch im wichtigsten Bereich an, der Raketentechnik. Hier konnte der Präsident darauf hoffen, dank der Gruppe um Wernher von Braun in naher Zukunft die Sowjetunion zu übertrumpfen.
- Er gab mit der bemannten Mondlandung ein völlig neues Ziel vor, denn der Kreml hatte – zumindest offiziell – noch nie den Mond als Focus seiner Anstrengungen formuliert. Auch wenn die Sowjets in diesem Bereich ebenfalls in Führung lagen, so war hier der tatsächliche Vorsprung allenfalls marginal und wohl am ehesten zu egalisieren beziehungsweise zu übertrumpfen.

Und wie die Zukunft zeigen sollte, waren es exakt diese drei Faktoren, die im Wettlauf zum Mond noch eine wichtige Rolle spielen sollten. Der 21. Mai 1961 wird heute jedenfalls als der Wendepunkt im Weltraumrennen betrachtet – und als der *Beginn* des Wettlaufs zum Mond.

Der größte Jubel über die Rede des Präsidenten brach verständlicherweise bei der NASA aus. Endlich hatte sie die Budgets, die notwendig waren, um überhaupt in Konkurrenz zu Sergej Koroljow treten zu können.

Man weiß nicht, wie das Politbüro in Moskau intern auf die Rede von John F. Kennedy reagierte. Anfänglich veränderte sich gleichwohl nicht viel, die Russen heimsten weiter Erstleistung um Erstleistung ein. Dazu zählten unter anderem:

- 11./12. August 1962: Erstmals befinden sich *zwei* Raumschiffe einer Nation im All. Es sind dies die Kapseln Wostok 3 (Kosmonaut Adrian Nikolajew) und Wostok 4 (Kosmonaut Pawel Popowitsch).
- 16. Juni 1963: Walentina Tereschkowa wird die erste Weltraumfahrerin.
- 12. Oktober 1964: Einsatz des ersten mehrsitzigen Raumschiffes, genannt Woschod, an dessen Bord sich drei Kosmonauten befinden.
- 18. März 1965: Alexej Leonow unternimmt als erster Mensch eine Außenbordaktivität im All.

Parallel im All: Der Kosmonaut Pawel Popowitsch befindet sich am 11. August 1962 an Bord der Mission Wostok 4, die einen Tag nach Wostok 3 mit Adrian Nikolajew gestartet wurde. Der UdSSR war es damit erstmals gelungen, zwei Raumschiffe einer Nation zeitgleich ins All zu entsenden.
Bild: NASA/Asif Siddiqi

Im Frühjahr 1965 stand die Sowjetunion theoretisch vor dem ersten bemannten Flug zum Mond. Das dafür notwendige Raumschiff, die Sojus-Klasse, befand sich bereits in der Entstehung. Sergej Koroljow wusste, dass er nicht viel Zeit hatte, um die westliche Konkurrenz auch im Wettlauf zum Mond zu besiegen. Ihm war freilich auch bewusst, dass ein Rückschlag wie bei der Nedelin-Katastrophe *(siehe Kapitel 5)* den Vorsprung von einem Tag auf den anderen gleichwohl zunichte machen konnte.

John F. Kennedy war zu diesem Zeitpunkt bereits tot. Er war 1963 einem Attentat in Dallas zum Opfer gefallen. Aber das Engagement des charismatischen Präsidenten für die Raumfahrt trug erste, noch kaum erkennbare Früchte. Das Projekt Apollo, so die Bezeichnung des amerikanischen Mondlandeprogramms, war längst aus der Taufe gehoben. Und wieder waren die Peenemünder federführend bei der Entwicklung der Trägerrakete. Mit einer Gesamtlänge von 111 Metern war sie die mächtigste Antriebs- und Trägereinheit, die je gebaut wurde. Ihr Name: Saturn V.

Selbstverständlich waren diese Komponenten noch nicht einsatzreif. Aber was, wenn die Russen morgen zum Mond fliegen würden? Was niemand ahnte und gut zwei Jahrzehnte vor der Öffentlichkeit verschwiegen wurde – auch für dieses Szenario hatte die NASA einen Plan in der Tasche. Man nannte ihn den »Chamberlin-Plan«. Es war das vielleicht kühnste Vorhaben, das je für die zivile bemannte Raumfahrt ersonnen wurde.

Wunderwaffe der USA: Mit einer Gesamtlänge von 111 Metern war die Saturn V die mächtigste Rakete die jemals gebaut wurde. Konstruiert wurde sie von den »Peenemündern« um Wernher von Braun, der stolz vor den beeindruckenden Triebwerken posiert.
Bild: NASA

Kapitel 8

DER CHAMBERLIN-PLAN ODER AMERIKAS ZWEITES ASS IM MONDRENNEN

Als Präsident John F. Kennedy seine historische Rede vor den beiden Häusern des Kongresses hielt, wusste der mit allen Wassern gewaschene Politiker selbstverständlich mehr, als er preisgab. Die USA verließen sich nicht allein auf die Peenemünder Gruppe.

Was Wernher von Braun auf dem Feld der Raketentechnik war, sollte ein anderer im Bereich der Raumschiffkonstruktion werden – wie Koroljow – im Hintergrund und nicht im Rampenlicht der Öffentlichkeit.

Der Mann hieß James Arthur Chamberlin. Geboren wurde er im kanadischen District of Columbia. Bereits 1946, im Alter von nur 31 Jahren, kam er zum Team der Ingenieure der Luftfahrtfirma Avro Aircraft Ltd. in Toronto. Laut dem Biografen C. Gainor »war er einer der Topleute von Avro« und arbeitete dort unter anderem als Chef-Aerodynamiker. Der Chronist Gainor urteilt: »James A. Chamberlin war eine der Hauptfiguren in der kanadischen Luftfahrt.«

Der Chamberlin-Plan quasi auf einen Blick: Über der Mondoberfläche entkoppeln das Gemini-Raumschiff (links) und die Ein-Mann-Mondfähre. Besonders auffällig: das offene Cockpit des Landers. Doch leider wurde der Plan nur in dieser Fotomontage Realität.
Bild: Mark Wade/www.astronautix.com

Das blieb selbstverständlich auch der NASA nicht verborgen, denn schließlich suchte die Weltraumbehörde auf der ganzen Welt nach den besten Köpfen. Und so war es nur eine logische Konsequenz, dass man James Chamberlin zusammen mit über zwei Dutzend seiner Mitarbeiter im April 1959 von Avro abwarb. Die komplette Mannschaft wurde der Space Task Group (STG) am Langley Research Center in Hampton im US-Bundesstaat Virginia zugeteilt. Die STG war innerhalb der NASA

für bemannte Raumflüge zuständig und damit das höchste Gremium
auf diesem Gebiet.

Chamberlin arbeitete zunächst am ersten US-Raumschifftyp, den
Mercury-Kapseln, mit. Alsbald aber wurde ihm die Aufgabe übertragen,
ein Zwei-Mann-Raumschiff zu konstruieren, das den Abstand zur Erde
verändern konnte, mit anderen Raumschiffen koppelbar war und es letztlich den Astronauten ermöglichte, Außenbordaktivitäten durchzuführen. James Chamberlin, den man anerkennend auch »the troubleshooter«
(Friedensstifter) nannte, nahm diese Herausforderung gerne an und wurde
so der erste Programm-Manager des Projekts Gemini (Zwillinge).

James Chamberlin war seiner Zeit voraus. Er erkannte alsbald, dass
das Gemini-Projekt »a viable competitor«, also eine ernsthafte Alter-
native zum Apollo-Mondprogramm sein konnte. Als 1961 die Frustration
der NASA wie auch weiter Teile der Bevölkerung in den USA über die
Triumphe der UdSSR-Raumfahrt ihren Höhepunkt erreichte, legte der
Chefingenieur der Space Task Group am 14. August 1961 folgenden
Plan für Gemini vor. Höhepunkt und Abschluss der Zeitschiene war
eine mehrfache Mondumkreisung:

Datum	Flug	Missionsziel
März 1963	Gemini 1	Unbemannter Orbitaltest
Mai 1963	Gemini 2	Bemannter Orbitaltest
Juli 1963	Gemini 3	Bemannter Orbitalflug (7 Tage)
September 1963	Gemini 4	Bemannter Orbitalflug (7 Tage)
November 1963	Gemini 5	Andocken an Agena-Zielsatellit
Januar 1964	Gemini 6	14-Tage-Orbitalflug
März 1964	Gemini 7	Andocken an Agena-Zielsatellit
Mai 1964	Gemini 8	14-Tage-Orbitalflug
Juli 1964	Gemini 9	Andocken an Agena-Zielsatellit
September 1964	Gemini 10	Andocken an Agena-Zielsatellit
November 1964	Gemini 11	Hochorbitalflug und Andocken an Centaur-Raketenstufe
Januar 1965	Gemini 12	Hochorbitalflug und Andocken an Centaur
März 1965	Gemini 13	Andocken an Centaur und Mondumkreisung
Mai 1965	Gemini 14	Andocken an Centaur und Mondumkreisung

Mit Zwillingen gegen die UdSSR: das Zwei-Mann-Raumschiff Gemini.
Bild: NASA

Bei diesem Vorschlag fungierten die Agena-Zielsatelliten als Übungsgerät für das An- und Abkoppeln des Raumschiffes sowie für Außenbordmanöver, sogenannte Extra Vehicular Activities (EVA) der Astronauten. Die Centaur-Stufe hingegen trug den nötigen Treibstoff für den Einschuss auf die Flugbahn zum Mond.

Aber James Chamberlin konnte sich nicht durchsetzen. Innerhalb der NASA nicht, weil man dort auf das Apollo-Konzept setzte. Und auch die Politik erteilte dem Plan eine Absage, da Vizepräsident Lyndon B. Johnson seiner Wahlklientel in den Südstaaten den Aufbau eines Hightech-Zentrums mit Schwerpunkt Raumfahrt und darauf aufbauend die Schaffung vieler neuer Arbeitsplätze sowie wirtschaftlichen Aufschwung zugesichert hatte.

Chamberlin war freilich kein Mann, der rasch aufgab. Nur einen Monat später präsentierte er der STG einen überarbeiteten Entwurf seines Vorhabens. Darin versuchte er, seinen Widersachern Rechnung zu tragen. Die Verwendung der Saturn-C-3-Trägerrakete sollte die »Apollo-Fraktion« einbinden. Sie trug wie die Centaur-Stufe den notwendigen Treibstoff für die Flugmanöver aus dem Erdorbit zum Mond und wieder zurück. Außerdem war vorgesehen, an der C-3 das Landegefährt für den Astro-

*War für Rettungsein-
sätze auf dem Mond
vorgesehen: das
»Gemini Lunar
Surface Rescue
Spacecraft«. Mit dieser
Konfiguration sollten
in Not geratene
Apollo-Astronauten
wieder wohlbehalten
auf ihren Heimatpla-
neten zurückkehren.*
Bild: Mark Wade/
www.astronautix.com

nauten, der auf der Mondoberfläche landen sollte, anzubringen.
Unterdessen verblieb der zweite
Mann in der Gemini-Kapsel und
hielt das Raumschiff auf Kurs für
das Rendezvous-Manöver mit seinem vom Mond zurückkehrenden
Kameraden. Zudem konnte er gegebenenfalls auftretende Schäden
oder Anomalien am Raumschiff re-
parieren.

Chamberlins Vorschlag war
schlicht genial. Mit diesem Plan
war es möglich, bereits im Januar 1966 auf dem Mond zu landen und
Kennedys Vorgabe in geradezu atemberaubendem Tempo in die Tat umzusetzen.

Und so sah der Flugplan zur Mondlandung aus:

Datum	Flug	Missionsziel
März 1964	*Gemini 1*	*Unbemannter Orbitaltest*
Mai 1964	*Gemini 2*	*Bemannter Orbitaltest*
Juni 1964	*Gemini 3*	*Bemannter Orbitalflug (7 Tage)*
August 1964	*Gemini 4*	*14-Tage-Orbitalflug*
September 1964	*Gemini 5*	*Andocken an Agena-Zielsatellit*
November 1964	*Gemini 6*	*Andocken an Agena-Zielsatellit*
Dezember 1964	*Gemini 7*	*Andocken an Agena-Zielsatellit*
Februar 1965	*Gemini 8*	*Hochorbitalflug und Andocken an Centaur*
März 1965	*Gemini 9*	*Hochorbitalflug und Andocken an Centaur*
Mai 1965	*Gemini 10*	*Andocken an die Mondfähre (LM)*
Juni 1965	*Gemini 11*	*Andocken an die Mondfähre (LM)*
Juli 1965	*Gemini 12*	*Andocken an die Mondfähre (LM)*
September 1965	*Gemini 13*	*Andocken an Centaur und Mondumkreisung*
Oktober 1965	*Gemini 14*	*Andocken an Centaur und Mondumkreisung*
November 1965	*Gemini 15*	*Mehrfache Mondumkreisung*
Januar 1966	*Gemini 16*	*Bemannte Mondlandung*

»*Money first!*«

Der Chamberlin-Plan bekam allerdings zu keinem Zeitpunkt eine echte Chance auf Realisierung. Weder bei dem ausschließlich auf seine Wiederwahl bedachten Johnson, noch bei der STG und der darin vorherrschenden Interessenlage – ganz zu schweigen von dem Heer der Lobbyisten, das profitorientierte industrielle und wissenschaftliche Einrichtungen repräsentierte. An billigen, unkonventionellen Lösungen waren sie selbstredend als letzte interessiert. »Money first«, lautete bei ihnen die Devise – freilich nur hinter vorgehaltener Hand.

Trotzdem hielt James Chamberlin der NASA die Treue und wurde einer ihrer verdienstvollsten Mitarbeiter. Kurz vor seinem Ausscheiden im Jahre 1970 war er sogar noch an den ersten Designkonzepten für den wiederverwendbaren Space Shuttle beteiligt. Sein erfolgreichstes Werk aber war und blieb das Gemini-Projekt. In den Jahren 1965 und 1966 kam es zu insgesamt zehn erfolgreichen Starts mit jeweils zwei Astronauten an Bord. Aus diesen Besatzungen, das war klar, würde sich eines nicht allzu fernen Tages die dreiköpfige Crew zusammensetzen, die zur Landung auf dem Mond aufbrechen sollte. Eine Frage war allerdings noch offen: Würde der Erste von ihnen den Mond als erster Mensch oder lediglich als erster US-Bürger betreten? Mit anderen Worten: Würden die USA den Wettlauf zum Mond gewinnen?

James A. Chamberlin jedenfalls wurde mit Auszeichnungen überhäuft, darunter mit der NASA Exceptional Scientific Achievment Medal. Er verstarb am 8. März 1981 in Houston. Und es ist eine fast schon satirische Fußnote der Geschichte, dass sein Gemini-Mondlandeplan noch einmal aus der Schublade hervorgeholt wurde. Er diente als Basiskon-

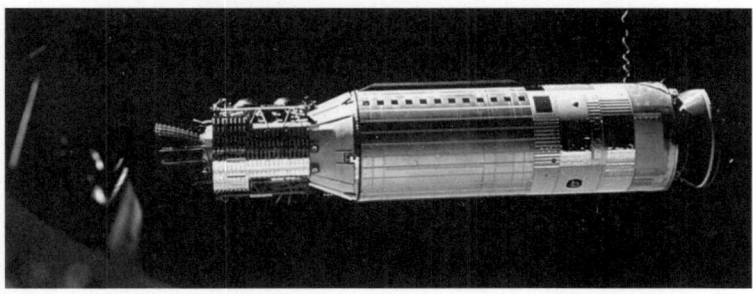

Der Agena-Satellit als Ziel: Erstmals wurde im November 1963 das Andocken von zwei Raumschiffen im All erfolgreich durchgeführt – eine unerlässliche Voraussetzung auf dem Weg zur Mondlandung.   Bild: NASA

zept für einen mehr oder minder gelungenen Spielfilm über den Wettlauf zum Mond. Darin erhielt das Unternehmen die Bezeichnung Project Pilgrim (Projekt Pilger). In dem Film landet ein US-Astronaut in einem Gemini-Raumschiff (selbstverständlich als erster Mensch) auf dem Mond.

Die Astronauten Edward White (links) und James McDivitt in der Gemini-4-Kapsel vor dem Start: Ziel dieser Mission war es, die Auswirkungen eines Aufenthalts im All auf den menschlichen Körper und die technische Ausrüstung zu testen. White absolvierte dabei auch den ersten Spaziergang im All während des Gemini-Programms. Bild: NASA

Rendezvous im All: der Agena-Zielsatellit kurz vor dem Andocken an das Raumschiff Gemini 8. Bild: NASA

Kapitel 9

KOROLJOWS MYSTERIÖSER TOD

Während der zehn bemannten Gemini-Raumflüge, die zwischen dem 23. März 1965 und dem 15. November 1966 durchgeführt worden waren, fand nicht eine einzige sowjetische Mission statt. Doch es wäre vollkommen falsch anzunehmen, dass Sergej Koroljow und seine Mitarbeiter in dieser Zeit untätig geblieben wären. Im Gegenteil: Sie waren bereits fieberhaft damit beschäftigt, die letzten Schritte vorzubereiten, mit denen sie den Wettlauf zum Mond für sich entscheiden wollten. Dazu gehörten unter anderem:

• Konstruktion einer Rakete – umgangssprachlich »Super Booster« genannt –, die noch leistungsfähiger sein sollte als die 110 Meter hohe Apollo-Konfiguration der NASA.
• Entwicklung und Bau einer neuen Raumschiffklasse, die auch für bemannte Flüge zum Mond verwendbar ist. Ihr Name: Sojus (Union).
• Bau einer Mondfähre für den Transport von Kosmonauten und Gerätschaft aus dem Mondorbit auf die Mondoberfläche und von dort aus zurück zum Sojus-Mutterschiff im Mondorbit.
• Aufstellung und Training eines geheimen Kosmonautenkorps für Mondflüge.
• Weitere Erkundung des Mondes mit Sonden.

Und sei es nur zur Koordination – in sämtlichen Bereichen arbeitete Sergej Koroljow aktiv mit. Der Chefdesigner war omnipräsent. Doch seinem mehrjährigen Aufenthalt in kommunistischen Gulags – Arbeitslagern mit politischen Häftlingen – musste sein Körper Tribut zollen. Am 13. Oktober 1966 unterzog er sich in Moskau einer Darmoperation, in deren Verlauf ernste Komplikationen auftraten. Schließlich kollabierte Koroljows Herz und er verstarb. Hatte man ihm zeit seines Lebens die öffentlichen Ehrungen verweigert, so erhielt das »Phantom von Baikonur« wenigstens jetzt ein Staatsbegräbnis und einen Platz in der »Heldenmauer« des Kreml.

Das »Phantom von Baikonur« starb im Oktober 1966 an Herzversagen: Sergej Korolow (rechts), der genau 20 Jahre zuvor mit Oberst Georgi Tjulin in Deutschland den Überresten der V-2-Rakete nachspürte. Bild: NASA/Peter Gorin

Kurze Zeit später sind dann Zweifel am natürlichen Tod von Sergej Koroljow aufgekommen. Gerüchten zufolge soll seinem Ableben »nachgeholfen« worden sein. Für diese These gibt es aber weder den leisesten Hauch eines Indizes – von einem Beweis ganz zu schweigen.

Sergej Koroljows Tod bedeutete eine tiefgreifende Zäsur in der Raumfahrt der UdSSR.

So urteilt der Fachmann Brian Harvey: »Mit Koroljows Tod war das sowjetische Raumfahrtprogramm nie mehr das, was es einmal war.« Er ist der Meinung: »Nach 1966 hatte das Programm viele ausgezeichnete Konstrukteure, Planer, Politiker, Leiter und Visionäre, aber niemals wieder in einer Person.«

Und tatsächlich: Lediglich ein einziges Mal noch konnte die Sowjetunion eine beeindruckende Erstleistung verkünden: Wenige Wochen nachdem Koroljow gestorben war, gelang es den Russen am 3. Februar 1966 (nach mindestens einem halben Dutzend vorangegangener Fehlversuche) als erster Nation, einen Instrumententräger *weich*, das heißt funktionstüchtig, auf einem anderen Himmelskörper zu landen. Die kugelförmige Sonde, die mit einer Weiterentwicklung von Koroljows Trägern zum Mond geschossen wurde, landete am 3. Februar 1966 um

19.45 Uhr unbeschädigt. Ihr Name: Luna 9. Der irdische Späher funkte in erstaunlich guter Qualität die ersten Panoramabilder von der Oberfläche des Mondes auf die Erde.

Danach war klar, dass die UdSSR zum »großen Schlag«, zur bemannten Landung auf dem Mond, ansetzen würde. Was kaum jemand wusste: Die Kosmonauten dafür standen schon bereit, denn die Russen hatten eine eigene Gruppe mit Raumfahrern für Mondexpeditionen aus der Taufe gehoben. Nach dem Willen des Politbüros der Kommunistischen Partei sollte diese Gruppe verwirklichen, was John F. Kennedy als Aufgabe der amerikanischen Nation zugedacht hatte – die Landung eines Menschen auf dem Mond.

Das sowjetische Mondkosmonautenkorps wurde von Beginn an in zwei Gruppen unterteilt. Die erste – Bezeichnung L-1 – war zusammengestellt für Aktivitäten speziell im Mondorbit. Jeweils zwei dieser Raumfahrer, der Kommandant und sein Flugingenieur, bildeten eine Missionsbesatzung. Zu möglichen Kommandanten wurden dabei ernannt: Georgij Beregowoi, Waleri Bykovsky, Juri Gagarin, Jewgenij Chrunow, Alexej Leonow, Wladimir Komarow, Andrian Nikolajew, Wladimir Schatalow und Boris Wolinow. Nach einem strengen und harten Auswahlverfahren kamen am 2. September 1966 dann auch die ersten Flugingenieure hinzu: Georgij Gretschko, Walerij Kubassow, Oleg Makarow, Wladislaw Wolkow und Alexej Jelisejew. Die Zusammensetzung der L-1-Gruppe änderte sich danach mindestens noch einmal. Doch im

Funkte die ersten Panoramabilder von der Oberfläche des Mondes auf die Erde: die russische Sonde Luna 9.
Bild: NASA

Februar 1968 wurden endgültig die Mannschaften für die Mond-Orbitalmissionen zusammengestellt.

Die Raumschiffbesatzungen bestanden aus:

Besatzung	Kommandant	Flug-Ingenieur
Crew 1	Alexej Leonow	Oleg Makarow
Crew 2	Waleri Bykovski	Nikolai Rukawischnikow
Crew 3	Pawel Popowitsch	Vitali Sewastijanow
Crew 4	Walerij Woloschin	Juri Artjuchin
Crew 5	Pjotr Klimuk	Anatoli Woronow

Wenn es nach den Vorstellungen der Kreml-Herren ging, würde mindestens eine dieser Besatzungen noch im selben Jahr zum Mond fliegen. Allerdings war mit der Zusammenstellung der Besatzungen noch keine Entscheidung über die Reihenfolge der Missionseinsätze getroffen. Diese erfolgte erst am 27. Oktober 1968. Für die ersten drei Orbital-Unternehmen wurden benannt:

Flug	Kommandant	Flug-Ingenieur	Ersatzmann
Mission 1	Alexej Leonow	Oleg Makarow	Anatoli Kuklin
Mission 2	Waleri Bykovsky	Nikolai Rukawischnikow	Pjotr Klimuk
Mission 3	Pawel Popowitsch	Vitali Sewastijanow	Waleri Woloschin

Die interessanteste Frage aber war natürlich die, wer nach den sowjetischen Vorstellungen als erster Mensch den Mond betreten sollte. Es kann nicht überraschen, sondern ist nur eine logische Konsequenz, dass die Auswahl in erster Linie unter denjenigen Kosmonauten erfolgte, die bereits an den ersten Orbitaleinsätzen mitgewirkt hatten.

Das ergab sich allein schon aus den Vorgaben des Leiters des Kosmonautenkorps, General Nikolaij Kamanin. Unter anderem verlangte er als Qualifikation, dass der Auserwählte bereits Außenbordaktivitäten im All durchgeführt hat. Über diese Erfahrung verfügte zum Zeitpunkt der Festlegung der einzelnen Besatzungen aber lediglich ein russischer Raumflieger: Alexej Leonow. Allerdings konnte man davon ausgehen, dass bei den Flügen im Mondorbit noch weitere Kosmonauten eine entsprechende Qualifikation erlangen würden.

Für die ersten Landungen wurden schließlich die Kommandanten der Orbitmissionen nominiert: Das waren neben Leonow noch Waleri Bykovsky und Pawel Popowitsch *(siehe oben)*.

Tarn-Programm Zond

So groß das Interesse an der Frage »Wer wird der erste Kommunist auf dem Mond sein?« auch war, so war sie letztendlich doch von eher sekundärer Bedeutung – zumindest so lange, bis die technischen Voraussetzungen dafür gegeben waren. Und dazu zählten vor allem der Mondlander, die Trägerrakete und das Mutterraumschiff. Letzteres war ein speziell für Mondflüge modifizierter Ableger der jüngsten sowjetischen Raumschiffgeneration, der Sojus-Konfigurationen. Etliche Jahre gaukelte die UdSSR der Öffentlichkeit vor, dass neben dem unbemannten

Die 1960 gebildete erste Kosmonautengruppe der Sowjetunion versammelte sich im Mai 1961 in Sotschi am Schwarzen Meer zum Gruppenfoto.
In der vorderen Reihe sind zu sehen (von links): Pawel Popowitsch, Viktor Gorbatko, Jewgenij Chrunow, Juri Gagarin, Chefdesigner Sergej Korolow, dessen Frau Nina Korolewa mit Popowitschs Tochter Natscha, Jewgenij Karpow, der Direktor des Kosmonauten-Trainingscenters, Fallschirmtrainer Nikolai Nikitin und der Arzt Jewgenij Fedorow.
In der mittleren Reihe sind zu sehen (von links): Alexej Leonow, Andrian Nikolaew, Mars Rafikow, Dimitri Saikin, Boris Wolinow, German Titow, Grigori Neljubow, Waleri Bykowski und Georgij Schonin.
Hinten sind zu sehen (von links): Valentin Filatjew, Iwan Anikejew und Pawel Beljajew. Nicht auf dem Bild zu sehen sind die Verletzten Anatoli Kartaschow und Valentin Warmalow, der indisponierte Wladimir Komarow sowie Valentin Bondarenko, der wenige Monate zuvor bei einem Trainingsunfall ums Leben gekommen war.
Bild: NASA

Forschungsprogramm zur Monderkundung unter der Bezeichnung Luna auch noch ein zweiter Typus eingesetzt wurde – schlicht und einfach Zond (Sonde) genannt.

Was verbarg sich hinter dieser neutralen Bezeichnung? Der Raumfahrtautor Heinz Mielke schrieb dazu, es handele sich dabei um »unbemannte Raumflugkörper, die für Untersuchungen des interplanetaren Raums beziehungsweise des Mondes sowie zu raumflugtechnischen Erprobungen in diesen Bereichen eingesetzt wurden. (…) über ihren Aufbau und ihre Masse wurden (…) keine genaueren Angaben gemacht«.

Im Klartext: Zond-Missionen waren zumindest teilweise unbemannte Erprobungsflüge mit Testraumschiffen, die später bei den beabsichtigten bemannten Mondflügen zum Einsatz gelangen sollten.

Das erste Testraumschiff für bemannte Mondflüge wurde unter der Missionsbezeichnung Zond 4 eingesetzt. Später räumte der Kosmonaut Alexej Leonow ein: »Im März 1968 war die erste unbemannte Zondkapsel – Zond 4 – erfolgreich mit dem Ziel ins All geflogen, die Rückkehr von einer Mondumkreisungsmission zu simulieren.« Es folgten bis Oktober 1970 noch vier weitere Unternehmen. Dann wurde das Programm

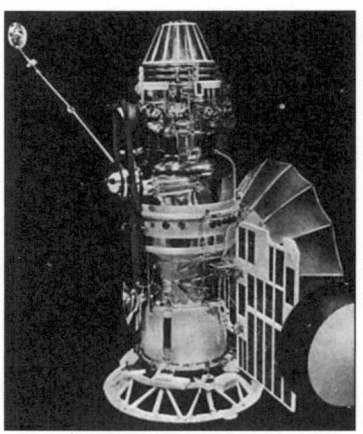

Für Erprobungsflüge konstruiert: Mit der Raumsonde Zond (hier Zond 1) wollten sich die Sowjets Mitte der 1960er Jahre auf später geplante, bemannte Mondmissionen vorbereiten.
Bild: NASA

ohne jeglichen öffentlichen Hinweis eingestellt und nie mehr aufgenommen. Der Kosmonaut Leonow berichtet in diesem Zusammenhang unspezifisch von »Schwierigkeiten der Kapsel beim Wiedereintritt in die Erdatmosphäre«. Waren etwa die G-Kräfte, die bei großen Beschleunigungen auf den menschlichen Körper wirken, mit elf Metern pro Sekunde beim Eintauchen in die Gashülle der Erde zu hoch?

Eines jedenfalls ist klar: Der Vorsprung der UdSSR im lunaren Ringen zum Mond war weitestgehend aufgebraucht. Die USA – so hatte es zumindest den Anschein – hatten aufgeschlossen und erstmalig die leise Hoffnung, das Wettrennen zum Mond tatsächlich zu gewinnen. Dabei waren die Russen allerdings eindeutig im Nachteil, denn Koroljows Tod hinterließ nicht nur eine Lücke, vielmehr erzeugte er ein regelrechtes Vakuum. Koroljow war der Mann, das Gehirn, bei dem sämtliche Fäden zusammenliefen. Und er besaß – das war ein unglaublicher Glücksfall – in praktisch sämtlichen technischen Schlüsselbereichen hochgradige Fachkompetenz. Dadurch war Koroljow imstande, Probleme nicht nur trefflich zu analysieren, sondern auch deren mögliche systemübergreifenden Auswirkungen beziehungsweise Ursachen zu ermitteln und auszumerzen. Über einen zweiten Mann vom Schlage Koroljows verfügte das sowjetische Imperium aber nicht. Vielmehr mussten ab 1966 die einzelnen Bereiche und Abteilungen in mühsamen, zeitraubenden Sitzungen ihre Absprachen treffen und koordinieren. Entsprechend stieg auch die Gefahr vermehrter Fehlerquellen.

»Schwierigkeiten der Kapsel beim Wiedereintritt in die Erdatmosphäre«: Der Kosmonaut Alexej Leonow räumte Probleme beim Zond-Programm ein, das 1970 sang- und klanglos eingestellt wurde.
Bild: Aliazimi

Bei den Amerikanern hingegen war gerade der gegenteilige Effekt zu spüren. Ihr Raumschiff Apollo stand im Januar 1967, praktisch reif für die Erprobung im All, auf der Startrampe. Damit hatte die NASA erstmals einen minimalen zeitlichen Vorsprung erzielt, denn der bemannte Erstflug einer Sojus-Kapsel war erst für April 1967 angesetzt. Als einziger Kosmonaut war der Kommandant des Drei-Mann-Fluges mit Woschod 2, Wladimir Komarow, eingeteilt. Er sollte als erster Mensch zum zweiten Mal ins All vorstoßen.

Auch auf amerikanischer Seite legte man bei dieser äußerst wichtigen Erprobungsmission gesteigerten Wert auf Raumflugerfahrung. NASA-Chefastronaut Donald K. Slayton hatte deshalb die kompetenteste Crew zusammengestellt, die bis zu diesem Zeitpunkt jemals ins All geschossen werden sollte. Als Kommandant fungierte Virgil »Gus« Grissom, ein Veteran aus der Mercury-Gruppe. Schon bei seinem zweiten Einsatz war der jetzt 39-Jährige einer der beiden Testastronauten beim bemannten Erstflug des Raumschiffes Gemini. Neben ihm lag Edward

White, der als erster Amerikaner eine Außenbordtätigkeit im Weltraum durchführte. Und Dritter im Bunde war Roger Chaffee, Kapitänleutnant der Marine-Luftwaffe.

Aber Gus Grissom, Edward White, Roger Chaffee und Wladimir Komarow sollten das Jahr 1967 nicht überleben.

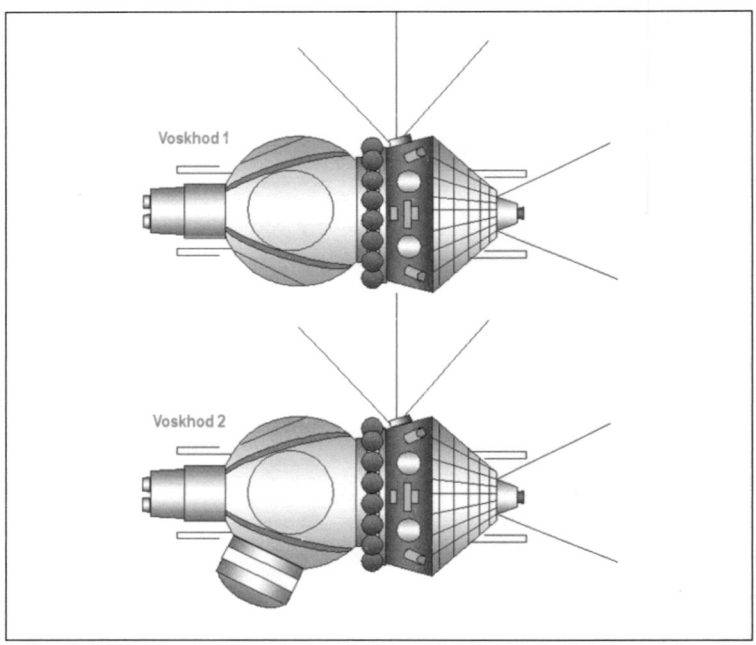

Sollte die Sowjetunion einen Schritt weiter zur Mondlandung führen: die Raumschiffklasse Woschod, die Platz für drei Mann Besatzung bot.   Grafik: Reubenbarton

Kapitel 10

ASTRONAUTENSTERBEN AUF CAPE KENNEDY

Trotz häufiger Pannen bei den Trainingstests war die Stimmung gut auf Cape Kennedy, wie das Raumfahrt-Startzentrum in Florida nach seiner Umbenennung zu Ehren des ermordeten Präsidenten John F. Kennedy offiziell hieß. Die dreiköpfige Besatzung – Virgil Grissom, Edward White und Roger Chaffee – merzten an ihrem neuen Raumschiff, dem Spacecraft 012, die Kinderkrankheiten systematisch aus. Besonders »Gus« Grissom hatte darin bereits profunde Erfahrung. Die Mission Apollo 1 würde für ihn bereits den dritten Raumflug bedeuten – mit dem dritten Raumschifftyp. Dabei avancierte er zum Raumflugtestpiloten, denn bereits beim bemannten Jungfernflug des Vorgängermodells Gemini fungierte Grissom als Kommandant. Eines war klar: Sollte er den Test mit dem Apollo-1-Raumschiff erfolgreich absolvieren und die Mission zu einem guten Abschluss bringen, war er der erste Anwärter auf den Kommandantenplatz bei der ersten Mondlandung. Das Schicksal aber sah anderes vor.

Voller Zuversicht: Die Crew von Apollo 1 mit Virgil Grissom, Edward White und Roger Chaffee (von links) sollte die USA der Mondlandung einen entscheidenden Schritt näher bringen – die Mission aber endete in einer Katastrophe, noch bevor sie begann. Bild: NASA

Das Unternehmen, das damals bei der NASA noch unter der Bezeichnung »AS-204« geführt wurde, sollte nach den Vorstellungen von Administrator James Webb bereits am 5. Februar 1967 starten. Für den 27. Januar war deshalb die letzte große Simulation, der »plugs-out-test«, angesetzt. Dabei wird die gesamte Countdown-Prozedur und die sich anschließende Startphase des ersten Apollo-Unternehmens simuliert. Der Test jedoch war eine einzige Pannenserie – eine Pannenserie, die in einem tödlichen Desaster endet. Nachfolgend das Protokoll des Todes, das kurz vor Mitternacht (Ortszeit der US-Ostküste) seinen Anfang nahm:

23:30:54 *Im elektrischen Netz des Raumschiffes treten unerklärliche Spannungsschwierigkeiten auf.*

23:30:59 *Der Sauerstoffverbrauch der Crew erreicht schlagartig den höchsten messbaren Wert.*

Wie die meisten Katastrophen kommt auch dieses Unglück ohne jegliche Vorwarnung, dauert nur kurze Zeit und hinterlässt Tod und Verwüstung. Noch ahnt niemand: Die Astronauten befinden sich bereits in der letzten Minute ihres Lebens.

23:31:00 *Heftige, zunächst unerklärliche Bewegungen der gesamten Besatzung.*

23:31:04 *Erstmalig nach dem Auftreten der Anomalien melden sich die Astronauten wieder. Es bleibt aufgrund der schlechten Funkverbindung unklar, ob Chaffee oder Grissom die Bodenstation informiert, doch das Problem wird dafür umso deutlicher:* »Feuer, Feuer!« *Die Temperatur in der Kapsel steigt gleichzeitig rasch an.*

23:31:06 *Roger Chaffee ruft hörbar erregt:* »Feuer im Cockpit!«

23:31:19 *Ein nicht zu identifizierendes Besatzungsmitglied ruft verzweifelt:* »Wir wollen raus, wir brennen!« *Zeitgleich wird von der Bodenstation an den Konsolen ein Blitz bemerkt, der durch die Kabine mit der Besatzung schießt. Anschließend birst die Kapsel unter dem enormen Innendruck.*

23:31:21 *Aus dem qualmenden Raumschiff dringen letzte, unverständliche Wortfetzen, die mit einem Schmerzensschrei abrupt enden.*

23:31:22 *»Lost Contact« – vollständiger Zusammenbruch der Verbindung zu Apollo 1.*

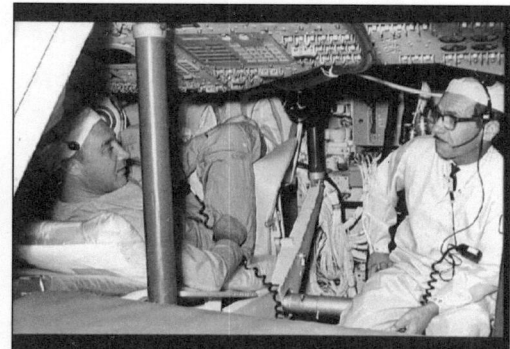

Virgil Grissom (links), der Kommandant von Apollo 1, war bereits zweimal im All gewesen und verfügte über große Erfahrung. Dieses Bild zeigt ihn im Juni 1966 während einer Inspektion der Geräte bei North American Aviation, dem Unternehmen, das die Apollo-Raumschiffe herstellte. Bild: NASA

Aufgrund der starken Rauchentwicklung können die herbeigeeilten Rettungskräfte erst Minuten nach Beginn der Katastrophe die Zugangsluke zur Kapsel öffnen, um der Besatzung zu helfen. Aber für Grissom, White und Chaffee gibt es keine Hilfe mehr – sie sind bereits tot.

Wer annimmt, die NASA sei jetzt geschockt gewesen, der irrt. Noch während die Luftwaffe über dem Grab von Virgil Grissom auf dem Heldenfriedhof von Arlington die »missing man formation« mit einer Staffel von vier Düsenjägern vollführt, setzt die nationale Raumfahrtbehörde eine Untersuchungskommission ein. Zu ihr zählt auch der Astronaut Frank Borman, der im Wettlauf zum Mond noch eine gewichtige Rolle spielen sollte.

In einer Wertung über die Arbeit der Apollo-1-Untersuchungskommission schreibt der Raumfahrtkenner Otto Merk in seinem noch 1967 erschienenen Buch »Raumfahrt-Report«: »Man weiß viel über dieses Unglück auf Pad 34 (Startplatz 34 /Anm. d. Verf.), und doch wurde über die Ursache nur wenig in Erfahrung gebracht.« Merks Feststellung hat auch mehr als 40 Jahre nach der Katastrophe nichts an ihrer Gültigkeit eingebüßt. Das Apollo-1-Fiasko gilt noch immer als das mysteriöseste in der bemannten Raumfahrthistorie. Und das, obwohl der Abschlussbericht der Kommission neun Bände mit zusammen 2.375 Seiten umfasst. Das ist viel Papier, auf dem allerdings wenig Konkretes steht. In dem Konvolut wird lediglich die Vermutung geäußert, dass der Brand auf einen Kurzschluss unter Grissoms Liege zurückzuführen sein könnte. »Was aber diesen Kurzschluss auslöste«, so ergänzt Otto Merk zutreffend, »bleibt ungeklärt.«

Überraschen kann das gleichwohl nicht, denn: »Es gibt eine Tonne

Der 27. Januar 1967 war der bis dahin schwärzeste Tag in der US-Raumfahrt-geschichte. In der Kapsel von Apollo 1 kam die dreiköpfige Besatzung qualvoll ums Leben. Für Grissom, White und Chaffee gab es kein Entrinnen: Das Feuer brachte ihnen den Tod und zerstörte das Innere der Kapsel. Bild: NASA

von Geheimakten über Apollo 1!« Das behauptet jedenfalls kein Geringerer als Grissoms Sohn Scott. Sogar vor ihm, so klagt er, würden diese Papiere bis heute geheimgehalten. »Man darf keinen Einblick nehmen«, behauptet Scott Grissom. Natürlich stellt sich deshalb sofort die Frage nach der Begründung für dieses Verhalten der Behörden.

Ein Grund für dieses höchst seltsame Gebaren der NASA könnten die Aussagen von Thomas R. Baron sein, die dieser am 21. April 1967 im Rahmen einer Kongressanhörung vortrug.

Das Baron-Protokoll

Baron war Ingenieur der Firma North American Aviation, welche die Apollo-Raumschiffe herstellte. Er gab zu Protokoll, dass Al Holmburg, ein weiterer Angestellter der gleichen Firma, ihn vertraulich darüber informiert habe, dass die drei Astronauten bereits eine knappe Viertelstunde *vor* Ausbruch des tödlichen Brandes erstmals Rauch in der Mannschaftskabine registriert und dies umgehend an die Bodenstation gemeldet hätten.

North American Aviation reagierte schlagartig. Umgehend zitierte man Al Holmburg vor den Ausschuss, vor dem er die Schilderung Barons in vollem Umfang dementierte und die komplette Geschichte ins Reich der Fabel verwies.

Dennoch schlugen in den USA die Wogen hoch. Welcher Aussage sollte man Glauben schenken? Thomas Baron jedenfalls erhielt keine Gelegenheit mehr, Beweise für seine Darlegungen zu sammeln. Kurze Zeit nach der Anhörung vor dem Kongressausschuss starb er beim Zusammenstoß seines Wagens mit einem Zug. Mit ihm kamen seine ebenfalls im Auto sitzende Frau und die gemeinsame Tochter zu Tode. Den polizeilichen Ermittlungen zufolge soll es sich um Selbstmord gehandelt haben.

Doch existieren überhaupt Belege für die Richtigkeit von Barons brisanter Behauptung? Zumindest ein schwergewichtiges Argument spricht dafür: Laut Obduktionsbericht seien, wie zumindest Scott Grissom ermittelt hat, bei allen drei Astronauten Wasseransammlungen in der Lunge festgestellt worden. Solche Lungenödeme entstehen durch das Inhalieren von Rauch. Die Sache hat allerdings einen medizinischen Haken: Ein Ödem bildet sich in der Regel erst im Verlauf von Stunden. Allenfalls bei schwer ätzenden Gasen ist eine deutlich verkürzte Entwicklungszeit möglich, aber mit an Sicherheit grenzender Wahrscheinlichkeit nicht in den wenigen Augenblicken, welche die drei Raumfahrer nach der offiziellen Lesart noch zu leben hatten. Hinzu kommt logischerweise, dass sich ein Lungenödem nur in einem lebenden Körper bildet. Scott Grissom billigt deshalb Barons Angaben einen hohen Grad an Glaubwürdigkeit zu und vertritt die schockierende Ansicht: »Als man die Luke öffnete, war die Besatzung noch am Leben.« Weil die Rettungskräfte jedoch geglaubt hatten, dass die Astronauten bereits tot seien, wurden keine lebensrettenden Erste-Hilfe-Maßnahmen durchgeführt.

Dies allein wäre schon ein Skandal. Scotts weitere Behauptung aber hätte ein internationales Politikum mit seinerzeit weitreichenden, unabsehbaren Konsequenzen zur Folge habe müssen. Denn der Sohn des

Letzte Ehre für Virgil Grissom: Sein Sarg wird von einer Eskorte zum Heldenfriedhof von Arlington geleitet. Bild: NASA

Astronauten ist der Auffassung, dass Apollo 1 das Zielobjekt eines ausgeklügelten Sabotageaktes war – und er ist sich sogar sicher, den Beweis dafür in Händen gehalten zu haben, wie das US-Blatt »Star Magazine«
am 16. Februar 1999 in einem entsprechenden Artikel veröffentlichte. Demnach will Scott Grissom besagten »Beweis« selbst bei einer Visite
der Unglückskapsel in einem Hangar des NASA-Forschungszentrums
in Hampton (US-Bundesstaat Virginia) entdeckt haben.

Ihm war bei seiner Inspektion aufgefallen, dass von den Ermittlern
an einem Schaltpult auffälligerweise ein einziger Schalter demontiert
worden war. Aus welchem Grund? Und warum lediglich dieser eine,
fragte sich Scott Grissom. Und noch etwas fiel ihm auf: Die Kabel hinter
dem Schalter hatte man sorgfältig mit Nummern versehen und gekennzeichnet. Doch wo war der Schalter selbst geblieben? Grissoms dies-
bezügliche Recherche führte letztlich zum Ziel. Er entdeckte den Schalter
in einer unscheinbaren, kleinen Plastiktüte. Sie war mit der Aufschrift
»Schalterabdeckung und Befestigungen S-11« versehen. An und für sich
war das nichts Besonderes, doch ein Teil in der Tüte erregte Grissoms
besondere Aufmerksamkeit. Dabei handelte es sich um ein kleines,
dünnes Metallstück. Das unscheinbare Teil passte haargenau unter den
Schalter S 11. »So etwas habe ich noch nie gesehen«, gestand Grissom
freimütig ein. Und er ist selbst Pilot – der Mann weiß also, wovon er
spricht. Deshalb erkannte er auch sofort, welche explosive Bedeutung
die schmale, rechteckige Metallplatte haben könnte: Sie könnte einst
genau dort montiert gewesen sein, wo die Drähte von Schalter 11 zusammenliefen. Das hätte bewirkt, dass die Kabelanschlüsse bei der
manuellen Betätigung von »Ein« auf Position »Aus« oder umgekehrt
kurzgeschlossen worden wären – mit exakt jenen verheerenden Folgen für Raumschiff und Besatzung, wie sie dann tatsächlich eingetre-
ten sind.

Soweit Scott Grissoms Analyse. Aber, so erhebt sich die Frage, hätte
sich dann das Unglück nicht schon zu einem viel früheren Zeitpunkt
ereignen müssen? Zunächst ist dies davon abhängig, wann die besag-
te Platte überhaupt unter dem Schalter S 11 angebracht wurde. Scott
Grissom mutmaßt, dass dies erst kurz vor dem geplanten Starttermin
und somit unmittelbar vor dem tatsächlichen Unglück erfolgte, um eine
eventuelle Entdeckung möglichst auszuschließen. Zum anderen konnte
der Kurzschluss erst auftreten, als die Kapsel von der Energieversorgung durch den Startkomplex »abgenabelt« war und man auf Bordver-

sorgung umstellte. Genau dieser Vorgang wurde beim »plugs-out-test«
am 27. Januar 1967 vorgenommen. Basierend auf diesem Kenntnisstand gelangte Scott Grissom zu dem Schluss, dass sein Vater Virgil »Opfer
eines Sabotageanschlags« geworden sei.

Trifft dies zu, dann harrt einer der größten Kriminalfälle in der
Geschichte der USA noch immer seiner Lösung. Sind der oder die Täter
etwa in den eigenen Reihen, also bei der NASA, zu suchen? Als Motiv für die Vertuschung eines möglichen Sabotageakts wäre das zumindest
vorstellbar – aber höchst unwahrscheinlich. Zu viele Leute waren in
die Untersuchung des Apollo-Brandes involviert, als dass sich die ganze
Angelegenheit unter den Teppich hätte kehren lassen.

Scott Grissom scheint denn auch selbst hin und her gerissen zu sein.
So warf er ehemaligen NASA-Mitarbeitern zwar mehrmals öffentlich
vor, für den Tod seines Vater verantwortlich zu sein. Nicht unwahrscheinlich erscheinen ihm aber auch Mutmaßungen, dass ein anderer Staat
hinter dem kriminellen Akt stecken könnte – speziell die Sowjetunion! Sie war der Nutznießer der Katastrophe, denn die UdSSR hatte nach
dem Tod von Sergej Koroljow wertvolle Zeit im Wettlauf mit den USA
verloren. Durch einen Anschlag hätte sie verlorenen Boden wieder gut
gemacht.

NASA: Keine Sabotage

Die NASA sieht das freilich anders: Bereits im Jahr 2000 hat der US-
Kongressabgeordnete James Sensenbrenner auf Druck von Scott Grissom
eine neuerliche Untersuchung des ominösen Metallplättchens erzwungen.
Die NASA-Verantwortlichen unterzogen daraufhin das »Corpus delicti«
einer eingehenden Analyse und führten zusätzliche Tests durch. Die NASA
kam durch sämtliche Resultate zu der Schlussfolgerung, dass das Metallteil nach dem Unfall von ihren eigenen Leuten zu Testzwecken aus
einem Träger der Hauptkonsole herausgesägt worden sei. Fazit: Von
Sabotage keine Spur!

Wie allerdings das winzige Ding in den Beutel von Schalter S 11
gelangen konnte, ließ sich nicht mehr eruieren. Dies ist umso bedauerlicher, als über besagtes Metallteil heute seltsamerweise keinerlei
schriftliche Notizen mehr auffindbar sind. Es bleiben also Lücken in
der Aufklärung.

Deshalb musste die Akte Apollo 1 aus dem Keller geholt werden.
Grund hierfür waren die Ausführungen eines angeblichen Ingenieurs

namens Clark McDonald. In der bereits erwähnten Ausgabe des »Star Magazine« vom 16. Februar 1999 gab er zu Protokoll, dass er nach dem Unglück von der NASA engagiert worden sei, um die Feuerursache genauer zu analysieren. Laut »Star Magazine« beteuert der Mann, dass sein damaliger Report von der NASA bewusst vernichtet worden sei – ebenso wie seine Interview-Tonbänder. Als Begründung führte McDonald an, dass seine Ermittlungen ergeben hätten, dass das Feuer tatsächlich auf einen ungeklärten Kurzschluss zurückzuführen sei. »Ich habe dies«, betonte er, »31 Jahre für mich behalten, weil ich das Ansehen der NASA nicht schädigen wollte. Aber ich kann und will die Wahrheit nicht länger verschweigen.«

Doch ehemalige NASA-Mitarbeiter winkten auf Befragung ab. Diesen Mann kannte keiner von ihnen. Ein auf Wunsch ungenannt bleibender Informant mutmaßt: »Scott Grissom hat ihn wohl einfach erfunden – ebenso wie den angeblichen Report. Das Ganze ist ein modernes Gerücht, mehr nicht.«

Die Verfasser sind im Besitz einer längeren, kommentierten Version des McDonald-Reports im Originalwortlaut. Das Papier stammt aus dem Besitz des heute 70 Jahre alten, ehemaligen NASA-Mitarbeiters Steve Clemmons, der 1967 als Techniker des Apollo-Raumschiffherstellers North American Aviation selbst auf dem Startkomplex 34 tätig war. In dieser Funktion war er einer der ersten am Unglücksort, der die verkohlten Überreste der drei Astronauten unmittelbar nach dem Brand in dem zerstörten Raumschiff zu Gesicht bekam – »ein grauenhaftes Erlebnis«, erinnert er sich.

Scott Grissom, den er persönlich kennen gelernt hat, ist für Steve Clemmons eine tragische Figur, der den Tod seines Vaters nie ganz verkraftet hat. »Es war aber ganz einfach nur ein schreckliches Unglück«, versichert Clemmons.

Doch was hat es dann mit dem angeblichen McDonald-Report auf sich? Überraschenderweise kann Clemmons auch dazu Erhellendes beitragen. Clemmons gibt an, dass ihn Scott Grissom im Jahre 2002 kontaktiert und erklärt habe, er sei im Besitz einer rückblickenden Version des Reports, einer Art »Gedächtnisabschrift«, und wolle dessen kontroverse Aussagen überprüfen. Grissom überließ demnach Clemmons eine Kopie des auf McDonalds Erinnerungen basierenden Papiers. Für Steve Clemmons war dessen Durchsicht ernüchternd: »Dieser Report«, urteilt er, »wimmelt nur so von faktischen Irrtümern.«

Apollo Fire as described by Douglas Engineer McDonald
With Discourse by Stephen Clemmons. NAA
Technician on duty that night. My comments are in red.

APOLLO FIRE

On Friday January 27, 1967, Cape Canaveral, Florida the first manned Apollo/Saturn vehicle stood silently on launch complex 34 while being tested and prepared for launch with astronauts Grissom, White and Chaffee aboard in an 100 percent at 16.7 Psigoxygen environment.

The first series of tests were called plugs—in tests and were performed successfully, however the next series called plugs—out were a deplorable part of our manned space history. The events were documented and can be corroborated.

This statement is way out of line, because according to documents, since they were the same tests, with only one exception, release of the umbilicals, the tests were acceptable.

The plugs in test was performed many time over the many months leading up to the test that day. In the beginning, before other contractors were involved, all tests were performed as plugs in.

It is important to remember the contractors design, build, test the hardware at the factory and prepare testing, checkout, operation and maintenance procedures used at the space center. These documents at the space center are then copied in NASA format for use in all vehicle operations. *The contractors perform launch operations* and would therefore be most qualified to understand total vehicle operational functions prior to launch.

NASA designed the spacecraft, NAA built it and NASA performed all the launch operations with their astronauts and engineers. NAA did write the procedures but the procedures were approved by NASA
Even though NAA furnished checkout systems procedures, incorporated into NASA procedures, the final procedure was approved by NASA incorporating all the various contractors inputs.

The plugs—in and plugs—out tests are similar. The differences are as follows: the former uses ground support equipment (GSE) for power and acceptance checkout equipment (ACE) connected to the spacecraft via the umbilical while the later uses simulated fuel cell power (battery) connected to the service module electrical bus and the ACE is removed so that signal responses are sent over spacecraft radio communications as it would operate during actual missions.

The plugs in and out tests were the same. They both used the checkout signals from the ACE Room. During all Spacecraft tests when power was applied, the Spacecraft was operated by the Automatic Checkout Equipment, the central control system for all operations. Once the spacecraft lifted off, and ground power was lost, everything inside the spacecraft was powered by the onboard fuel cells and re-entry batteries controlled by

Die erste Seite des angeblich vernichtenden McDonald-Reports: Es handelt sich hierbei um eine »Gedächtnisabschrift«, deren hellere Passagen kritische Anmerkungen von Steve Clemmons darstellen. Clemmons erhielt das Dokument wahrscheinlich von Scott Grissom.   *Faksimile: mysteries*

Tatsächlich hat Clemmons in der ihm vorliegenden Version mit Rotstift zahlreiche plausible Anmerkungen notiert, die den Wahrheitsgehalt des vorgeblichen Berichts doch sehr stark anzweifeln lassen. »Und seit ich Grissom meine Meinung sagte«, ergänzt er, »bin ich für ihn natürlich ein rotes Tuch …«

Gleichwohl sind Verschwörungstheoretiker nicht von der Sabotageversion abzubringen. Sie verweisen auf das noch der Geheimhaltung unterliegende Material.

Die bekannten Fakten allerdings deuten zweifelsfrei in Richtung eines technischen Unglücks, das unter Virgil Grissoms Liege seinen Ausgang nahm und in weniger als einer Minute das hochmoderne Raumschiff in eine brennende Todesfalle verwandelte. Für den Anschlag einer ausländischen Macht gibt es hingegen keinerlei konkrete Hinweise. Doch eine abschließende Darstellung und Beurteilung der Katastrophe auf Startkomplex 34 wird ohnehin erst möglich sein, wenn in zirka zehn Jahren die noch unter Verschluss gehaltenen Dokumente frei gegeben werden.

Eines war indes nach dem Brand allen Beteiligten am Mondrennen sofort klar: Der Ball lag nun wieder bei der Sowjetunion. Sie würde alles daran setzen, die gewonnene Zeit zu nutzen, um die Amerikaner auf der Zielgeraden doch noch zu überflügeln. Und Moskau nutzte die Zeit.

Kapitel 11

TODESSCHREIE AUS DEM ALL

Das Jahr 1967 galt als das entscheidende im Wettlauf zum Mond. Nach der Katastrophe auf dem Startkomplex 34 in Florida war sämtlichen Experten klar, dass die Sowjetunion nunmehr alles daransetzen würde, das Rennen endgültig für sich zu entscheiden. Man erwartete täglich einen neuen Paukenschlag. Doch es dauerte noch fast genau ein Vierteljahr, bis die UdSSR den nächsten großen Schritt unternahm.

Die Russen brachten dabei mit Sojus 1 einen neuen Raumschifftyp an den Start, der von dem erfahrenen Kosmonauten Wladimir Komarow, einem der Teilnehmer am Drei-Mann-Flug Woschod 2, gesteuert wurde.

Komarow hatte am 16. März 1967 seinen 40. Geburtstag gefeiert. Seine Nominierung für Sojus 1 war eine echte Überraschung, denn nach seinem ersten Raumflug zwang ihn eine Erkrankung zum Ausscheiden aus dem aktiven Kosmonautendienst. Doch Komarow kehrte zurück – mit besseren gesundheitlichen Werten denn je.

Wladimir Komarow startete am 23. April 1967. Dieses Datum ging als der bis dahin schwärzeste Tag der bemannten sowjetischen Raumfahrt in die Geschichte ein, denn der Luftwaffenoffizier gilt als erster Mensch, der während einer Mission im All sein Leben verlor.

Zunächst jedoch gab es die üblichen Jubeltiraden. Auch in den Satellitenstaaten der UdSSR wie etwa der DDR pries man den »völlig neuen Raumschifftyp«, der die Größe eines Omnibusses besitze. Als die Zeitungen die Leser über die neue sozialistische Großtat im All unterrichteten, war Wladimir Komarow aber bereits tot.

Erwartungsgemäß ließen die Sowjets nur das Notwendigste verlauten. Von offizieller Seite hieß es lediglich, dass Sojus 1 nach eintägigem Flug wie geplant zur Erde zurückgekehrt sei. In etwa sieben Kilometer Höhe aber habe das Fallschirmsystem versagt.

Diese Darstellung der Katastrophe ist allerdings unvollständig. Unser Wissen darüber beruht aber nicht auf nachträglichen Ergänzungen der UdSSR, sondern vielmehr auf Informationen von Amerikas größtem technischen Geheimdienst, der National Security Agency (NSA).

Der Geheimdienst mit Sitz in Fort George Meade im US-Bundes-staat Maryland hat Tausende von Mitarbeitern, die vornehmlich über rund um den Globus verteilte Lauschposten faktisch den gesamten russischen Funkverkehr abhören. Selbstverständlich gehört auch die Überwachung russischer Raumfahrtmissionen zu den Aufgaben der NSA. Der erste, der darüber die Öffentlichkeit informierte, war im Sommer 1972 der ehemalige NSA-Mitarbeiter Perry Fellwock. Er hatte aus Überzeugung den Dienst quittiert – und durchbrach mit einem Bericht über seine Erlebnisse das branchenübliche Verschwiegenheits-gebot.

Zu Fellwocks erschütterndsten Erlebnissen zählte das Abhören des Funkverkehrs zwischen Sojus 1 und der sowjetischen Bodenstation. Nach übereinstimmenden Angaben der Russen und Perry Fellwocks verlief die Mission zunächst planmäßig. Dann aber verfiel Sojus 1 in ein immer heftigeres Trudeln um die eigene Achse. Was folgte, war ein zwölfstündiges Drama, das mit Komarows Tod endete und das sich Fellwocks Angaben zufolge in verschiedenen Phasen ereignete:

Sollte die UdSSR im Rennen zum Mond wieder in Führung bringen: der neue Raumschifftyp Sojus. Doch bereits die Mission Sojus 1 endete ebenfalls in einer Katastrophe.   Bild: Ben W. Bell

Phase I: Ruhig und sachlich versucht die Bodenstation im Zusammenwirken mit Wladimir Komarow eine Lösung für das Problem zu finden. Sämtliche Versuche aber scheitern. Am Ende dieser etwa zweistündigen Phase ist sämtlichen Beteiligten klar, dass es für den besonnenen Kosmonauten keine Rettung geben wird.

Phase II: Zur »Beruhigung« der Situation kam nunmehr Komarows Ehefrau Walentina ans Mikrofon. Voller Verzweiflung wiederholte sie immer wieder: »Ich liebe dich, ich liebe dich.« Wladimir Komarow antwortete mit leiser, aber fester Stimme: »Ich liebe dich auch. Dich und das Baby – und das Baby.« Dann sprachen sie, so Fellwock, »nüchtern und sachlich über die Zukunft ihrer beiden Kinder«.

Phase III: Das Gespräch der beiden wird abrupt unterbrochen. Die Bodenkontrolle schaltet sich wieder ein und erteilt Komarow etwa fünf Stunden nach Beginn des Unglücks neue Anweisungen. Aber auch sie zeitigen keinen Erfolg. Komarow mit tränenerstickter Stimme: »Ich tue es ja, ich tue es ja, aber es funktioniert nicht.«

Phase IV: Was nun folgte, war ein bewegendes Gespräch zwischen dem Kosmonauten und dem sowjetischen Ministerpräsidenten Alexej Kossygin. Weinend versuchte das Staatsoberhaupt dem Raumflieger Trost zu spenden. Aus seinem Arbeitszimmer im Kreml richtete er an Komarow die Worte: »Du und deinesgleichen haben die größten Leistungen der sowjetischen Geschichte vollbracht. Wir sind stolz auf dich und werden uns immer an dich erinnern.« Komarows Antwort war laut Perry Fellwock unverständlich.

Phase V: Komarow war aufgrund der nunmehr permanenten Rotation des Raumflugkörpers mittlerweile übel geworden. Immer wieder fragte er, wie lange er noch zu leben habe. Letztmalig gab ihm das Flugleitzentrum nun neue Instruktionen durch – vergeblich. Daraufhin schrie der Kosmonaut in sein Bordmikrophon: »Tut etwas. Ich will nicht sterben!«

Phase VI: Neuerlich trat Walentina ans Mikrofon und versuchte ihrem Mann Beistand zu leisten. Doch Komarow war nun völlig entnervt. »Geh jetzt heim«, sagte er mit kaum verständlicher, leiser Stimme. »Geh jetzt bitte nach Hause.« Schließlich trat Sojus 1 wieder in die Erdatmosphäre ein. Dabei schrie Wladimir Komarow kurz auf. Dann brach der Kontakt zur Kapsel ab und konnte nicht wieder hergestellt werden.

Zwischenzeitlich sind jedoch erhebliche Zweifel an diesem erschütternden Szenario laut geworden. So behauptete Perry Fellwock gegenüber der Öffentlichkeit:»Ich glaube, er ist verbrannt, als die Kapsel in die Atmosphäre eintrat.« Dies scheint jedoch nicht der Fall gewesen zu sein. Jedenfalls existieren Filmsequenzen, die eine zerschellte, brennende Sojus-Kapsel am Boden zeigen. Die sowjetischen Angaben, das Unglück sei (auch) auf Probleme mit dem Landefallschirm zurückzuführen, könnten also durchaus den tatsächlichen Abläufen entsprechen.

Andererseits war es den NSA-Agenten auf dem in der Türkei eingerichteten Lauschposten natürlich nicht möglich festzustellen, auf welche Art und Weise Komarows ums Leben gekommen ist.

Der Chef der sowjetischen Kosmonautenausbildung, General Nikolai Kamanin, eilte selbst per Helikopter zum Unglücksort. Später berichtete er darüber:»Eine kurze Inspektion des Raumschiffes zeigte mir, dass Komarow gestorben war.« Zur Bergung seiner sterblichen Überreste mussten erst eine Stunde lang die Trümmer von Sojus 1 beseitigt werden. »Am Anfang«, beschreibt der General das schaurige Szenario weiter, »war es schwierig zu erkennen, wo sich sein Kopf, seine Arme und die Beine befanden.«

Das Geheimnis um Sojus 2

Eines aber haben die Sowjets jahrelang offiziell nicht eingestanden: Sojus 1 war nur *ein* Teil des geplanten Gesamtunternehmens. In Baikonur stand nämlich noch eine zweite Sojus-Einheit startbereit auf der Rampe. Beabsichtigt war, sie einen Tag nach Sojus 1 in dieselbe Umlaufbahn wie Komarows Raumschiff zu lancieren. Aufgrund der stetig wachsenden

Sein Tod machte ihn zum Helden in allen kommunistischen Staaten: Wladimir Komarow, dem die Sowjetunion eine Briefmarke widmete. Bild: Vindicator

Probleme mit Sojus 1 wurde der Start von Sojus 2 jedoch abgesagt. Gerüchten zufolge sollen sich an Bord drei Kosmonauten befunden haben, die ihr Raumschiff an das von Komarow ankoppeln sollten; eines oder zwei Mitglieder dieser Besatzung sollten dann in die Sojus-1-Einheit überwechseln.

Hätte man Wladimir Komarow mit Sojus 2 retten können? Falls, wie Perry Fellwock beschrieb, Sojus 1 tatsächlich trudelte, ist dies mit Sicherheit auszuschließen. Aber auch in einer ruhigen Position wäre Hilfe wohl kaum möglich gewesen. Da bei Sojus 1 auch Navigationssysteme versagten, wäre eine automatische Koppelung sehr gefährlich für beide Besatzungen geworden. Möglicherweise hätte ein derart waghalsiges Manöver im All auch noch das Leben der zweiten Besatzung gekostet. Aus diesem Grund war es letztlich richtig, Sojus 2 am Boden zu belassen.

Wenn man dennoch den beiden Katastrophen von 1967 überhaupt etwas Positives abgewinnen wollte, so war dies der erste Astronauten-Rettungsvertrag. Das Abkommen entstand unmittelbar nach den beiden Katastrophen mit Apollo 1 und Sojus 1. Bereits am 19. Dezember 1967 wurde dieser Vertrag der Vollversammlung der Vereinten Nationen vorgelegt und von dieser einstimmig gebilligt. Nur wenige Monate später, am 22. April 1968, wurde das Rettungsübereinkommen in Moskau, London und Washington von mehreren Staaten, darunter die führenden Raumfahrtnationen Sowjetunion und USA, paraphiert. Vor den beiden Unglücken auf Cape Kennedy und in Baikonur hatte die hohe Politik bereits drei Jahre lang vergeblich versucht, eine derartige Vereinbarung zustande zu bringen.

In der Präambel und in Artikel 1 dieses Vertrags heißt es:

»Die vertragschließenden Parteien, ausgehend von der großen Bedeutung des Vertrages über die Prinzipien zur Regelung der Tätigkeit der Staaten auf dem Gebiet der Erforschung und Nutzung des Weltraums samt Mond und weiteren Himmelskörpern, der jegliche mögliche Hilfe für Astronauten bei Unfall, Not oder Notlandung, die sichere und unverzügliche Rückführung von Astronauten sowie die Rückgabe von in den Weltraum aufgelassenen Objekten zur Pflicht macht; in dem Bestreben, diese Verpflichtungen auszubauen und zugleich näher zu umreißen; in dem Willen, die internationale Zusammenarbeit in der friedlichen Erforschung und Nutzung des Weltraums zu fördern und inspiriert vom Geist der Humanität haben folgendes Abkommen beschlossen ...«

Brannte sie nicht beim Wiedereintritt in die Erdatmosphäre, sondern erst am Boden aus? Die zerschellte Kapsel von Sojus 1 gibt noch Rätsel auf.

Bild: Mark Wade/www.astronautix.com

Was der Präambel folgt, sind insgesamt zehn Artikel, welche die Rechte und vor allem die Pflichten der unterzeichnenden Staaten näher definieren. So ist zum Beispiel in Artikel I unter anderem festgelegt:

»Jeder Vertragspartner, der davon Kenntnis erhält oder entdeckt, dass die Besatzung eines Raumschiffs einen Unfall erlitten hat, sich in Not befindet oder in einem Gebiet seiner Rechtshoheit, auf hoher See oder irgendeiner anderen, unter keiner Rechtshoheit irgendeines Staates stehenden Stelle notgelandet oder unbeabsichtigt niedergegangen ist, hat unverzüglich:

a) die zuständige Startbehörde zu informieren, oder falls er diese Startbehörde nicht feststellen beziehungsweise nicht sofort unterrichten kann, schnellstmöglich mit allen geeigneten, ihm zur Verfügung stehenden Kommunikationsmitteln eine öffentliche Bekanntmachung herauszugeben.«

Dies war zweifelsohne eine für die bemannte Raumfahrt bedeutsame politische Übereinkunft, die im Ernstfall Leben retten und dazu beitragen konnte, internationale Krisen zu vermeiden. Auf der anderen Seite: Auch dieser Vertrag hätte die vier Raumfahrer von Apollo 1 und Sojus 1 nicht vor dem Tode bewahren können.

Durch das russische Debakel vom 23. April 1967 war das Wettrennen zum Mond zwischen den USA und der UdSSR wieder völlig offen. Nach Einschätzung der Öffentlichkeit hatte zu diesem Zeitpunkt keine der beiden Weltmächte die Nase vorne. Dennoch waren die Aussichten bei objektiver Betrachtung für die Vereinigten Staaten etwas günstiger, da deren Großrakete Saturn V für die Mondlandung schon bald die Einsatzreife erlangen sollte. Hinzu kam, dass die UdSSR keinen zweiten Koroljow mehr hervorgebracht hatte – das »Phantom« von Baikonur fehlte den Russen an allen Ecken und Enden.

Komarows Tod musste allerdings nicht zwangsläufig bedeuten, dass die Sojus-Raumschiffe schwerwiegende Mängel aufwiesen. Vielleicht würden sie ja schon bald ihre volle Einsatzreife erlangen.

Derartigen Hoffnungen konnte man sich bei der NASA nicht hingeben. Die Apollo-1-Untersuchungskommission hatte insgesamt rund 200 (!) Mängel aufgelistet, die behoben werden sollten, bevor ein neuerlicher Starttermin angesetzt werden konnte. Dies, so war den NASA-Oberen klar, würde eine Verzögerung des Programms von über einem Jahr bedeuten.

Niemand war also wirklich in der Lage zu sagen, wie sich das Rennen zum Mond weiter entwickeln würde. Wirklich niemand? Niemand außer dem amerikanischen Auslandsgeheimdienst CIA.

Jetzt hatten die USA die Nase vorne: Die Großrakete Saturn V stand Mitte 1967 bereits kurz vor der Einsatzreife. Bild: NASA

Kapitel 12

AREA J

Tatsächlich ist die bis heute kolportierte Behauptung, der Westen, und hier insbesondere die USA, hätten nur wenig bis gar nichts über das sowjetische Raumfahrtprogramm in Erfahrung gebracht, nicht haltbar. Besonders gut informiert war neben der bereits erwähnten National Security Agency vor allem die CIA.

Es ist eine Zeitgeisterscheinung, in Publikationen und Berichten die Arbeit der CIA vornehmlich als dilettantisch und erfolglos darzustellen. Das mag in Teilen auch durchaus zutreffen – einer objektiven Beurteilung wird diese eingeschränkte Sichtweise allerdings nicht gerecht. Zumindest im Hinblick auf das Ausspionieren der sowjetischen Raumfahrt ist sie sogar definitiv falsch. Das geht jedenfalls aus Dokumenten hervor, die nach dem Fall der Mauer von den beiden Weltmächten veröffentlicht wurden.

Besonders aufschlussreich ist in dieser Hinsicht ein streng geheimer Bericht der CIA. Das 38-seitige Papier mit der Bezeichnung »National Intelligence Estimate Number 11-1-67« wurde unmittelbar nach dem Apollo-1-Desaster für US-Präsident Lyndon B. Johnson erstellt.

Der Titel der Präsidialvorlage vom 2. März 1967 lautet: »The Soviet Space Program«, also »Das sowjetische Raumfahrtprogramm«. Das Papier offenbart solche Detailkenntnisse, dass zumindest die Vermutung nahe liegt, man sei in Washington bestens über die Raumfahrtaktivitäten der Sowjetunion unterrichtet gewesen. So ist darin unter anderem nachzulesen:

• Ursprünglich war auch eine Mission Woschod 3 geplant, die jedoch wieder aus dem Programm gestrichen wurde.
• Bereits auf Seite 2 nimmt die CIA Stellung zur Frage der bemannten Mondlandung: »Vor zwei Jahren waren wir der Ansicht, dass das sowjetische Mondprogramm wahrscheinlich nicht mit dem Apollo-Programm konkurrenzfähig sein würde, das damals für den Zeitraum 1968/69 vorgesehen war. Wir glauben, dass dies nach wie vor zutreffend ist. Dessen ungeachtet besteht die Möglichkeit, dass die

Sowjets, abhängig von ihrer Einschätzung des Apollo-Zeitplans, glauben, es gebe eine Chance, als erste auf dem Mond zu landen, weshalb sie ihr Programm wohl forcieren dürften. Angesichts der technischen Möglichkeiten der Sowjets, des Zustands der Anlage am Startkomplex J und der verschiedenen im Vorfeld zu installierenden Technologien, schätzen wir, dass die Sowjets frühestens Mitte bis Ende 1969 in der Lage sein werden, eine bemannte Mondlandung zu versuchen. Wir glauben aber, dass der wahrscheinlichste Zeitpunkt für dieses Projekt der Zeitraum 1970/71 sein wird.«

- Anders hingegen schätzte man bei der CIA den Fahrplan für eine bemannte Mission der Sowjets um den Mond ein. Dazu heißt es: »Die Sowjets werden aller Voraussicht nach innerhalb der nächsten paar Jahre versuchen, eine bemannte Mission um den Mond durchzuführen. Aller Voraussicht nach betrachten sie dieses Unternehmen als eines der wenigen innerhalb ihrer Möglichkeiten, mit dem sie wenigstens etwas vom Propaganda-Erfolg einer erfolgreichen Mondlandung der USA ausgleichen könnten. Wir sind jedoch der Ansicht, dass die Sowjets diese Mission wohl kaum vor der ersten Jahreshälfte 1968 durchführen werden. Allerdings ist es nicht so, dass sie bereit sein werden, die großen Risiken einzugehen, die damit verbunden wären, dieses Projekt bereits Ende 1967 als ein Spektakel zum Jahrestag zu starten.«

- Die eigentliche Sensation steht allerdings gleich auf Seite 1: »Bis Mitte 1965 benutzten die Sowjets ausschließlich militärische Raketen. Aber jetzt entwickeln sie speziell für das Raumfahrtprogramm vorgesehene Trägerraketen. Sie haben eine neue Rakete mit einer Schubkraft von 2,5 bis 3 Millionen Pfund getestet, die benutzt wurde, um die Proton-Satelliten ins All zu befördern. Und sie bauen einen neuen Startkomplex (Area J) in Tjuratam, mit dem es möglich sein wird, Raumschiffe mit einer anfänglichen Schubkraft im Bereich von 8,0 bis 16,0 Millionen Pfund zu starten. Dieser Komplex wird im kommenden Jahr fertig gestellt sein.«

Dieser Abschnitt untermauert klar und deutlich, dass die CIA relativ gute Kenntnis über die Entwicklung der Raumfahrt in der UdSSR hatte, denn der amerikanische Geheimdienst kannte bereits den Startkomplex (Area J), wusste, wann er fertig gestellt sein würde (1968) und war darüber informiert, dass dort eine Großrakete starten sollte. Ferner räumte das Dokument auch mit der unzutreffenden Bezeichnung Baikonur für das in Kasachstan stehende Raumfahrtzentrum auf. Vielmehr ist der Komplex, wie in dem CIA-Bericht aufgeführt, wesentlich näher an der Stadt Tjuratam angesiedelt.

Ein ungenannter Analyst kommentierte die Gesamtheit der CIA-Darlegungen folgendermaßen: »Die CIA ist erheblich realistischer als das russische Raumfahrt-Management in ihrer Einschätzung, dass derart zeitnahe Flüge auf den erdnahen Raum beschränkt bleiben müssen.«

Die in der Zusammenstellung verwerteten Erkenntnisse können unmöglich nur mittels der damals zur Verfügung stehenden Spionage-satelliten gewonnen worden sein, weil es dazu noch an den technischen Voraussetzungen mangelte. Vielmehr waren Agenten vor Ort notwendig, um solche nachrichtendienstlichen Informationen zu erlangen. Und das nicht nur in Tjuratam, sondern sogar in den Konstruktionsbüros und Fertigungsstätten der Russen. Der »menschliche Faktor«, wie man Spione in der Aufklärungsbranche gerne bezeichnet, spielte also eine gewichtige Rolle.

Andererseits strotzt das »National Intelligence Estimate Number 11-1-67« nicht gerade vor technischen Details. Zumindest Mitte der 1960er Jahre scheinen die Amerikaner also über keine Spitzenquelle im Bereich der russischen Raumfahrt verfügt zu haben. Doch das ge-

Mit gigantischer Schubkraft zum Mond: Die sowjetische Proton-Rakete, für die in Tjuratam ein eigener Startkomplex gebaut wurde, transportierte die Zond-Raumschiffe ins All.   Bild: NASA

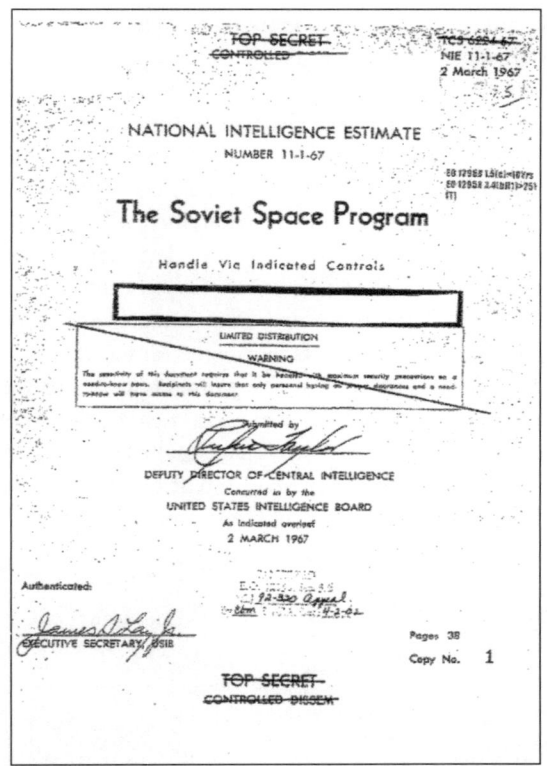

Deckblatt einer CIA-Analyse der sowjetischen Raumfahrt aus dem Jahr 1967. Die Informationsschrift wurde für den seinerzeitigen US-Präsidenten Lyndon B. Johnson erstellt. Ein nachträglicher Vergleich mit den tatsächlichen Ereignissen offenbart eindeutig: Die USA wussten nicht alles über die sowjetische Raumfahrt – aber weitaus mehr, als sie öffentlich zugaben. Bild: National Archives

sammelte Material reichte aus, um auch schon vor Komarows Tod zwei aus Sicht der USA beruhigende Feststellungen treffen zu können: Zum einen bedeutete die Brandkatastrophe von Apollo 1 noch nicht die Entscheidung im Ringen um die Eroberung des Mondes, und darüber hinaus hatte man in technischer Hinsicht sogar noch einen (allerdings knappen) zeitlichen Vorsprung.

Und noch etwas fällt an dem Papier auf – etwas sehr Merkwürdiges sogar: Weder zur Erstellung der Akte wurde die NASA konsultiert, noch gehörte sie zum Verteilerkreis der Einschätzung – und das, obwohl sie zweifellos zu den Hauptinteressenten des Inhalts gezählt hätte.

Das vermeintliche Entscheidungsjahr 1967 wurde nach Apollo 1 und Sojus 1 letztlich also zum Katastrophenjahr für West wie Ost. Was, so fragte man, würde sich 1968 ereignen? NASA-Administrator James Webb benötigte dazu keine CIA-Analyse. Er selbst hatte mehrfach vor der Gefahr gewarnt, die von der UdSSR ausging – und das sogar öffentlich. Er hatte regelrecht Angst vor dem einen, alles entscheidenden Flug. Auch wenn es 1967 dafür lediglich äußerst vage Hinweise gab, so war den Sowjets jederzeit ein Coup zuzutrauen. Die eigene Mondrakete der USA, die Saturn V, war frühestens im Sommer 1968 voll einsatzfähig – falls sämtliche Tests befriedigend verliefen.

Aber James Webb konnte sein Augenmerk nicht auf die Russen richten. Er plante für den Oktober 1968 den ersten bemannten Flug der modifizierten Apollo-Kapsel, nachdem Apollo 2 bis 6 ausschließlich Testzwecken gedient hatten. Die Mannschaft für Apollo 7 war schon bestimmt: Es handelte sich um die Ersatzcrew von Apollo 1, beste-

Startete zum ersten bemannten Testflug mit der modifizierten Apollo-Kapsel: die Besatzung von Apollo 7 mit Don Eisele, Walter Schirra und Walter Cunningham (von links).   *Bild: NASA*

hend aus Walter »Wally« Schirra, der wie Virgil Grissom der ersten Astronautengruppe angehört hatte, sowie dessen Kameraden Don Eisele und Walter Cunningham, die beide noch keinen Raumflug absolviert hatten.

Sollte die aus Sicherheitsgründen an den Erdorbit gebundene Mission ein Erfolg werden, würde mit Apollo 8 sogar die Mondfähre im Erdorbit erprobt werden. Erst danach, ab 1969, würden dann mit Apollo 9 die Mondflüge beginnen. Aber es kam, wie es kommen musste: Der Zeitplan geriet erneut durcheinander.

Die Russen rüsten auf

Die UdSSR zog aus dem Tod Komarows die einzig richtigen Konsequenzen: Sie verstärkte ihre Anstrengungen – und zwar in sämtlichen Bereichen. Das wird aus der nachfolgenden Tabelle ersichtlich:

Datum	Raumschiff	Missionsergebnisse
10.03.1967	Kosmos 146	Erfolgreicher Erstflug der Proton Rakete UR-500K/L-1
08.04.1967	Kosmos 154	Fehler im Kontrollsystem/ Zond-Raumschiff geborgen
28.09.1967	?	Fehlfunktion der ersten Stufe der Proton-Rakete
22.11.1967	?	Fehlfunktion der zweiten Stufe der Proton-Rakete
02.03.1968	Zond 4	Test von Mondraumschiff
07.04.1968	Luna 14	Erreicht Mondumlaufbahn am 10. April
23.04.1968	?	Zweitstufe des Proton-Trägers versagt
14.09.1968	Zond 5	Raumschiff umrundet den Mond/ Landung im Indischen Ozean
10.11.1968	Zond 6	Fallschirmsystem versagt bei der Rückkehr zur Erde
20.01.1969	?	Mangelhafte Funktion der 2. und 3. Raketenstufe
13.07.1969	Luna 15	Sollte entweder die erste Mondlandung der USA überwachen oder Bodenproben vom Mond als erste Sonde zur Erde bringen; auf den Mond abgestürzt

Eines belegt diese Auflistung deutlich: Die UdSSR gab den Kampf um die Eroberung des Mondes so lange nicht auf, bis feststand, wer in diesem Wettrennen letztlich die Nase vorne haben sollte.

Kapitel 13

DAS WEBB-MONSTER

Es lief alles nach Plan. Apollo 7 startete am 11. Oktober 1968 und blieb elf Tage im All. Die Sowjetunion konterte prompt und schickte am 26. Oktober das Raumschiff Sojus 3 mit einem Kosmonauten an Bord auf eine viertägige Reise um die Erde. Beide Seiten waren also auf der Zielgeraden angekommen!

Just in diesen Tagen verliess ein Mann die NASA, dem diese neben Wernher von Braun mehr verdankt als irgendeinem Dritten: James Webb, Chef der amerikanischen Luft- und Raumfahrtbehörde von 1961 bis eben 1968. Wir wissen nicht genau wann, aber seit Webb (mutmaßlich auf den Fotografien eines Spionagesatelliten) die sowjetwische Superraket mit der Code-Bezeichnung N-1 erstmals zu Gesicht bekam, mahnte er wie ein einsamer Prediger in der Wüste deren Qualitäten. Die N-1 war Russlands Fahrkarte zum Mond. Das weiße Ungetüm stand seinem amerikanischen Pendant Saturn V in nichts nach. Seine Länge war noch nicht exakt bestimmbar, aber 99 Meter betrug sie allemal. Das Wichtigste war jedoch die Nutzlastkapazität der N-1.

Und hier überragten die Werte des von Webb entdeckten Monsters die der Saturn V deutlich. Während die Rakete der Amerikaner es auf maximal 46 Tonnen brachte, würde die sowjetische Rakete hingegen, so schätzte man, 60 bis 70 Tonnen Nutzlast in den Weltraum katapultieren können. Das war ein Quantensprung in der Raketenbautechnologie und erklärte die lange Konstruktions- und Fertigungsdauer. Webb war klar: Die N-1 war die sowjetische Antwort auf die historische Rede von US-Präsident John F. Kennedy *(siehe Kapitel 7)*.

Der Kreml hatte die Herausforderung angenommen.

Am 19. August gab die NASA dann eine ihrer merkwürdigsten Informationen heraus. Sie betraf das Unternehmen Apollo 8. Es sei beabsichtigt, so hieß es, die Mission als »bemannte Erdumfliegung« durchzuführen. Die Astronauten und das Kontrollzentrum seien aber gleichfalls darauf trainiert, eine »hochexzentrische Bahn um die Erde« zu fliegen. Außerdem halte man sich die Möglichkeit offen, eine »ein-

oder mehrmalige Umfliegung des Mondes« bei diesem Unternehmen durchzuführen.

Es wurde nie bekannt, ob diese Meldung in Zusammenhang mit der Entdeckung der russischen Superrakete stand. Aber es war in gewisser Weise schon ein wenig lächerlich: Als wenn die NASA nicht gewusst hätte, welche Mission sie mit Apollo 8 fliegen wollte. Immerhin standen die Profile der Mission seit Jahren fest; nach ihnen richteten sich alle Entwicklungen und Prioritäten. Apollo 8 jedenfalls hatte die Aufgabe, die Mondlandefähre zu testen. Aus Sicherheitsgründen sollte dies beim erstmaligen Versuch allerdings noch im Erdorbit geschehen.

Doch dazu kam es nicht. Offizielle Begründung der NASA: Dieses Vorhaben konnte nicht umgesetzt werden, weil es bei dem Modul Lunar 3 (die Mondfähre, *Anm. d. Verf.*), das für den Einsatz mit Apollo 8 vorgesehen war, zu Verzögerungen in der Fertigstellung kam. Die Erprobung der Mondfähre wurde deshalb dem Unternehmen Apollo 9 zugeteilt. Bis zu dessen Start wäre die Fähre fertig gestellt, ließ man bei der NASA wissen.

Man wollte zum Mond! Zumal sich die Gerüchte um einen baldigen Jungfernflug der russischen N-1-Mondrakete immer mehr verdichteten. Egal, wie es also weiterging, die USA sollten wenigstens die Nation

Ein großer Schock für die USA: Im Herbst 1968 war die sowjetische N-1-Rakete startklar. Mit diesem technischen Wunderwerk sollte eine Nutzlast von bis zu 70 Tonnen in den Weltraum befördert werden.
Bild: NASA/Asif Sidiqqi

Sollte mit seinen Warnungen vor den Fortschritten der UdSSR Recht behalten, musste jedoch auf Druck von US-Präsident Lyndon B. Johnson seinen Schreibtisch räumen: NASA-Administrator James Webb.

Bild: NASA

sein, der es als erste gelungen war, Menschen zu einem anderen Himmelskörper zu entsenden und sie wieder wohlbehalten nach Hause zu bringen. Deshalb verkündete die NASA-Zentrale: »Apollo 8 wird zum Mond fliegen« – und zwar zur Weihnachtszeit.

Frank Borman, der dem Apollo-1-Untersuchungsausschuss angehört hatte, war der Kommandant des historischen Fluges, der auf die Sekunde pünktlich am 21. Dezember 1968 um 13.51 Uhr mitteleuropäischer Zeit begann. Neben ihm lag sein Gefährte James Lovell, mit dem er bereits die Langzeitmission Gemini 7 erfolgreich absolviert hatte. William Anders war der Dritte im Bunde. Er hatte fraglos den bequemsten Job, den je ein Astronaut verrichten musste. Er war nämlich der Pilot der Mondfähre – die ja gar nicht dabei war.

Apollo 8 war ein einziger Triumph: Selten zuvor verlief eine Mission derart problemlos. Die kritischste Situation an Bord ereignete sich am zweiten Tag der Reise, wenngleich auch diese vergleichsweise harmlos war. Frank Borman war von einem Grippevirus mit Erbrechens- und Durchfallsymptomen befallen worden. Dabei konnte er in einem Fall nicht rechtzeitig den Fäkalienbeutel anbringen. Lovell und Anders verbrachten anschließend mehr Zeit mit dem Absaugen als mit flugtechnischen Maßnahmen und wissenschaftlichen Untersuchungen.

Frank Bormans »Rivale« Alexej Leonow, der auf sowjetischer Seite als Kommandant den ersten Flug zum Mond vornehmen sollte, erinnert sich, wie er die Nachricht vom Start der Apollo 8 aufnahm: »Ich war in Moskau und befasste mich intensiv mit unserem L-1-Mondumrundungsflug, als die Nachricht verbreitet wurde, die Amerikaner hätten ein bemanntes Raumschiff zum Mond gestartet.« Leonow traf die Nachricht wie ein Blitz: »Plötzlich hatte ich das Gefühl, dass mir alles entglitt. Es kam mir vor, als wäre alles, wofür ich die letzten Jahre gearbeitet hatte, überflüssig geworden. Meine Träume lösten sich in Luft auf.«

Doch die Phase der Resignation bei den Russen dauerte nicht lange. Der Dezember 1968 gehörte den USA, der Januar 1969 sollte nach den Vorstellungen des Politbüros aber wieder die Sowjetunion an die Spitze bringen.

Die Russen kontern

Am 14. und 15. Januar 1969 erfolgte der Doppelschlag: Die Raumschiffe Sojus 4 und 5 koppelten aneinander an, und zwei Kosmonauten stiegen in Außenbordmanövern von einer Kapsel in die andere um. Dienten diese Flüge der letzten Vorbereitung auf die Mondmission? Wer daran trotz James Webbs ständiger Mahnungen noch irgendeinen Zweifel hegte, wurde rasch eines Besseren belehrt.

War ein Paukenschlag: die erfolgreiche Mission von Apollo 8 mit den Astronauten William Anders, James Lovell und Frank Borman (von links), die als erste Menschen zum Mond flogen und sicher aus dem Pazifik geborgen wurden.

Bild: NASA

War Apollo 8 ein Paukenschlag, so sollte die N-1-Mission nach den Vorstellungen der Russen zu einem Donnerhall werden. Die Superrakete N-1, das »Webb-Monster«, stand auf Area J in Tjuratam bereit für seinen Jungfernflug. Am 21. Februar 1969, kurz vor Mitternacht, hob die schubstärkste, jemals auf der Erde gebaute Rakete ab. Zunächst nur langsam verließ sie den Startkomplex, um dann aber umso rascher, lauter und imposanter an Höhe zu gewinnen. Zehn Sekunden verstrichen – alle Systeme arbeiteten einwandfrei. Ebenso nach 20 Sekunden – und auch nach 40 Sekunden. Das »Webb-Monster« funktionierte fehlerfrei. Die Ein-Minuten-Grenze war genommen, alles lief normal. Doch nach 80 Sekunden explodierte die Superrakete.

Es gab keinerlei registrierbare Vorzeichen. Die Trümmerteile regneten hundert Kilometer von Tjuratam entfernt auf den kasachischen Boden nieder. Angeblich ging die Katastrophe aber dank der strengen Sicherheitsvorkehrungen ohne Todesopfer ab.

Damit bestätigte sich, wie recht James Webb mit seinen ständigen Mahnungen und Warnungen hatte. Die »rote Monsterrakete« war real und stand vor ihrer möglichen Einsatzreife. James Webb war zu diesem Zeitpunkt aber längst nicht mehr Chef der NASA. Auf Druck von US-Präsident Lyndon B. Johnson räumte er seinen Schreibtisch, noch bevor Apollo 7 die Startrampe verließ.

James Webb war zusammen mit Dan Goldin der vielleicht beste und erfolgreichste NASA-Chef. Seine Warnung sollte allerdings nichts an Aktualität verlieren. Fehlfunktionen bei Erstflügen kamen öfter vor. Unverdrossen schickten sich die Sowjets deshalb an, vor dem Mondlandungsflug von Apollo 11 Ende Juli 1969 doch noch einen spektakulären Coup zu landen.

Wiederum streng geheim erfolgte am 3. Juli 1969, kurz vor Mitternacht russischer Ortszeit, der zweite Versuch. Und diesmal ging er nicht nur schief, er endete regelrecht im Desaster. Die N-1 hob zwar von der Startanlage ab, nur Sekunden später jedoch kippte sie zur Seite und explodierte. Die dadurch entwickelte Druckwelle ließ noch in zehn Kilometern Entfernung die Fensterscheiben bersten. Vor allem aber: Area J war verwüstet. Für mindestens zwei Jahre war ein neuerlicher Test der N-1 unmöglich geworden. Alexej Leonow schrieb später über das Unglück: »Wäre Sergej Koroljow, der die N-1 ursprünglich konstruierte, noch am Leben gewesen, hätte er die Fehler behoben. Wir hätten dann bereits Monate vor Apollo 8 die erste bemannte Mondumkreisung durchgeführt. Davon bin ich überzeugt.«

So aber markierte – ohne dass die Welt davon auch nur das Geringste erfuhr – der 3. Juli 1969 das eigentliche Ende des Wettlaufs um die Eroberung des Mondes. Nur knapp zwei Wochen später, am 16. Juli 1969, als in Tjuratam die Aufräumarbeiten in Area J noch in vollem Gange waren, starteten Neil Armstrong, Edwin »Buzz« Aldrin und Michael Collins zur »Mutter aller Raumfahrtmissionen«, der ersten Landung von Menschen auf einem anderen Himmelskörper.

Und dieser Flug war ein voller Erfolg. Lediglich beim Abstieg der Mondfähre zur Oberfläche gab es einige bange Augenblicke. Ursache hierfür war der Bordcomputer. Er meldete »1201«-Alarm, den Code für die höchste Alarmstufe, den so bezeichneten »Master-Alarm«. Zeitgleich begannen zahlreiche Warnlampen zu blinken und Alarmtöne zu schrillen. Der Landeanflug auf den Mond hätte eigentlich sofort abgebrochen werden müssen. Aber die Fähre funktionierte einwandfrei. »Buzz« Aldrin meldete deshalb an das Kontrollzentrum in Houston: »Wir bleiben bei Go. Alles festhalten. Wir sind auf Go.« Die Astronauten entschieden richtig. Nach und nach hörte das Blinken und das Schrillen auf. Der Computer war lediglich überlastet.

Da der Autopilot die Fähre beim Endanflug in einen Krater führte, dessen Boden mit großen Felsen bedeckt war, übernahm Armstrong die Handsteuerung. Er überflog den Krater und landete das Modul Eagle (Adler) auf einer ebenen Stelle nur 60 Meter weiter westlich des ursprünglich vorgesehenen Zielpunktes – keine halbe Minute, bevor der Treibstoff der Abstiegsstufe zur sanften Landung auf dem Mond restlos verbraucht gewesen wäre. Die Landung war zeitlich so geplant, dass nach dem ursprünglich vorgesehenen Bodenkontakt ein Zeitfenster von etwa einer Minute für einen sofortigen Rückstart verblieb, andernfalls hätte man die Mutterfähre verfehlt. Etwa 30 bis 40 Sekunden davon waren durch die zusätzlichen Manöver beim Endanflug aber verstrichen. Letztlich blieb damit nach dem Abschluss all dieser Maßnahmen eine Zeitreserve von fünf bis zehn Sekunden. Doch Armstrong ließ sich nicht beirren und meldete am 20. Juli 1969 exakt um 20:17,58 Uhr: »Hier Basis im Meer der Ruhe. Der Adler ist gelandet.«

Damit war ein weiterer historischer Schritt gelungen: Erstmalig waren Menschen auf einem anderen Himmelskörper gelandet. Knapp fünf Stunden später war dieses Ereignis aber bereits überholt, denn nunmehr stand Neil Armstrong mit beiden Beinen auf dem Mond und sprach seinen berühmten Satz: »Dies ist ein kleiner Schritt für einen Menschen, aber ein großer Sprung für die Menschheit.« Nachdem auch Edwin Aldrin 20 Minuten später die Fähre verlassen hatte, kam der politisch wichtigste Moment des gesamten Unternehmens. Die Astronauten rammten die »stars and stripes«-Flagge, das amerikanische Sternenbanner, in den Mondboden. Außerdem sammelte die Besatzung 21,6 Kilo an Mondgestein. Der erste Spaziergang auf dem Mond endete nach etwas mehr als zweieinhalb Stunden. Damit war klar: Die Vereinigten Staaten von Amerika hatten den Wettlauf zum Mond gewonnen – der »Sputnik-Schock« *(siehe Kapitel 1)* war überwunden.

Der »Luna-15«-Schock

Vergessen war freilich auch, dass die Sowjetunion erst wenige Tage zuvor versucht hatte, den USA mit einer letzten Überraschungsmission doch noch die Show zu stehlen.

Es war, als hätte Sergej Koroljow noch einmal höchstpersönlich Regie geführt: Drei Tage vor dem Start von Apollo 11 hob in Tjuratam die unbemannte Sonde Luna 15 vom Kosmodrom ab. Sofort machten die

Behielt kühlen Kopf, als die USA glaubten, die UdSSR würde die Mission Apollo 11 mit Gewalt verhindern wollen: Frank Borman, der seine Kontakte nach Moskau nutzte und dann Entwarnung geben konnte.
Bild: NASA

wildesten Gerüchte die Runde: Wollten die Russen, so spekulierte man ernsthaft, die Apollo-11-Mission stören oder gar verhindern? Das mag heute lächerlich klingen. Damals aber war die Stimmung derart angespannt, die Emotionen waren derart aufgewühlt, dass man alles für möglich hielt. Sogar einen Anschlag palästinensischer Terroristen: Unbestätigten Gerüchten zufolge erhielt der Secret Service, der Geheimdienst des US-Präsidenten, glaubwürdige Berichte, die besagten, dass die palästinensische Untergrundgruppe »Schwarzer September« Anschläge auf Familienangehörige von Astronauten plante. Die amerikanischen Raumfahrer sollen deshalb rund um die Uhr unter Schutz und Bewachung des Secret Service gestanden haben. Offiziell wurde das gleichwohl bis heute nicht bestätigt.

Auch im Kontrollzentrum in Houston war man ungewöhnlich nervös. Es waren eben jene Tage, die man später die »spacy days in the summer of '69« nannte.

Einer, der in diesem Nervenkrieg kühlen Kopf behielt, war Frank Borman, der gemeinsam mit seinen beiden Kameraden in der Apollo-8-Kapsel als erster Mensch zum Mond geflogen war. Er aktivierte – inoffiziell selbstredend – seine guten Kontakte zu sowjetischen Raumfahrtstellen, die er im Laufe der Zeit bei verschiedenen Begegnungen aufbauen konnte. Er hatte nur eine einzige Frage: »Soll Luna 15 Einfluss nehmen auf das amerikanische Mondlandeunternehmen?« Er berief sich dabei auf das von beiden Ländern mitgetragene UNO-Weltraumabkommen *(siehe Kapitel 11)*. Als Apollo 11 drei Viertel seiner Wegstrecke zum Mond zurückgelegt hatte, erhielt Oberst Borman ein Telegramm des Präsidenten der sowjetischen Akademie der Wissenschaft, Dr. W. Keldysch, das an Deutlichkeit nichts zu wünschen übrig ließ. Keldysch bestätigte in seinem Kabel, dass die zwischenzeitlich bereits den Mond umkreisende Sonde Luna 15 keine Störung der Apollo-11-Mission vornehmen werde.

Aber was bezweckten die Russen mit ihrer Sonde dann? Erst Jahre später bestätigte die Sowjetunion entsprechende Mutmaßungen westlicher Experten. Bei Luna 15 handelte es sich um ein Bodenproben-Rückführunternehmen. Die Russen wollten also noch vor den Amerikanern Mondboden auf die Erde holen. Da Bodenproben die wissenschaftlich wertvollste Ausbeute der Mondlandung sein würden, wollte der Kreml zumindest auf diesem Gebiet die Nase vorne haben. Dies wäre auch ein gehöriger Wermutstropfen in den westlichen Siegesfeiern für die bemannte Mondlandung gewesen, doch dazu kam es nicht. Den Sowjets mangelte es einfach an der notwendigen Fortune. Beim Landeanflug aus der Parkbahn (der Umlaufbahn der Sonde) auf den Mond zerschellte die Sonde am 21. Juli 1969 auf dessen Oberfläche, im Mare Crisium, einem Mondmeer mit einem mittleren Durchmesser von 420 Kilometern. Apollo 11 dagegen wurde zum größten Raumflugtriumph seit Juri Gagarins Spähflug in den Kosmos. Am 24. Juli 1969 wasserte die Kapsel im Pazifischen Ozean, und die drei Astronauten Armstrong, Aldrin und Collins wurden in eine Quarantänestation auf dem Flugzeugträger »Hornet« verbracht. Auf dem Landegestell ihrer Mondfähre Eagle hinterließen sie eine Plakette mit der Aufschrift: »Wir kamen in Frieden für die gesamte Menschheit.« Ein hoher Anspruch, dem aber nicht einmal die politisch wie militärisch Verantwortlichen der eige-

Ein Bild, das um die Welt ging: Astronaut Edwin Aldrin vor der amerikanischen Flagge, die von der Apollo-11-Besatzung in den Mondboden gerammt worden war.
Bild: NASA

Die historische Tafel: »Hier setzten erstmals Menschen vom Planeten Erde ihren Fuß auf den Mond. Juli 1969. Wir kamen in Frieden für die gesamte Menschheit«. So lautet die Inschrift auf dem Landemodul Eagle von Apollo 11.   Bild: NASA

nen Nation gerecht werden sollten, wie wir noch erfahren werden.

Das Wettrennen zum Mond war entschieden – seine Erforschung begann freilich jetzt erst. Noch im selben Jahr folgte Apollo 12. Diesmal kam es bereits zu zwei Außenbordaktivitäten. Höhepunkt war der Besuch bei der amerikanischen Mondsonde Surveyor 3, die rund zweieinhalb Jahre zuvor weich aufgesetzt hatte. Doch Ruhm ist schnelllebig und vergänglich. Wer weiß heute noch, dass nach Armstrong und Aldrin der dritte Mensch auf dem Mond Charles Conrad hieß? Nachdem der erfolgreichen Landung erlahmte das Interesse am Mondprogramm rasch. Der Vietnamkrieg war wieder das beherrschende innenpolitische Thema. Selbstverständlich war allen Beteiligten bewusst, dass das Interesse am Apollo-Programm nicht an der ersten Mondlandung gemessen werden konnte und durfte. Dass aber bereits bei Apollo 13 sämtliche großen US-Fernsehsender mangels Zuschauerinteresse darauf verzichteten, eine Pressekonferenz aus dem All zu übertragen, war dann doch sehr frustrierend. Immerhin waren seit Apollo 11 erst neun Monate ins Land gezogen. Der Besatzung unter dem Kommando von James Lovell wurde das selbstverständlich vorenthalten – wäre dadurch die Stimmung an Bord doch sicher nicht gesteigert worden. Noch ahnte niemand, dass dieser am 11. April 1970 gestartete Flug die Sternstunde der NASA werden würde und das Interesse an ihm sogar die Berichterstattung über Apollo 11 in den Schatten stellen sollte.

Selbstverständlich hatte auch diese historische Begebenheit ihren denkwürdigen Satz: »Houston, wir haben ein Problem!« Gesprochen hat ihn ausgerechnet John Swigert. Der Pilot der Kommandokapsel war erst wenige Tage vor dem Start als »backup« zur Crew gestoßen. Swigert ersetzte Thomas Mattingly, bei dem die Ärzte einen Masernausbruch befürchteten, der aber nie eintrat.

Später stellte sich heraus, dass Swigerts Meldung die Untertreibung des Jahres gewesen war, denn Lovell, Swigert und Fred Haise, der Pilot des Lunar Module (Mondfähre), schwebten nach einer Explosion im Versorgungsteil des Raumschiffes in akuter Lebensgefahr – und das für volle vier Tage! Es blieb nur die Möglichkeit, die Mission abzubrechen

Die geretteten Helden von Apollo 13: James Lovell, John Swigert und Fred Haise (von links).   Bild: NASA

*Große Erleichterung: Spontaner Jubel brach im Kontrollzentrum in Houston aus, als
Apollo 13 sicher in den Südpazifik eintauchte und die Besatzung gerettet werden
konnte.*   Bild: NASA

und Apollo 13 schnellstmöglich zur Erde zurückzuholen. Die Landung
auf dem Mond wurde deshalb gestrichen und der Kurs leicht geändert,
so dass die Flugbahn nur um den Mond herum und wieder zurück zur
Erde führte. Das Lebenserhaltungssystem der Landefähre war jedoch
nicht dafür ausgelegt, drei Personen mehrere Tage am Leben zu erhalten.
Vor allem musste das überlastete Luftreinigungssystem umgebaut werden.
Der Bau eines entsprechenden Adapters veranlasste John Swigert zu
dem Satz: »Na toll, jetzt vertrau ich einer Spucktüte mein Leben an!«

Dass es die Besatzung von Apollo 13 dennoch zurück auf die Erde
schaffte, verdankte sie vor allem den »Controllern« des Missions-Über-
wachungszentrums in Houston. Namen wie Sy Libergot oder Gene
Kranz werden dort noch heute mit unverhohlenem Respekt in den Mund
genommen.

Nach dem Beinahe-Verlust der Apollo 13 gönnte sich die NASA eine
schöpferische Pause. Ein zweites Apollo-Unglück hätte womöglich zu
ernsten Konsequenzen geführt, ja, vielleicht sogar zur Einstellung des
Programms. Deshalb war eine weitere Verzögerung des Terminplans wegen
neuerlicher strenger Kontrollen allemal der kostengünstigere Weg. Man
befand sich jetzt in einer Übergangsphase. Apollo 13 war, wie bereits
Apollo 12, ein auf zwei Außenbordaktivitäten angesetztes Unternehmen.

Der nach einer Explosion
aufgerissene Versorgungsteil
von Apollo 13. Bild: NASA

Erstmalig wären die Astronauten bei diesem Einsatz »mobil« gewesen. Zwar verfügten sie noch nicht über das Mondauto, den Lunar Rover (LRV), wohl aber über einen Handkarren. Und danach sollten die »big flights« folgen, die großen Forschungsxpeditionen von Apollo 15 bis 20.

Eine unheilige Allianz

Doch es sollte anders kommen, denn über der NASA braute sich eine unheilige Allianz zusammen, eine Allianz aus Politik und Kapital. Die Regierung benötigte Geld für den Vietnamkrieg und weitere Krisenherde sowie neue Rüstungsprojekte. Dieses Geld stand aber nicht zur Verfügung. Deshalb wurden die Etats der anderen regierungseigenen Behörden und Institutionen kurzerhand gekappt. Die NASA traf es dabei besonders hart. Hatte man ihr während der heißen Phase des Rennens zum Mond jeden gewünschten Etat umgehend und quasi unbesehen genehmigt, so schlug die Stimmung nach Apollo 11 deutlich um. Mit der Unterstützung der Raumfahrt ließen sich keine Wählerstimmen mehr einfangen. Populär wurde es hingegen, den sündhaft teuren Projekten die Finanzmittel zu entziehen. Kein Wunder: Wirklich Sensationelles hatten die Mondexpeditionen bislang nicht entdeckt. Warum also hierfür weiteres Geld verschwenden, lautete die Devise. Dass die Forschung eigentlich erst jetzt begann, wurde dabei geflissentlich unter den Teppich gekehrt. Die Engstirnigkeit war kaum mehr zu überbieten.

Auch Geheimdienstberichte, die besagten, dass die UdSSR weiter sowohl an unbemannten Mondflügen wie auch an bemannten Einsätzen arbeitete, änderten nichts an dem Meinungsumschwung. Was wollte die Sowjetunion noch erreichen? Sie hatte den Wettlauf verloren. Doch die Sowjets hatten sehr genaue Vorstellungen, was sie auf dem Mond wollten – und dabei spielte nach wie vor die N-1-Rakete eine dominante Komponente. Das »Webb-Monster« war längst noch nicht verschrottet.

Doch der Reihe nach: Zuerst galt es für die NASA, die Frage zu beantworten, welches Ziel die Mission Apollo 14 ins Auge fassen sollte. Man war sich sehr schnell einig: Apollo 14 erhielt die Maßgabe, den Flug von Apollo 13 zu wiederholen und die damals gescheiterte Mission zu erfüllen: die Erkundung des Fra-Mauro-Hochlands. Und damit ist man beim rätselhaftesten Mondflug des gesamten Apollo-Programms angelangt.

Kapitel 14

DIE SACHE MIT APOLLO 14

Zwei vermeintliche Fakten über den Mond sind vielen geläufig, selbst wenn der Einzelne kein allzu gróßes Interesse am Erdtrabanten hegt. Erstens: Der Mond besitzt keine Atmosphäre. Und zweitens: Er ist »tot«, das heißt: Er ist geologisch inaktiv. Beides ist falsch. Denn der Mond besitzt sehr wohl eine – wenn auch verschwindend dünne – Atmosphäre, die praktisch unsichtbar ist und sich nur messtechnisch nachweisen und erfassen lässt. Und dass es auf seiner Oberfläche sehr wohl noch rätselhafte Erscheinungen gibt, ist hundertfach dokumentiert. Die NASA hat hierüber sogar im Juli 1968 unter der Bezeichnung »TR R-277« einen »Chronological Catalog of Reported Lunar Events« publiziert. Das 55-seitige Dokument listet penibel sämtliche nachweisbaren Ereignisse seit dem Jahr 1540 auf, die auf dem Mond registriert wurden. Einsamer Spitzenreiter in dieser Liste ist der Krater Aristarchus. Nachfolgend hierfür drei Beispiele: Am 28. Oktober 1963 haben zunächst neun japanische

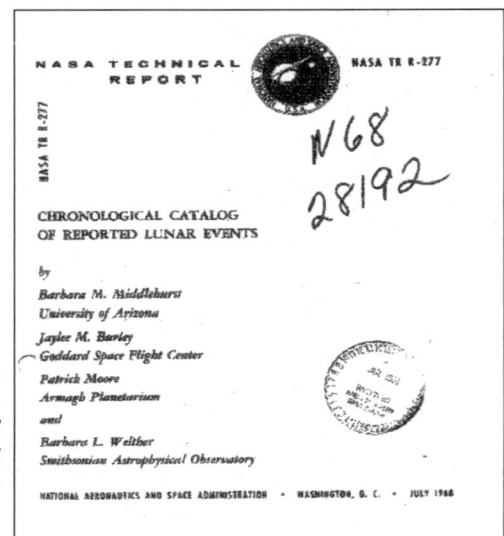

Listet zahlreiche rätselhaften Erscheinungen in Zusammenhang mit dem Mond auf: der »Chronological Catalog of Reported Lunar Events« der NASA.
Faksimile: NASA

Studenten in Hiroshima eine halbe Stunde lang ein intensives rotes Schimmern im Bereich dieses Mondkraters beobachtet. Nur zwei Tage später wurde von den USA aus ein ähnliches Phänomen registriert. Und abermals in den USA berichteten drei Männer am frühen Abend des 23. März 1967 von einem »roten Glühen«, das sie dort gesehen haben wollen, wo sich der Krater Aristarchus befindet.

Zwar wesentlich seltener, aber noch in der Spitzengruppe der am meisten registrierten Anomalien wird das Fra-Mauro-Hochland erwähnt – das unerreichte Ziel der havarierten Mission von Apollo 13 und nunmehr die Forschungsaufgabe des Unternehmens Apollo 14.

Warum, so fragt man sich, war gerade dieses Ziel von so auffallend großem Interesse für die NASA, denn das Gebiet stand damit bereits zum dritten Mal auf der Besuchsliste ganz oben. Immerhin hatte man bereits Apollo 10 – der Generalprobe für die Mondlandung – ins Stammbuch geschrieben, dieses Gebiet einer eingehenden Betrachtung zu unterziehen und auf Film zu bannen. Die wissenschaftliche Neugier am Fra-Mauro-Hochland, das nach dem venezianischen Mönch und Kartografen Fra Mauro (zirka 1385 – 1459 n. Chr.) benannt wurde, ist ungewöhnlich, kommt aber nicht von ungefähr. Denn neben geologischen Forschungsaspekten mag bei der Auswahl dieses Gebiets für weiterführende Untersuchungen auch eines der zu diesem Zeitpunkt noch höchst selten fotografisch festgehaltenen Phänomene auf dem Mond eine Rolle gespielt haben. Der lunare Schnappschuss gelang am 26. November 1956 einem Team um den Astronomen Robert H. Curtiss. Mit einem 16-Zoll-Teleskop lichtete die Gruppe die Mondoberfläche ab. Die anschließende Filmentwicklung brachte Wundersames hervor:

Sollte das Geheimnis des Fra-Mauro-Hochlandes lüften: die Crew von Apollo 14 mit Stuart Roosa, Alan Shepard und Edgar Mitchell (von links). Bild: NASA

Auf den Fotos kam in der Nähe des Fra-Mauro-Kraters ein strahlend helles Kreuz zum Vorschein. Jeder Arm des Kreuzes, so errechneten die Mondwissenschaftler, musste mehrere Kilometer lang sein! Die Fachzeitschrift »Sky and Telescope« veröffentlichte das Bild im Jahre 1958 und ließ in diesem Zusammenhang Walter Haas von der Association of Lunar and Planetary Observers zu Wort kommen. Ihm zufolge könnte es sich bei dem Kreuz um Grat- oder Hügelteile handeln, die je nach Sonneneinstrahlung zufällig sichtbar seien – oder bei ungünstigem Winkel eben nicht. Hügelketten, die sich rechtwinklig kreuzen? Da sind so manche Geologen doch anderer Ansicht. Gebirge im 90-Grad-Winkel, die noch dazu kilometerlang geradlinig verlaufen, sind so gut wie unbekannt. Außerdem wären Teile des Grats für die damals verfügbare Technik zur fotografischen Erfassung wohl zu schmal gewesen. So bleibt das Rätsel des »Curtiss-Kreuzes« nach wie vor ungelöst.

Im Rahmen unserer Recherchen stießen wir aber noch auf einen weiteren, zunächst recht ominösen Hinweis. Der Schweizer Sachbuchautor Luc Bürgin berichtet in seinem Buch »Mondblitze« von Informationen, denen zufolge »Apollo-Astronauten im Fra-Mauro-Sektor eine Anzahl kleiner Pyramiden, die in geometrischer Form angeordnet waren«, entdeckten. Was hatte es mit dieser Behauptung auf sich? Handelte es sich nur um eine der zahlreichen Zeitungsenten, die immer wieder mal in die Welt gesetzt werden? Oder steckte am Ende doch mehr dahinter?

Die Suche war ernüchternd, ja frustrierend. Über Pyramiden auf dem Mond konnten wir keinerlei substanzielle Mitteilungen finden. Dann stießen wir auf das Buch »Der Mond – das größte Abenteuer unserer Zeit« des Dokumentaristen Rüdiger Proske. »Am 21. November 1966«, schrieb er darin, »nahm ›Lunar Orbiter 2‹ (amerik. Mondsonde, *Anm. d. Verf.*) Bilder einer geografischen Formation auf, die bisher noch niemals beobachtet worden war. In einem schmalen Abschnitt des Mondmeeres Mare Tranquillitatis entdeckte die Sonde die Schatten von sieben ›Nadeln‹, deren längste 22,5 Meter hoch war. Die Wissenschaftler begrüßten die Bilder als Entdeckung der bisher ungewöhnlichsten geografischen Struktur, die auf dem Mond gefunden wurde, konnten aber ihre Entstehung nicht eindeutig erklären«, so Proske im Jahr 1969. Eine mögliche Theorie, die seinerzeit von den Fachleuten in Erwägung gezogen wurde, besagt, es könnte sich um eine Art natürlicher Steinpyramiden handeln; sie könnten aus riesigen Felsblöcken bestehen, die beim Auftreffen eines

Meteors aus dem von ihm geschaffenen Krater herausgeschleudert wurden.

Das war zwar interessant, der Sichtungsort, das Mare Tranquillitatis, aber hatte nichts mit dem Landeplatz der Mondfähre Antares von Apollo 14 gemein, setzte diese doch nahe des Cone Kraters im Fra-Mauro-Hochland auf. Wir beschlossen deshalb, die Sache mit Apollo 14 nicht weiter zu verfolgen.

Die Sache mit Apollo 14 aber verfolgte *uns*.

Neue Recherchen

Auslöser waren Gerüchte, die besagen, dass die NASA aus unbekannten Gründen Fotos von den Mondmissionen verfälschte. Ein in diesem Zusammenhang immer wieder gerne genanntes Beispiel ist das Foto »AS-12-50-7346«. Angeblich zeigt es eine »Weltraum-Qualle« oder gar ein Ufo. Tatsächlich ist auf diesem Foto der Apollo-12-Mission im linken oberen Bildteil die abgetrennte Saturn-IV-B-Stufe der Saturn-V-Rakete abgelichtet. Aber: Am unteren Ende der Fotografie sind noch zwei Objekte erkennbar. Das Linke davon hat eine gewisse Ähnlichkeit mit einem Stern. Bei dem auf gleicher Höhe rechts erkennbaren Gebilde könnte es sich um die Erdsichel handeln. Zufällig fiel uns das gleiche Foto bei einem befreundeten Kollegen in die Hände. Wir staunten nicht schlecht, als wir sahen, dass auf dem – ebenfalls originalen – NASA-Abzug beide unteren Objekte *nicht* sichtbar waren! Allein die Raketenstufe war als Motiv »übrig geblieben«. Wie konnte das sein? Der Kollege sah unsere überraschten Gesichter und zog aus einem Ordner eine dritte Aufnahme mit der NASA-Beschriftung »AS-12-50-7346«. Und wieder glich sie *nicht* den beiden anderen! Diesmal waren der Raketenteil und der Stern erkennbar. Letzterer aber war kleiner und nicht mehr so »strahlend« wie auf dem Foto mit den drei Objekten. Von der »Erdsichel« hingegen nicht die geringste Spur.

Selbstverständlich diskutierten wir die Gründe für die Unterschiede auf den Abbildungen. Natürlich fragten wir unseren Freund, ob noch weitere derart offensichtlich manipulierte Fotos existierten. »Ja«, entgegnete er trocken, »bei Apollo 14 sollen sogar Fotos von den Mondexkursionen von Kommandant Alan Shepard und Lunar-Modul-Pilot Edgar D. Mitchell ›bearbeitet‹ worden sein. Ich habe die Sache mit Apollo 14 aber nicht weiter verfolgt.« In diesem Augenblick hatte uns die »Sache« mit Apollo 14 wieder eingeholt.

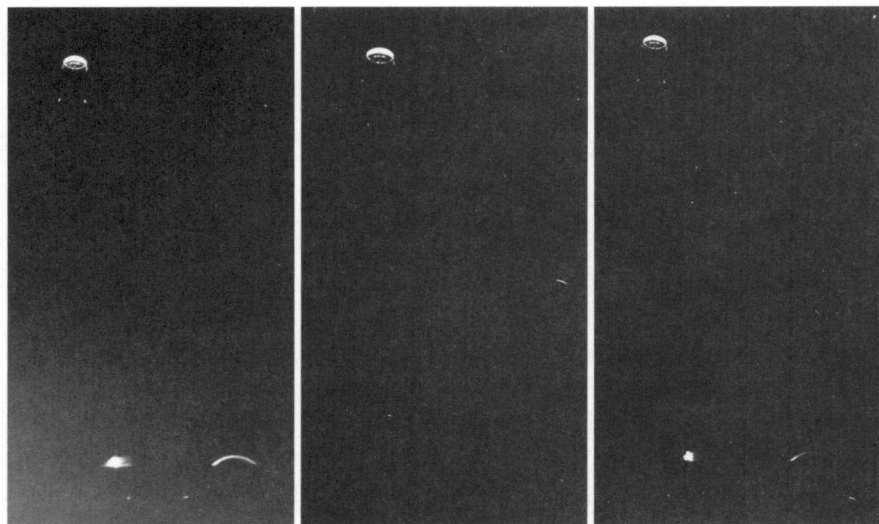

Ein Motiv, aber drei verschiedene Bilder: die ominösen Fotografien mit der NASA-Beschriftung »AS-12-50-7346«.

Jeder Rechercheur weiß aus eigener glücklicher oder leidvoller Erfahrung, dass der Zufall bei Nachforschungen eine nicht zu unterschätzende Rolle spielt. So war es auch in diesem Fall. Bei der Durchsicht alter Hefte des Hamburger Nachrichtenmagazins »Der Spiegel« fiel uns ein Vorbericht zur Mondmission Apollo 14 in die Hände. Und dort steht Unglaubliches: »Nicht mit der Geologenschaufel, sondern mit der Kamera schließlich wollen die beiden Astronauten eine bislang geheimnisvolle Beobachtung aufklären, die schon seit einigen Jahren zu waghalsigen Spekulationen Anlass bietet.«

Und im nächsten Absatz heißt es: »Russische wie amerikanische Fotosonden, die den Mond umkreisen, hatten das Rätsel erdwärts gefunkt: Auf etlichen Bildern, auch vom Fra-Mauro-Bergland, entdeckten die Wissenschaftler regelmäßig geformte Gesteinssäulen von etwa 20 Meter Seitenlänge und bis zu 46 Meter Höhe. Shepard und Mitchell sollen, wenn möglich, diese lunaren Obelisken aus der Nähe fotografieren.« Damit endet der Beitrag. Allerdings gehört zu dem Artikel ein Foto, das Shepard und Mitchell bei der Vorbereitung auf den Flug zeigt. Die Bildunterschrift dazu lautet: »Apollo-14-Astronauten beim Training. Säulen gesichtet?«

Damit fanden sich Luc Bürgins Angaben in »Mondblitze« im Kern bestätigt – und das nicht nachträglich, sondern in einer zeitgenössischen Quelle. Die Sache wurde immer ominöser. Es blieb uns nichts anderes übrig, als die beiden Exkursionen der Apollo-14-Expedition noch einmal genau zu durchleuchten. Und wie selbstverständlich stießen wir neuerlich auf Ungereimtheiten. Es stellte sich nämlich heraus, dass der zweite Mondausflug am 6. Februar 1971 alles andere als planmäßig verlief. Dabei feierte man bei der NASA die dritte geglückte Landung als nahezu perfekte Expedition. Man habe 90 Prozent des anvisierten Pensums umgesetzt. Die Wahrheit aber sah anders aus: Tatsächlich verfehlten Alan Shepard und Edgar Mitchell das wissenschaftliche Hauptziel des Fluges, die Besteigung des Cone-Kraters, klar. Der Moment des vorzeitigen Abbruchs der Besteigung lässt sich dem Funkdialog der beiden Astronauten entnehmen:

Shepard: »Da wären wir.«
Mitchell: »Wie bitte?«
Shepard: »Wir sind da.«
Mitchell: »Ich denke, wir gehen zum Gipfel?«
Shepard: »Nein.«
Mitchell: »Was sagst du da?«
Shepard: »Meiner Ansicht nach haben wir nicht genug Zeit, um ganz raufzugehen. Am besten, wir geben auf!«
Mitchell: »Ach was, wir beeilen uns. Komm schon! Wir können doch nicht aufhören, ohne in den Krater gesehen zu haben.«
Shepard: »Ich glaube, wir werden viel Zeit verplempern, wenn wir nach oben gehen. Und der Dokumentationswert ist gering.«

Rätselhafte, bis zu 46 Meter hohe Gesteinssäulen: Diese lunaren Obelisken sollten die Apollo-14-Astronauten Shepard und Mitchell aus der Nähe fotografieren.
Bild: NASA

Hauptursache für die Aufgabe war die völlige psychische und physische Erschöpfung von Kommandant Shepard. Aber dies war nicht der einzige Grund. Für kurze Zeit waren die Astronauten völlig orientierungslos und funkten die besorgniserregende Botschaft heimwärts: »Houston, wir wissen nicht mehr, wo wir sind!« Kein Wunder: Auf einer Wegstrecke von nicht einmal zwei Kilometern verpassten die beiden Mond-Pfadfinder den Kegelkrater angeblich um bemerkenswerte 300 Meter.

»Kein Kommentar!«

Fraglich ist allerdings, ob für das Verirren des Zwei-Mann-Teams tatsächlich die angegebene Desorientierung der Astronauten verantwortlich ist. Denn wie wir ermitteln konnten, war die »Spiegel«-Meldung kein Einzelfall. Gleichfalls Thema waren die Steinsäulen in der Berichterstattung der ARD. Dort bat Günther Siefarth, der Chefmoderator für die Apollo-14-Übertragungen, seinen Reporter, den bekannten Raumfahrtexperten Werner Büdeler, sich bei der NASA vor Ort über den Wahrheitsgehalt der Meldung zu erkundigen. In der nächsten Sendung fragte Siefarth nach Büdelers Ergebnis. Der bestätigte, den Vorgang vorgebracht zu haben. Die NASA-Antwort fiel angeblich knapp aus: »Kein Kommentar«, lautete sie nach Büdelers Angabe.

Nun möchte man meinen, dass sich die genaue Route der beiden Amerikaner an Hand der zur Erde gebrachten Filme und Fotografien hätte leicht ermitteln lassen müssen. Leider ist genau das jedoch *nicht* möglich, denn die Kassette mit den gesamten Cone-Bildern blieb im Fra-Mauro-Hochland zurück! Kommandant Alan B. Shepard hat vergessen, dieses nach dem Mondgestein zweitwichtigste Forschungsmaterial in der Mondfähre Antares zu verstauen. Somit fehlt fast jegliches Dokument von der Cone-Exkursion und deren Rückweg. Die Hälfte des in Augenschein genommenen und sichtbaren Oberflächenareals entzieht sich deshalb bis heute weiter der Forschung, und auch eine Überprüfung der Aussagen der Astronauten ist nicht möglich.

Wie interessant das angesteuerte Gelände war, zeigte sich nur wenige Tage nach der wohlbehaltenen Rückkehr der Astronauten am 9. Februar 1971. Diese hatten bei ihrer ersten Außenbordaktivität das bei jedem Flug übliche Apollo Lunar Scientific Experimental Package (ALSEP) aufgestellt. Dabei handelte es sich, wie der Name schon sagt, um eine wissenschaftliche Forschungs- und Experimentalstation, die sich zum größten Teil aus Gerätschaften zusammensetzte, die auch

Die Mondfähre Antares, von der der Glanz des Sonnenlichts reflektiert wird. Ganz links sind die Ausläufer des Cone-Kraters zu sehen. Die Kassette mit den Bildern dieses Kraters aber ließ die Besatzung auf dem Mond zurück. Bild: NASA

nach dem Abflug der Astronauten noch Daten an die Wissenschaftler auf die Erde übermittelten.

Zu den von Apollo 14 auf dem Mond zurückgelassenen Apparaturen zählt auch ein Ionisationsmessgerät. Dieses schlug genau zwei Wochen nach der Wasserung der Besatzung im Pazifik Alarm. Aus gutem Grund: Die Anlage registrierte einen Gasausbruch an der Landesstelle. Die dabei entstandene Gaswolke hielt sich volle neun Stunden über dem ALSEP. Doch das war noch nicht alles. Zeitgleich meldete das Seismometer heftige Bodenerschütterungen.

Die Wissenschaftler in Houston rätselten noch über die Ursache, als nur 14 Stunden später dasselbe Spiel von vorne begann. Neuerlich zeigte das Ionisationsgerät einen Gasausbruch im Verbund mit Mondbeben an. Der Geologieprofessor Garry Latham von der Columbia

Das Apollo Lunar Scientific Experimental Package (ALSEP): Die wissenschaftliche Forschungs- und Experimentalstation registrierte einen Gasausbruch an der Landesstelle von Apollo 14. Bild: NASA

University in New York mutmaßte damals: »Wahrscheinlich haben Gasausbruch und Mondbeben einen gemeinsamen Zusammenhang. Es ist aber offen, welche der beiden Erscheinungen die Ursache und welche die Auswirkung ist.« Das ist bis heute ungeklärt geblieben. Shepards und Mitchells Aufenthalt im Fra-Mauro-Hochland hat also mehr Fragen aufgeworfen als beantwortet.

Granatenhagel: Die erste Waffe auf dem Mond!
Zu den kaum bekannten Besonderheiten der Mission von Apollo 14 zählt auch die Mitnahme und Installierung der ersten Mondwaffe – eines Granatwerfers. Selbstverständlich erfolgte dies nur zu rein wissenschaft-

lichen Zwecken. Mit seiner Hilfe sollten laut NASA-Planung rund ein Jahr nach dem Apollo-14-Besuch Granaten abgefeuert werden, um künstliche Mondbeben zu erzeugen. Die anvisierten Reichweiten waren respektabel: Sie sollten 160, 300, 1000 und sogar 1600 Meter betragen. Eine weitere Besonderheit sind die Fra-Mauro-Obelisken, steil nach oben ragende, wie von Menschenhand geschaffen wirkende Säulen, auf die wir Edgar D. Mitchell am Rande des »World Mystery Forum« im November 2005 im schweizerischen Interlaken in einem Exklusiv-Interview ansprachen. »Das muss auf einem Irrtum beruhen«, sagte Mitchell, der über die Frage etwas verwundert erschien und sich dezidiert nach den Quellen erkundigte. Er selbst und der zwischenzeitlich verstorbene Alan Shepard hätten nichts dergleichen gesucht oder gar gesehen. Und Mitchell ergänzte: »Ich kann zwar nicht ausschließen, dass der Mond in grauer Vorzeit von anderen Lebewesen als Landebasis benutzt worden ist, aber wir fanden keinerlei konkrete Beweise dafür.«

Der sechste Mensch, der jemals einen anderen Himmelskörper betrat, machte im Verlauf seines Vortrags vor rund 400 Personen allerdings noch eine sensationelle Aussage, die seine Mondabenteuer an Bedeutung weit in den Schatten stellte. »Roswell«, so erklärte Mitchell, »hat stattgefunden.«

Damit spielte er auf den sicherlich bekanntesten Ufo-Fall an, der sich 1947 nahe Roswell im US-Bundesstaat New Mexico ereignet haben soll. Zahlreichen Aussagen zufolge hat man dort ein abstürzendes, unbekanntes Flugobjekt gesichtet. Anschließend wurde das Wrack samt angeblich mehrköpfiger Besatzung von der US-Armee abtransportiert – auf Nimmerwiedersehen. Nachfolgend der Wortlaut des Gesprächs der Autoren mit Edgar Mitchell:

Frage (der Autoren): »*Sie haben in Ihrem Vortrag behauptet, der Roswell-Zwischenfall habe tatsächlich stattgefunden.*«

Edgar D. Mitchell: »Daran gibt es für mich nicht den geringsten Zweifel.«

Frage: »*Aber die offiziellen militärischen und politischen Stellen besagen das genaue Gegenteil.*«

Mitchell: »Behauptungen, dass es sich um einen Wetterballon gehandelt habe oder um eine Spionageapparatur, sollen den wahren Sachverlauf lediglich verschleiern.«

Frage: »*Was geschah nach dem Absturz mit den toten Außerirdischen und den Trümmerteilen ihres Raumschiffes?*«

Mitchell:	»Ich weiß nicht, wohin sie gebracht wurden, aber ich kenne Leute, die das wissen. Zugang haben aber nur die Mitglieder einer relativ kleinen Sonderkommission.«
Frage:	»*Woher kommt ihre Überzeugung, dass es sich bei dem Absturz nahe Roswell um den Crash eines bemannten außerirdischen Flugobjekts gehandelt hat?*«
Mitchell:	»Als ich von dem Absturz erfuhr, bin ich ursprünglich der ganzen Sache sehr skeptisch gegenübergestanden. Ich war überhaupt nicht davon überzeugt, dass an der Geschichte etwas Wahres dran ist. Dann aber traf ich auf involvierte Militärs – hochrangige Offiziere –, die mir den Vorfall glaubhaft bestätigten. Später zeigte man mir dann auch noch geheime Dokumente über die Angelegenheit.«
Frage:	»*Wie wird der Roswell-Zwischenfall heute von den Militärs und der US-Regierung behandelt?* «
Mitchell:	»Eine geheime staatliche Organisation arbeitet bis heute erfolgreich an der Vertuschung der gesamten Aktion.«

»Roswell hat stattgefunden«: Für Astronaut Edgar D. Mitchell gab es beim »World Mystery Forum« im November 2005 in Interlaken keinen Zweifel.
Bild: Bruno Petroni

Insbesondere seine Äußerungen zum Roswell-Komplex waren fraglos *das* Gesprächsthema auf dem Kongress in Interlaken. Als Astronaut, der noch dazu zum Mond geflogen war, wurde seinen Darlegungen besonders hohe Glaubwürdigkeit zugemessen. Letztlich bleibt es aber der subjektiven, persönlichen Einschätzung überlassen, was von Edgar Mitchells Ausführungen zu halten ist.

Versteckt, verfälscht, verschwiegen

Nicht anders verhält es sich mit den Aussagen von Dr. Ken Johnston, dem ehemaligen Leiter des Data and Photo Control Departement im Lunar Receiving Laboratory der NASA. In dem Sachbuch »Dark Mission« des NASA-Kritikers Richard Hoagland behauptet Johnston, man habe ihm vor nunmehr 40 Jahren befohlen, bestimmte Mondbilder und weitere Originaldaten des Apollo-Programms zu vernichten. Darunter sollen sich auch Apollo-14-Filme befunden haben. Johnston wörtlich: »Eines Tages hatten wir bei der NASA die Apollo-14-Aufnahmen von der Mondrückseite vorliegen. Ich kann mich an den Namen des Kraters nicht mehr erinnern, aber als das Raumschiff über die Schattenseite dieses Kraters zog, waren da fünf glühende Lichter und eine Art Säule, die an eine Dampffahne erinnerte. Dr. Thornton Page, damals einer der leitenden NASA-Wissenschaftler, fragte seine Kollegen: ›Nun, Jungs, was haltet ihr davon?‹ Auf seine Frage erntete er nur allseitiges Schmunzeln. Anderntags fehlte im Film exakt diese Stelle.«

Die Verfasser selbst stehen Johnstons Aussagen äußerst skeptisch gegenüber. Schon vor zwölf Jahren versorgte er angeblich den heftig umstrittenen Autor Hoagland mit Material – angeblich Originalabzüge von den Apollo-Flügen –, auf dem zahlreiche Mondanomalien zu sehen sein sollen. Überraschend ist dabei die häufig miserable Bildqualität – und das bei den (angeblichen) »Originalabzügen«.

Egal, wie man zu den Berichten auch steht – eines ist Fakt: Sie haben die Mondpolitik der NASA nicht beeinflusst.

Kapitel 15

DER FOSSILIEN-ROVER

Existiert Leben auf dem Mond – womöglich gar intelligentes? Glaubt man dem Internet, müsste es da oben nur so von Aliens wimmeln. Sogar Fotos der Ufos haben die Apollo-Astronauten aufgenommen. Hier drei Beispiele:

- Eines der am häufigsten verbreiteten Fotos zeigt die Apollo-11-Landefähre Eagle vor einer Gebirgskette. Darüber leuchtet eine helle Kugel oder Wolke.
- Ein Apollo-15-Bild zeigt ein ovales Objekt am Rande eines Berges.
- Nach Angaben von Astronauten wurde die Zeichnung einer Fliegenden Untertasse auf dem Mond angefertigt.

Doch das sind die Fakten dazu:

➡ Apollo 11 landete in einer Ebene. Nirgendwo weit und breit war eine Bergkette vorhanden.

➡ Das Apollo-15-Objekt ist eindeutig der von der Sonne beschienene Teil eines Bergkamms.

➡ Die Ufo-Zeichnung stammt aus dem Buch »Piece for a Jig-Saw« des englischen Verlages Somerton Publishing von 1966. Zu diesem Zeitpunkt aber hatte noch kein einziger Astronaut den Mond erkundet.

Die Autoren haben lediglich ein einziges authentisches Dokument der NASA gefunden, das – neben anderen Bereichen – auch die Ufo-Thematik beinhaltet. Das Papier ist eine »KMI«, eine »John F. Kennedy Space Center, NASA Management Instruction«. Die Registraturnummer der Dienstvorschrift lautet 8610.4. mit Datum vom 28. Juni 1967. Die relevanten Passagen des Dokuments lauten:

»Betreff: Erstellung von Berichten über Entdeckungen von Überresten von Raumfahrzeugen«
1. Zweck
»Der Zweck dieser Anweisung ist es, einheitliche Vorgaben für die

Behandlung von Berichten über Entdeckungen von Objekten wie Überresten oder Bestandteilen von Raumfahrzeugen anzufertigen, die nach Aussagen eines Beobachters bekanntermaßen oder angeblich infolge einer Selbstzerstörungsmaßnahme, eines Versagens während des Fluges oder des Wiedereintritts in die Erdatmosphäre auf der Erdoberfläche eingeschlagen sind. Darin eingeschlossen sind Berichte über Entdeckungen von Objekten, die in keinem Zusammenhang mit Raumfahrzeugen stehen.« (Hervorhebung durch d. Verf.)

KMI   8610.4

June 28, 1967
Effective Date

JOHN F. KENNEDY SPACE CENTER, NASA

MANAGEMENT INSTRUCTION

SUBJECT :   PROCESSING REPORTS OF SIGHTINGS OF SPACE
            VEHICLE FRAGMENTS

1. PURPOSE

The purpose of this Instruction is to establish procedures for handling reports of sightings of objects such as fragments or component parts of space vehicles known or alleged by an observer to have impacted upon the earth's surface as a result of safety destruct action, failure in flight, or reentry into the earth's atmosphere. Included are reports of sightings of objects not related to space vehicles.

2. APPLICABILITY

This Instruction is applicable to all organizational elements of the John F. Kennedy Space Center, NASA (KSC) and to NASA/KSC contractors as expressed in the terms of their contracts.

3. POLICY

It is KSC policy to respond to reported sightings of space vehicle fragments and unidentified flying objects as promptly as possible. All KSC personnel and activities will cooperate to ensure that pertinent information relative to such sightings is received and processed as set forth in this Instruction.

4. DEFINITIONS

a. Space Vehicle Fragment: A fragment or component part of a space vehicle that has impacted upon the surface of the earth or washed up on a beach conceivably as a result of safety destruct actions, failure in flight, or reentry into the earth's atmosphere.

Beschäftigt sich auch mit der Ufo-Thematik: die »John F. Kennedy Space Center, NASA Management Instruction« vom 28. Juni 1967   Faksimile: NASA

3. *Vorgehensweise*
»*KSC reagiert auf Berichte über Entdeckungen von Überresten von Raumfahrzeugen und **nicht identifizierten Flugobjekten** (Hervorhebung durch d. Verf.) so schnell wie möglich. Alle Mitarbeiter von KSC werden umfassende Kooperation gewährleisten, um sicher zu stellen, dass Informationen, die in Zusammenhang mit derartigen Entdeckungen stehen, gemäß den Bekanntmachungen in dieser Vorschrift entgegengenommen und weitergeleitet werden.*«
6. »*Benachrichtigen Sie bei Meldungen über nicht identifizierte Flugobjekte den Befehlsstand der Patrick Air Force Base, Telefon 494-7001.*«
Unterzeichner der Dienstvorschrift ist der bereits mehrfach erwähnte Direktor des Raumfahrtzentrums, Dr. Kurt Debus.

Das Dokument untermauert die Einschätzung, dass die NASA mit Ufos nichts zu tun haben wollte – schon gar nicht im Zusammenhang mit dem Mond. An dieser Haltung änderte sich auch Jahre später nichts, als US-Präsident Jimmy Carter die Raumfahrtbehörde ersuchte, eine Ufo-Untersuchungskommission einzusetzen. Die NASA lehnte das Ansinnen mit der Begründung rundweg ab, es gebe keine Beweise dafür, dass Ufos aus dem Weltraum kommen.

Das bedeutet in Umkehrschluss jedoch nicht, dass der Mond keine Geheimnisse und Rätsel birgt. Im Gegenteil: Auch ohne Fliegende Untertassen bleiben genügend Mysterien, die eine Erkundung lohnen. Auch sie sind fotografisch erfasst und teilweise wissenschaftlich dokumentiert. Zumeist handelt es sich dabei um so genannte LTP.

LTP – die wahren Rätsel des Mondes
Die Abkürzung LTP steht für »Lunar Transient Phenomena«, was soviel wie »kurzzeitige Mondphänomene« bedeutet. Die Autoren sind bereits oben auf diese Phänomene kurz eingegangen. Einsamer Spitzenreiter unter den LTP ist der Krater Aristarchus. Bei ihm konnten bis 1999 nicht weniger als 449 dieser Erscheinungen registriert werden – das ist ein Drittel aller Phänomene. Zum Vergleich: Die Gegend mit den zweithäufigsten Anomalien ist die des Kraters Plato, der es bis zur Jahrtausendwende immerhin noch auf 119 LTP bringt. Der Wissenschaftler W. S. Cameron hat 1.400 dieser Anomalien untersucht und dabei fünf Kategorien festgestellt: hell strahlende oder leuchtende sowie dunkle,

Übermittelte unzählige Bilder zur Erde, auf denen auch Lunar Transient Phenomena (LTP), vorübergehende Mondphänomene, entdeckt wurden: die Sonde Surveyor.
Bild: NASA

gasförmige, rötliche und bläuliche LTP. Für diese fünf Kategorien fand er vier mögliche Ursachen, darunter Einflüsse der Gezeiten und des Magnetismus. Dabei sieht es so aus, dass die häufigsten LTP bei Aristarchus ihre stärkste Korrelation mit Sonneneruptionen haben.

Die zweite Gruppe lunarer Phänomene umfasst zwar nur sehr wenige Fälle, ist aber dafür bestens wissenschaftlich dokumentiert. Man nennt dieses Mysterium das »Lunar Horizon Glow« (LHG). Entdeckt wurde das »Horizontglühen des Mondes« erst im Juni 1966 von der weich

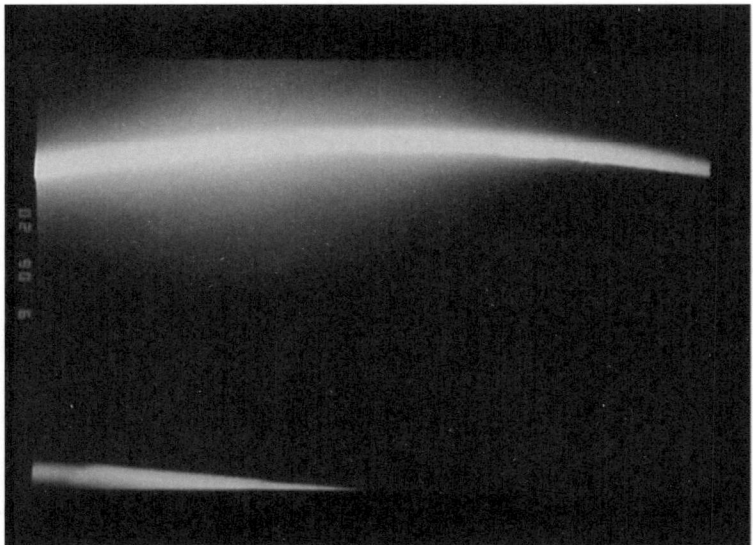

Eines der bekanntesten LTP ist das LHG, das Lunar Horizon Glow. Die Ursache für dieses »Horizontglühen« ist bis heute nicht erforscht.　　　　Bild: NASA

auf dem Erdtrabanten niedergegangenen amerikanischen Sonde Surveyor 1, die 11.200 Oberflächenfotos von der Landestelle übermittelte. Kurz nach Sonnenuntergang fotografierte der irdische Elektrospäher den westlichen Horizont – und hielt dabei eine Besonderheit fest, mit der die Planetologen nicht gerechnet hatten: ein glühendes, fast gleißendes Licht, das sich genau am Horizont entlangschlängelte. Solche Phänomene konnten aber nur beobachtet werden, so dachte man nach damaligem Kenntnisstand, wenn eine maßgebliche Atmosphäre vorhanden war – und genau damit kann der Mond bekanntermaßen nicht dienen. Da nach wissenschaftlicher Lesart nicht sein kann, was nicht sein darf, gelangten die Experten zu dem Schluss, dass die Ursache der Erscheinung ein Fehler des Kamerasystems war.

Allein die schnöde Praxis hielt sich partout nicht an die schöne wissenschaftliche Theorie – die Schwestersonde Surveyor 5 hielt nämlich dasselbe »Horizontglühen« im Bild fest. Nun wurden die Forscher doch stutzig. Sie programmierten das Kamerasystem der Sonden Surveyor 6 und 7 – den beiden letzten Sonden dieser Klasse – so, dass in erster Linie der Horizont nach dem lunaren Sonnenuntergang von den optischen Systemen erfasst wurde. Surveyor 7 gelang dabei der »scientific

jackpot«, der wissenschaftliche Volltreffer. Etwa eine Stunde nach Sonnenuntergang, so zeigt eine Aufnahme deutlich und unzweifelhaft, war
neuerlich der hell strahlende und geradlinige Verlauf des »Horizontglü-
hens« sichtbar. Damit stand unstrittig fest, dass das LHG ein reales
lunares Phänomen darstellt. Doch es sollte noch besser kommen: Auch
die bislang letzte bemannte Mondexpedition, Apollo 17, konnte LHG
dokumentieren – diesmal sogar aus dem Mondorbit. Sowohl Kommandant Eugene Cernan wie auch seine beiden Piloten Ronald Evans und
Harrison Schmitt beobachteten das offensichtlich gar nicht so selte-
ne Phänomen und fertigten sogar Handskizzen davon an. Das LHG-
Erlebnis von Cernan dauerte immerhin rund sechs Minuten (was noch
immer »Mondrekord« sein dürfte).

Doch was steckt hinter dem LHG? Im Jahre 1972 bot David Criswell
vom Lunar Science Institute der NASA folgende Erklärung an: Das
»Horizontglühen« könnte durch Staubkörner hervorgerufen werden,
die in drei bis dreißig Zentimetern Höhe über der Mondoberfläche
schweben. Die Sonneneinstrahlung könnte die Teilchen elektrostatisch
aufladen und so das vermeintliche »Horizontglühen« auslösen.

Diese Theorie ist bis heute umstritten – und sie ist nicht die einzige. Im Jahre 1991 brachten andere Forscher eine erweiterte Theorie vor, die jedoch nur auf den Zeichnungen der Crew von Apollo 17
basierte. So ist es nicht verwunderlich, dass die wohl meisten Mondforscher das Rätsel der LHG-Erscheinungen als ungelöst erachten.

Das Geheimnis der »rostigen Steine«

Einige Rätsel betreffen auch die von den Apollo-Landemissionen mitgebrachten Gesteinsproben. Zu ihnen zählen dir »rostigen Steine von
Apollo 16«.

An der Landestelle in der Descartes-Region – einem nach dem französischen Naturwissenschaftler René Descartes (1596 – 1650) benannten
Hochplateau – brachten Kommandant John Young und Charles Duke
Bohrproben aus einer Tiefe von zwei bis zweieinhalb Metern hervor.
Als Wissenschaftler die Gesteinsproben auf der Erde untersuchten, registrierten sie an manchen Stellen eine rostrote Einfärbung, und es stellte
sich heraus: Es war auch Rost! Wie der dorthin kam, ist noch immer
nicht zweifelsfrei geklärt und Gegenstand kontroverser Fachdebatten.

Da Wasser auf dem Mond ein eher seltener Stoff zu sein scheint,
ist es nach Ansicht der Experten unwahrscheinlich, dass sich der Rost

gebildet hat, als die Gesteinspartikel unter der Mondoberfläche gelegen haben. Aus diesem Grund folgerte man, dass die besagten Proben während des Transports zur Erde oder während der sich daran anschließenden Laboranalysen mit Wasser in Berührung gekommen sein mussten. Letzteres erwies sich dann auch tatsächlich als zutreffend – aber das konnte, wie sich nach Vergleichsuntersuchungen herausstellte, nicht die Erklärung für die Existenz der »rostigen Steine« sein.

Weitere Forschungen haben schließlich gezeigt, dass kleine Mengen Wasser auf dem Mond sehr wohl entstehen können – und zwar durch die Zersetzung von Metalloxiden. Als Katalysatoren der chemischen Reaktion könnten Wasserstoff und Kohlenstoff fungiert haben, die wiederum in den Solarwinden enthalten sind. Lunares Wasser könnte demnach von der Sonne gewissermaßen herübergeweht werden und dadurch den Rost auf den Gesteinsproben verursacht haben.

Die Wissenschaft hält indes noch einen weiteren Lösungsvorschlag für die Ursache der mysteriösen Proben bereit: Beim Einschlag eines Kometen könnten dessen vereiste Trümmer auf der Mondoberfläche verstreut worden sein und anschließend eine Korrision von metallischem Gestein bewirkt haben.

Neuere Forschungen haben diesen Theorien eine weitere hinzugefügt. Dank verfeinerter Analyseverfahren wurde nämlich nachgewiesen, dass Mondgestein viel mehr flüchtige Stoffe enthält als bislang angenommen. Das Gestein beinhaltet mineralische Körner von der Größe eines tausendstel Millimeters, die ihrerseits von einer Hülle umschlossen

Die Besatzung von Apollo 16 entnimmt Gesteinproben auf dem Mond: Zu den dabei eingesammelten und auf die Erde gebrachten Materialien zählen auch die geheimnisvollen »rostigen Steine«. Bild: NASA

Der Mars-Meteorit ALH 84001: Der knapp zwei Kilogramm schwere Stein wurde in der Antarktis geborgen und enthält Hinweise von Leben auf einem anderen Planeten.

Bild: NASA

sind. Und in dieser Hülle können auch Sauerstoff und sogar kleinste Wasserpartikel enthalten sein.

Damit haben wir gegenwärtig nicht weniger als vier Varianten, um die Entstehung der »rostigen Steine« zu erklären. Welches dieser Modelle oder ob überhaupt eines davon zutrifft, kann aber noch immer niemand mit Gewissheit sagen. Auch das Geheimnis der »rostigen Steine« harrt also weiterhin darauf, gelüftet zu werden.

An rätselhaften Vorgängen und Erscheinungen mangelt es dem Mond also wahrlich nicht. Für Spannung in der Mondforschung ist demnach auch künftig ausreichend gesorgt.

Eines der fraglos spektakulärsten Projekte in dieser Hinsicht könnte eine Fossilien-Rover-Mission werden. Das ist kein Witz, sondern vielmehr ein ernsthafter wissenschaftlicher Forschungsvorschlag. Er stammt von dem Astrobiologen Peter Ward, der ihn 2006 im Magazin »New Scientist« veröffentlichte. Nach Wards Ansicht besteht die hohe Wahrscheinlichkeit, auf dem Mond fossile Abdrücke oder Einschlüsse entdecken zu können. »Es ist möglich«, glaubt Ward, »dass die Mondoberfläche urzeitliche Versteinerungen von Lebewesen enthält, die von der Erde oder anderen Planeten des Sonnensystems stammen.« Diese Fossilien könnten bei Asteroid-Einschlägen auf dem betreffenden Planeten in den Weltraum geschleudert worden sein und ihrerseits auf dem Mond eingeschlagen haben. Nach Peter Wards Auffassung würden derartige Funde ein »Fenster zur frühesten biologischen Entwicklung« öffnen.

So fantastisch der Vorschlag des Astrobiologen auch klingen mag – er hätte gute Erfolgsaussichten. Dies belegt ein gleichermaßen interessanter wie amüsanter Fall aus dem Jahr 1996 in Washington D. C., der die höchsten Kreise der Politik erfasste.

Sex, Crime and Money: Der Mars-Skandal

Es war im Juli, und das politische Machtzentrum der USA stöhnte unter der brütenden, hochsommerlichen Hitze. Das hinderte freilich einen der einflussreichsten Berater von US-Präsident Bill Clinton nicht daran, sich in einem der luxuriösen Nobelhotels der Stadt mit einer Dame des »horizontalen Gewerbes« zu treffen. In freudiger Entzückung und spannungsgeladener Erregung hauchte er ihr zärtlich ins Ohr: »Wir haben Leben auf dem Mars gefunden.« Das frivole Edel-Callgirl war nicht dumm und geschäftstüchtig obendrein. Mit noch gesteigerter Intensität animierte sie ihren einflussreichen Kunden, weitere Details dieser unglaublichen Nachricht preiszugeben – was der nicht mehr lange im Amt befindliche Mitarbeiter auch prompt bereitwillig tat.

Nach getaner Arbeit machte sich die Dame raschen Schrittes auf den Weg zur Redaktion eines Boulevardblatts und verkaufte dort ihr Wissen für eine erkleckliche Summe. Was als Staatsgeheimnis begann, drohte somit als neuester Skandal aus der Clinton-Ära zu enden. Deshalb bestätigte Präsident Bill Clinton die Entdeckung am 7. August in einer Pressekonferenz. Das Corpus Delicti oder besser gesagt: der Stein

Musste nach einer peinlichen Panne in einer Pressekonferenz am 7. August 1996 die Existenz von ALH 84001 einräumen: US-Präsident Bill Clinton.
Bild: White House

des Anstoßes war ein knapp zwei Kilogramm schwerer Meteorit, der – so hatten vielfältige Analysen ergeben – vom Mars stammte. Der Meteorit wurde 1984 von Polarforschern im ewigen Eis der Antarktis geborgen. Erste Untersuchungen ergaben, dass der Stein, der die Registraturnummer ALH 84001 erhielt, überwiegend aus vulkanischem Material besteht. Das Gestein hatte es buchstäblich in sich. Die Forscher fanden nämlich in ALH 84001 Spuren von Mikroben – und damit Hinweise von Leben auf einem anderen Planeten. Ob dem gleichwohl tatsächlich so ist, darüber streiten die Gelehrten in teilweise heftigen Debatten noch heute.

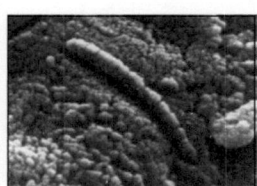

Der Beweis? Diese Aufnahme von ALH 84001 zeigt vermeintliche Spuren von Mikroben auf dem Brocken vom Mars.
Bild: NASA

Wir können daraus jedenfalls ersehen, dass der Vorschlag von Peter Ward, nach fossilen Resten auf dem Mond zu suchen, längst nicht so abwegig ist, wie es auf den ersten Blick erscheinen mag. Im Gegenteil: Der Mond könnte sich sogar als Sammelplatz Nummer eins für irdische wie außerirdische biologische Daseinsformen herauskristallisieren. Zur Suche nach dem fossilen Material wurde die Entwicklung eines »Fossilien-Rovers« vorgeschlagen. Die Politik hat sicherlich schon dümmere Projekte finanziert.

All diese Beispiele haben einen wissenschaftlichen Ursprung oder Hintergrund. Ob Obelisken oder Minipyramiden, ob »Horizontglühen« oder Fossiliensuche – ausnahmslos sind sie Rätsel des Erdtrabanten. Rätsel, deren Lösungen für die Menschheit noch nicht einmal abschätzbare Konsequenzen haben kann. Und dabei gilt es zu bedenken: Es wurde bislang nicht mehr als der erste Schritt getan.

Kapitel 16

DIE NASA VERSPIELT DEN SIEG

Auf Apollo 14 folgten die großen Mondexkursionen der NASA, die J-Missionen. Sie zeichneten sich durch zwei Hauptmerkmale aus:

* drei EVA (Erkundungs- und Forschungsphasen auf der Mondoberfläche)
* außer bei Apollo 16 Einsatz eines Lunar Rovers (LRV) für die Erkundungsphasen bis zu einer maximalen Entfernung von rund drei Kilometern von der Mondfähre.

Ursprünglich waren folgende Ziele auf dem Mond vorgesehen:

Bezeichnung	Mission	Landeplatz
J-1	Apollo 16	Region des Kraters Descartes
J-2	Apollo 17	Marius Hills
J-3	Apollo 18	Krater Kopernikus
J-4	Apollo 19	Hadley-Rille
J-5	Apollo 20	Rand des Kraters Tycho

Doch mit Apollo 13 hatte die NASA ihren Zenit erreicht und gleichzeitig überschritten. Wie bereits angemerkt, waren im Kalten Krieg neue Ziele in den Vordergrund gerückt. An erster Stelle stand hier nunmehr der Vietnam-Krieg. Die Folge waren empfindliche Budgeteinbußen bei der NASA. So wurde der Kalte Krieg, der einst das Apollo-Programm ins Leben gerufen hatte, bereits 1970 zu dessen politischen Totengräber. Auf dem Plan stand nunmehr das Apollo Applications Program, das Apollo-Nachfolgeprogramm. Hierzu wurde eine für den Mondflug gedachte Saturn-V-Rakete in eine 100-Tonnen-Orbitalstation namens Skylab umfunktioniert. Die Ironie dabei war, dass diese Station lediglich von drei Besatzungen aufgesucht wurde. Danach musste die voll funktionsfähige Raumbasis aufgegeben werden – es gab weder ausreichend Geld für einen Weiterbetrieb, noch standen die dafür notwendigen Raumschiffe zur Verfügung.

Das vorhandene Geld wurde in Amerikas neue Prestigeobjekte, den wiederverwendbaren Space Shuttle und die Raumstation Freedom, gepumpt. Die Konsequenzen waren dramatisch: Bereits am 4. Januar 1970 wurde das Unternehmen Apollo 20 ein Opfer des Rotstifts, und ein dreiviertel Jahr später wurden auch die Flüge Apollo 18 und 19 ersatzlos gestrichen. Der beliebte NASA-Administrator Thomas Paine, der die Eliminierung des Apollo-Projekts notgedrungen durchführen musste, reichte unmittelbar nach der zweiten Kürzung seinen Rücktritt ein. Paines Signal verhallte jedoch ungehört in den bürokratischen Amtsstuben der Politik.

So wurde der Flug von Apollo 17 der bis heute letzte Flug von Menschen zum Mond. Er erfolgte auf den Monat genau vier Jahre nach der historischen Reise von Apollo 8, die erstmals Menschen zu einem anderen Himmelskörper geführt hatte (noch vor der Landung von Apollo 11). Kommandant dieser Mission war Eugene Cernan, der nach seinem Flug mit Apollo 10 bereits zum zweiten Mal die Kraterwelt besuchte. Zum Abschluss der Erkundung im Taurus-Littrow-Tal (einem Teil des zerklüfteten Gebirges Montes Taurus) durch Apollo 17 richtete er seine Worte an alle Erdenbürger und sagte unter anderem: »Wir

Eugene Cernan war der Kommandant der bislang letzten bemannten Mondlandung. Bild: NASA

gehen nun, wie wir einst kamen und, so Gott will, wiederkehren werden, in Frieden und mit Hoffnung für die ganze Menschheit.«

Damit endete das Projekt Apollo. Der Kalte Krieg hatte es geboren, der Kalte Krieg hatte es beendet.

Die Entscheidung der USA, den Mond zu verlassen, ist zweifellos die dümmste, die sie raumfahrtpolitisch jemals getroffen hat. Nur rund ein halbes Jahr nach der erfolgreichen Landung von Apollo 11 war das Programm praktisch schon gestorben – und alles, was man seit Kennedys Auftrag an die Nation entwickelt und erreicht hatte, wurde mit ein paar Federstrichen zu historischer Makulatur. Ausgerechnet jene Nation, die den Wettlauf zum Mond – wenn auch knapp – gewonnen hatte, trat zur nächsten Phase erst gar nicht an: seiner permanenten Besiedlung.

Selbst die »Beute« von Apollo, das Mondgestein, fristet ein mehr oder weniger kümmerliches Dasein. Bis 1990 wurden erst rund zwölf

Der letzte Mondspaziergang einer US-Mission im Dezember 1972: die Apollo-17-Astronauten Eugene Cernan und sein Kollege Harrison Schmitt, der nur in der Reflektion von Cernans Helm zu sehen ist. Bild: NASA

Prozent des vorhandenen Bestandes wissenschaftlich analysiert. Der Rest harrt noch immer, völlig unberührt, seiner Untersuchung im Laboratorium für planetare Materialien in Houston – hinter 45 Zentimeter dicken Wänden aus Stahlbeton. Lediglich ein kleiner Teil des Mondgesteins wird in San Antonio verwahrt, um einen zweiten Sicherheitsbestand für alle Fälle in der Hinterhand zu haben.

Ist es um diesen Erbteil der Apollo-Ära noch gut bestellt, so ist der Umgang mit der übrigen Hinterlassenschaft des Projekts ein beispielloser wissenschaftlich-technologischer Skandal. So wurde ein Großteil der Konstruktionspläne für die Mondrakete Saturn V in den Reißwolf gesteckt. Die Konsequenz: Wernher von Brauns Meisterstück könnte heutzutage gar nicht mehr gebaut werden.

Als wäre dies nicht schon Schaden genug, ist das, was Mitte 2006 publik wurde, ein Fiasko ersten Ranges. Die Daten und Filmkopien von Apollo 11 waren spurlos verschwunden! Zu diesem Zeitpunkt suchte man das unwiederbringliche, wertvolle wissenschaftliche und historische Material bereits seit einem Jahr. Aber erst als die Medien im »Sommerloch« Wind von der Sache bekommen und Amerikas Vorzeigebehörde mächtig zugesetzt hatten, lief bei der NASA die Recherche-Maschinerie auf Hochtouren.

Daten-GAU bei der NASA

Ganze Scharen von Archivaren und Aktenverwaltern schwirrten durch Gänge und Büros, suchten in muffigen Kellern und alten Anlagen nach dem Wertvollsten der US-Raumfahrt. Es stellte sich heraus, dass insgesamt 700 Kisten mit Übertragungsdaten fehlten. Dabei nahmen die verschollenen Fotos und Filmaufnahmen nur einen relativ kleinen Teil ein. Vielmehr waren auch fast sämtliche anderen Daten der Mission unauffindbar. Besonders beschämend: Zu den verlorenen Informationen zählten auch die streng vertraulichen medizinischen Werte der drei Apollo-11-Astronauten Armstrong, Aldrin und Collins. Und schließlich fanden sich auch keine Funktionswerte der beiden Raumschiffe Columbia (Mutterschiff) und Eagle (Mondfähre) mehr.

Die damaligen Nachforschungen der Verfasser brachten hervor, dass der Datenverlust von Apollo 11 lediglich die Spitze des Eisbergs darstellt. Die amerikanische Raumfahrtbehörde hat sich nämlich einer historischen Schlamperei schuldig gemacht, die an den Brand der »Großen Bibliothek« von Alexandria im alten Ägypten erinnert. Denn die

Datenflut von interplanetaren Raumsonden und vielen weiteren Satelliten wächst und wächst – und versickert. Die Daten bleiben nicht nur teilweise ungenutzt, sondern sogar unregistriert und ungesichtet. Das ganze Dilemma war freilich nicht erst seit 2005 bekannt, wie die NASA meinte, sondern bereits seit Ende der 1980er Jahre. Damals, ungefähr 1988, kam erstmalig eine Expertenrunde zusammen, um über Datenstau und Datenschutz in der Raumfahrt zu beraten. Das Ergebnis des Runden Tisches war geradezu alarmierend, denn es zeigte sich, dass die NASA eine ausgewachsene Datenkrise hatte. Die meisten Bits und Bytes verschwanden auf Magnetbändern. »Ratlosigkeit herrscht bei der US-Raumfahrtbehörde«, schrieb diesbezüglich das deutsche Nachrichtenmagazin »Der Spiegel« und stellte fest: »Die Masse aller Magnetbänder – mehr als 60 Prozent – werden als unauffindbar abgeschrieben. Sie seien, erklärten Insider, »niemals auch nur in einem Katalog erfasst worden«.

Was für das Ende des 20. Jahrhunderts galt, ist auch heute noch gängige, traurige Praxis. Die Magnetbänder verrotten oder werden durch einsickerndes Regenwasser unwiederbringlich zerstört. Heute wie damals fehlt es an Platz und Lagereinrichtungen und mangelt es an Geld und Personal. Angesichts dieses Skandals fragte der gleichermaßen couragierte wie selbstkritische Wissenschaftler Robert Wolff vom bekannten Jet Propulsion Laboratory im kalifornischen Pasadena: »Wie können wir

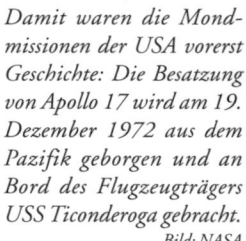

Damit waren die Mondmissionen der USA vorerst Geschichte: Die Besatzung von Apollo 17 wird am 19. Dezember 1972 aus dem Pazifik geborgen und an Bord des Flugzeugträgers USS Ticonderoga gebracht.
Bild: NASA

noch neue Weltraumsonden fordern, wenn wir nicht wissen, wie wir die Datenflut bewältigen sollen?«

Und die Lage verschärft sich weiter. Projekte wie das Hubble Space-Teleskop und die Raumstation ISS tragen dazu bei, die Datenflut in einen regelrechten Daten-Ozean zu verwandeln – einen mehrheitlich ungenutzten, versteht sich. Betroffen davon sind Forschungsinstitute, Universitäten und Industriebetriebe, die allesamt dankbar wären, hätten sie einen Zugriff auf die Fülle an Informationen. Das wird gleichwohl ein frommer Wunsch bleiben, denn welche Erkenntnisse, Rätsel und Geheimnisse in den Daten auch immer verborgen sein mögen, werden wir wohl nie erfahren. Selbst wenn umgehend ein Rettungsprogramm vom Ausmaß der Versetzung des ägyptischen Ramses-Tempels in Abu Simbel anlaufen würde, wären die meisten Informationen bereits unwiederbringlich verloren.

So bleiben die wissenschaftlichen Früchte des milliardenschweren Apollo-Programms weitgehend ungenutzt. Da viel technisches Know how ebenso verloren ging, werden wir nicht umhinkommen, manche Erfahrung zweimal zu machen – für Summen, welche die damaligen Einsparungen um ein Vielfaches übertreffen. Somit steht eines jedenfalls fest: Wenn die USA zum Mond zurückwollen, müssen sie dafür einen hohen, einen sehr hohen Preis bezahlen.

Aber wie reagierte die Sowjetunion auf die völlig veränderte Faktenlage? Von ihrer Seite aus betrachtet wäre es am Verständlichsten gewesen, wenn sie ihre Bemühungen auf dem Gebiet der Mondforschung nach dem knappen Scheitern beim Wettlauf eingestellt hätte. Wer das in jenen Tagen der beginnenden 1970er Jahre glaubte, sollte sich jedoch schwer getäuscht sehen.

Kapitel 17

DER BÄR BRÜLLT WIEDER!

Nimmt man es mit der »political correctness« ernst, so hat es kein Spacerace zum Mond gegeben, denn offiziell hat sich die UdSSR nie die Maßgabe von Präsident John F. Kennedy, bis spätestens 1969 Menschen auf dem Mond landen zu lassen, zu eigen gemacht. Fraglos aber waren die Sowjets dennoch bestrebt, den Wettlauf zum Mond für sich zu entscheiden. Denn: Was wäre es für ein Propaganda-Coup für die Kreml-Nomenclatura gewesen, wenn die Medien verkündet hätten: »Kennedys Plan: Von der Sowjetunion verwirklicht, von den USA verfehlt!«

Umgekehrt war den Menschen im sozialistischen Russland das Ziel »Mond« als Bestandteil ihrer Raumfahrtpolitik zwar bewusst, aber es erreichte nie den psychologischen Stellenwert, den Apollo für die Vereinigten Staaten besaß. Ursächlich hierfür waren die vorangegangenen Erfolge der UdSSR im All – da konnte man eine Niederlage durchaus verschmerzen. In Moskau war der Mond lediglich *ein* Bestandteil des Programms, in Washington hingegen *das* Programm schlechthin. Weder resignierte vor diesem Hintergrund die östliche Führungsmacht, noch dachte sie auch nur im Traum daran, ihre Mondpläne zu begraben.

So schickte die Sowjetunion bereits wenige Tage nach der Landung von Apollo 11 am 8. August 1969 die Mondversion der Sojus-Kapseln unter der Bezeichnung Zond 7 zum Mond und holte sie sicher wieder auf die Erde zurück. Es war das erste Mal, dass ein Zond-Flug rundum erfolgreich war. Und nur zwei Monate später umkreiste die erste »Drei-Raumschiffe-Mission« der bemannten Raumfahrt die Erde. An dem Unternehmen, das am 11. Oktober 1969 begann, waren insgesamt sechs Kosmonauten in den Raumschiffen Sojus 6 bis 8 beteiligt – allerdings kein Vertreter des Mondkorps *(siehe Kapitel 9)*. Das braucht nicht zu verwundern: Der Massenstart stand nämlich hauptsächlich mit dem zweiten Großprojekt der UdSSR, der Errichtung einer permanenten Orbitalstation, in Verbindung. Und hier konnte die Sowjetunion endlich an alte Triumphe anknüpfen. Am 19. April 1971 gelang es ihr, mit Saljut 1 die erste Raumstation auf eine Erdumlaufbahn zu bringen.

Hauptverantwortlicher für diesen Erfolg war Wassilij Mischin, der Nachfolger von Sergej Koroljow an der Spitze der sowjetischen Raumfahrt. Natürlich konnte Mischin seinen Vorgänger nicht ersetzen, aber er tat alles ihm Mögliche, um dessen Weg konstruktiv fortzusetzen. Auch Mischin erlebte während seiner rund achtjährigen Tätigkeit (1966 – 1974) als »Chefdesigner« einige Sternstunden, aber ebenso bittere Niederlagen.

Wie nahe Triumph und Niederlage in der Raumfahrt beieinander liegen, zeigt das Schicksal der ersten Saljut-Mannschaft auf. Die Drei-Mann-Besatzung, bestehend aus Kommandant Georgij Dobrowolski, Flugingenieur Wladislaw Wolkow und Testingenieur Viktor Pazajew, schrieb Raumfahrtgeschichte. Insgesamt dauerte ihr Flug 24 Tage. Damals war das ein schier unglaublicher Langzeit-Aufenthaltsrekord im All. Doch bei der Rückkehr starben die Kosmonauten infolge eines Druckabfalls in ihrem Raumschiff Sojus 11. Zwischenzeitlich sind Filmaufnahmen von der Landung freigegeben worden. Sie zeigen erschütternde Szenen. Mit Herzmassagen versuchten die Rettungskräfte, die Kosmonauten zu reanimieren. Vergeblich. Die Ursache der Katastrophe war nach Insider-Informationen aus Moskau ein fehlerhaft arbeitendes Ventil. Den Sowjets klebte das Pech an den Fersen.

An alte Triumphe angeknüpft: Am 19. April 1971 gelang es der UdSSR, mit Saljut 1 (hier mit angedocktem Sojus-Raumschiff) die erste Raumstation auf eine Erdumlaufbahn zu bringen.
Bild: NASA

Doch längst nicht alles war auf mangelnde Fortune zurückzuführen. Fachliche Inkompetenz, Schlampereien, technologische Rückständigkeit, zunehmende Finanzknappheit und Rivalität sowie Eifersüchteleien der einzelnen Raumfahrtbetriebe ließen viele Fehlversuche von einigen wenigen Erfolgen überstrahlen. In die Kategorie der Erfolge gehört unter anderem der erstmalige Einsatz von unbemannten Rovern zur Erkundung eines anderen Himmelskörpers. Der erste seiner Art, Lunoschod 1, landete am 15. November 1970 auf dem Erdtrabanten. Das Mondmobil war 2,20 Meter lang und legte knapp elf Kilometer auf dem Trabanten zurück. Dabei übermittelte es 20.000 Funkbilder in die Heimat.

Derartige Erfolge waren hilfreich. Sie brachten der UdSSR verlo-
renes Ansehen auf technologischem Gebiet zurück und vermittelten den
Eindruck, die östliche Führungsmacht habe zumindest wieder zu den
USA aufgeschlossen. Doch all diese Leistungen waren keine Kopeke,
geschweige denn einen Rubel wert, wenn es den Russen nicht gelang,
die N-1, das »Webb-Monster«, zur Einsatzreife zu führen. Das wusste
keiner besser als Wassilij Mischin selbst. Deshalb galt dem N-1-Pro-
jekt sein Hauptaugenmerk. Der dritte Versuch wurde nach zahllosen
Tests, etlichen Konstruktionsänderungen und noch gewissenhafteren
Kontrollen schließlich auf den 27. Juni 1971 terminiert. Doch neuerlich erlebte Tjuratam ein Fiasko, denn wieder trat ein Fehler in der ersten
Stufe der Superrakete auf – diesmal dauerte der Flug gerade mal 51
Sekunden.

Sabotage oder Unvermögen?

Es ist auffällig: Die N-1-Rakete ist das einzige Projekt, das die UdSSR
trotz größter Anstrengungen nicht in den Griff bekam. Auch bei den

*Weiterer Erfolg der Sowjets: Am 15. November 1970 landete mit Lunoschod 1 der
erste unbemannte Rover auf dem Mond.*   *Bild: NASA*

Saljut-Raumstationen gab es massive Probleme (Saljut 2 etwa konnte nicht einmal bemannt werden!), und sogar die Sojus-Schiffe bereiteten teilweise erhebliche Schwierigkeiten. Dies bestätigt auch ein weiterer Bericht des US-Auslandsgeheimdienstes CIA über den Troika-Flug der oben erwähnten Raumschiffe Sojus 6 bis 8. In dem CIA-Bericht ist dazu nachzulesen: »Die fünf Rendezvous-Versuche, die während der Mission unternommen wurden, waren allesamt aus unterschiedlichen Gründen erfolglos.«

Dennoch kann niemand bestreiten, dass das Sojus-System die zuverlässigste Raumschiffkonfiguration darstellt, die jemals zum Einsatz kam. Denn nach der Tragödie von Sojus 11 gab es zwar weitere Pannen, aber seit 1971 hat Russland keinen Kosmonauten mehr im All verloren.

Nach dem Erfolg des ferngesteuerten Rovers Lunoschod 1 entwikkelten sich auch die Erprobungen der für den bemannten Einsatz konstruierten Komponenten erfreulich, wie die folgende Aufstellung verdeutlicht:

Startdatum	Mission	Verlauf
24. November 1970	Kosmos 379	Unbemannter Test der Mondfähre im Erdorbit. Simulation der Abstiegsphase zum Mond und der Rückkehr zum Raumschiff
2. Dezember 1970	Kosmos 382	Unbemannter Test des Mond-Orbiters
26. Februar 1971	Kosmos 398	Unbemannter Test der Mondfähre im Erdorbit. Simulation eines Abbruchs des Mondlandeanflugs
12. August 1971	Kosmos 434	Unbemannter Test der Mondfähre im Erdorbit. Simulation der Mondlandung und Wiederaufstieg zum Orbiter mit dem Reservetriebwerk.

Sämtliche Test verliefen erfolgreich – die UdSSR war bereit für die bemannte Erprobung der aus der Sojus-Einheit und der russischen Mondfähre bestehenden Konfiguration sowie für den Flug zum Mond. Der Raumfahrtspezialist Asif Siddiqi beschreibt die durch diese Glanzpunkte neu entstandene Situation folgendermaßen: »Die erfolgreichen Missionen (…) bedeuteten einen immensen moralischen Schub für die vielen Tausend Ingenieure, die an einem Programm mitgearbeitet hatten, das bis dahin wenig fruchtbare Ergebnisse hervorgebracht hat.« Was zu diesem Zeitpunkt, im August 1971, einzig und allein noch fehlte, war die Einsatzreife der N-1-Mondrakete. Man wusste, dass man nahe daran war, das »Webb-Monster« unter Kontrolle zu bringen.

Doch warum eigentlich wollte die Sowjetunion noch zum Mond? Sie hatte das Wettrennen verloren. Zwei Gründe bewogen das Politbüro, die N-1-Entwicklung zunächst weiter voranzutreiben. Die Mondlandung war das noch fehlende Glied in der Kette, um nach dem erfolgreichen Saljut-1-Einsatz wieder die Führung im Konkurrenzkampf um die Beherrschung des nahen Weltraums zu übernehmen. Zweitens konnte man aufgrund des gekürzten Apollo-Projekts für das eigene Programm neue Ziele definieren. Im Klartext: Die Sowjets spielten mit dem Gedanken, eine erste permanente Mondbasis aufzubauen. Auch hier war noch der Geist Koroljows zu spüren, der in seinem Tagebuch einst vermerkt hatte: »Möglicherweise sollte man auf dem Mond eine Basis errichten als Generalprobe für den bemannten Flug zu den Planeten.«

Dass die UdSSR tatsächlich dieses Vorhaben *konkret* verfolgte, findet mittlerweile seine Bestätigung in amerikanischen Geheimdienstdokumenten wie dem »National Intelligence Estimate« vom 1. Juli 1971. Aufgrund der vor allem vom Auslandsgeheimdienst CIA gewonnenen Erkenntnisse gelangt man in dem ehemals als »top secret« klassifizierten Vorgang zu dem Schluss, dass die Sowjetunion nach wie vor an einem bemannten Mondprogramm arbeitet. Mit einer Landung auf dem Mond sei aber »nicht vor 1975/76« zu rechnen. Und: Diese Mondflüge dienen der Vorbereitung zum Bau einer *Mondstation!*

Aufgrund der wesentlich höheren Nutzlastkapazität der N-1 im Vergleich zur amerika-

War die große Hoffnung der UdSSR: die Superrakete N-1, die jedoch nie zur Einsatzreife geführt werden konnte.

Bild: Vintei

nischen Saturn V lag dieses Ziel nicht in einem unrealistischen Bereich, sondern war bei entsprechender Anstrengung durchaus erreichbar. Und das ohne Zeitdruck, denn mit den Programmen Skylab (Raumstation), Space Shuttle (Raumfähre) und Raumstation ISS würden die Amerikaner mindestens für zehn Jahre, wahrscheinlich aber noch länger, dem Mond den Rücken kehren. Da auf russischer Seite mit Saljut bereits ein Stationsprogramm existierte und die Einzelkomponenten für Mondflüge die ersten Tests zufriedenstellend absolviert hatten, musste lediglich noch die N-1-Rakete »Flügel« bekommen.

Damit war die Situation in der bemannten Raumfahrt – und hier insbesondere in der Mondforschung – im Begriff, sich dramatisch zu verändern. Die Russen sahen auf Grund der engstirnigen, kurzsichtigen Politik der USA plötzlich die Möglichkeit, nach dem verlorenen Wettlauf zum Mond die Eroberung des Erdtrabanten zu gewinnen.

Der vierte Start der Superrakete N-1 begann am 23. November 1972 um 9.11 Uhr Moskauer Zeit. Wassilij Mischin konnte wegen eines Krankenhausaufenthaltes dem Test nicht persönlich beiwohnen. Er versäumte nichts: Wie Zeitzeugen berichteten, verlief der Flug völlig problemlos. Sämtliche Telemetriedaten konstatierten ein normales Funktionieren der Triebwerke. Rasch passierte die Rakete Nummer 4 die 50-Sekunden-Marke – hier hatte Rakete Nummer 3 ihren Dienst quittiert. Ebenfalls reibungslos verlief der Start auch bei der 70-Sekunden-Marke. Zu diesem Zeitpunkt war 1969 die erste Rakete der N-1-Serie explodiert *(siehe Kapitel 13)*. Und immer höher stieg die N-1. Dann war die Rakete bereits 100 Sekunden in der Luft. So lange hatte noch keine N-1 funktioniert – der sowjetische Hoffnungsträger arbeitete damit bereits doppelt so lange wie sein Vorgänger. In Tjuratam begann man tief durchzuatmen.

Das bittere Ende

Bei 107 Sekunden war das Wunderwerk der Technik aber nicht mehr existent. Das (planmäßige) abrupte Abschalten einiger Triebwerke führte zu statischen Verwerfungen in der Rakete, die wiederum eine Explosion auslösten. Als die glühenden Trümmer der Rakete zu Boden fielen, fehlten nur noch sieben Sekunden bis zur Abtrennung der ersten Raketenstufe.

Diese sieben Sekunden wurden nie erreicht. Der vierte Versuch blieb der letzte. Das war weniger zu erwarten, als es auf den ersten Blick den

*Wurde nach dem Scheitern
der N-1 sowie den technischen
Pannen bei Saljut 2 und 3
seines Postens enthoben: Korljows
Nachfolger als sowjetischer
Chefkonstrukteur Wassilij
Mischin.*
Bild: Russian Public Library

*Der große Gegenspieler von
Mischin: Valentin Gluschko
hatte schon Sergej Koroljow
denunziert und sabotierte
später das N-1-Programm.*
Bild: Russian Public Library

Anschein hat, denn das mächtige Politbüro erteilte zunächst die Genehmigung für den Bau von zwei weiteren N-1-Mondraketen mit Starttermin in der zweiten Hälfte des Jahres 1974. Doch dazu kam es nicht mehr. Wassilij Mischin sah sich nach dem neuerlichen Desaster zunehmender und immer lauterer Kritik ausgesetzt. Besonders der spätere Verteidigungsminister Dimitrij Ustinov ließ nichts unversucht, um Mischin seines Postens zu entheben. Laut Informationen damaliger Mitglieder des Zentralkomitees der KPdSU waren seine Bemühungen zunächst von wenig Erfolg gekrönt, ehe es ihm gelang, Maschinenbauminister Sergej Afanasijev auf seine Seite zu bringen. Nun zog auch Kreml-Chef Leonid Breschnjew mit. Mischin stolperte aber nicht über die N-1-Katastrophenserie allein, wie häufig verbreitet wird. Es waren vielmehr die Raumstationen Saljut 2 und 3, die ihn zu Fall brachten. Beide Basen konnten nämlich wegen technischer Fehlfunktionen nicht bemannt werden. Und im Mai 1973 lancierten die Amerikaner ihre wesentlich größere Versuchsraumstation Skylab in einen Erdorbit. Somit lieferte Mischin in den beiden russischen Großprojekten – Mondflug und Raumstation – nicht die gewünschten Erfolge, obwohl er dafür als ehemals rechte Hand von Sergej Koroljow eigentlich sämtliche Voraussetzungen an technischem und organisatorischem Know how mitbrachte. Dass er seiner Funktion durch die Parteispitze enthoben wurde, war deshalb aus deren Sicht folgerichtig. Aber war dies wirklich gerechtfertigt?

Wenn es um das Scheitern des N-1-Programms geht, fällt häufig ein Name: Valentin Gluschko. Gluschko war Konstrukteur – und der große Gegenspieler von Mischin. Bereits nach Koroljows Tod hoffte Gluschko, an die Spitze der sowjetischen Raketenkonstrukteure berufen zu werden und somit die Führungsposition als neuer Chefdesigner der UdSSR zu bekleiden. Daraus wurde aber nichts. Deshalb opponierte Gluschko gegen Mischin bei jeder sich bietenden Gelegenheit – zunächst ohne Erfolg. Doch jeder neue Fehlschlag seines Rivalen vergrößerte die Anhängerschaft Gluschkos. Half Gluschko bei diesen Misserfolgen, insbesondere jenem der N-1-Rakete, nach? Im Klartext: Torpedierte er das Programm, um an Mischins Stuhl zu sägen? Sicherlich nicht selbst. Dennoch weiß auch der Raumfahrtexperte Asif Siddiqi, fraglos einer der versiertesten Space-Race-Dokumentaristen, »dass üblicherweise Gluschko als der Mann angesehen wird, der das N-1-Programm sabotierte«. Zuzutrauen war es ihm allemal. So wurde bekannt, dass er im Jahr 1938 ausgerechnet Sergej Koroljow beim Volkskommissariat für innere Angelegenheiten denunzierte, um seinen kompetentesten Rivalen aus dem Feld zu stechen. Der perfide Plan gelang: Aufgrund der Aussagen von Gluschko wurde Koroljow für sechs Jahre in einem sibirischen Gulag interniert. Es handelte sich praktisch um dieselbe Strategie, die Gluschko ab 1966 bei Wassilij Mischin anwandte. Doch trotz seines fragwürdigen Charakters haben Nachforschungen der Autoren keinerlei substanzielle Beweise, Indizien oder Gerüchte hervorgebracht, die eine wie auch immer geartete Beteiligung des späteren Chefdesigners an Sabotageakten bei der Mondrakete vermuten lassen.

Fest steht hingegen, dass Gluschko der Totengräber der N-1 war. Nach seiner Ernennung gehörte es zu seinen ersten Amtshandlungen, das N-1-Programm rigoros zu streichen. Zugleich versetzte er dem gesamten sowjetischen Mondprogramm den Todesstoß. Lediglich noch zwei Missionen der Luna-Serie wurden von ihm veranlasst: Luna 23 im Jahr 1974, die aber bei dem Versuch scheiterte, den Erfolg ihrer Schwestersonde Luna 16 zu wiederholen und ein paar Gramm Mondgestein auf die Erde zu bringen. Dies gelang erst im August 1976 der Sonde Luna

24. Und damit endete das Luna-Programm gleichfalls sang- und klanglos. Das sowjetische Mondprogramm hatte aufgehört zu existieren. Wie bei den Amerikanern waren dafür politische und ökonomische Gründe verantwortlich. Allerdings kamen auf russischer Seite noch massive technische Unzulänglichkeiten hinzu.

Der Wettlauf zum Mond war zu Gunsten der USA entschieden. Doch die Vereinigten Staaten zogen aus ihrem Erfolg keine Konsequenzen und verabsäumten es, die Lorbeeren ihres Sieges zu ernten. Somit entpuppte sich der US-Triumph letztlich als hausgemachter Pyrrhus-Sieg, der den Folgeprojekten Space Shuttle und Raumstation ISS geopfert wurde.

Das vorläufige Ende des sowjetischen Mond-Programms: die Mission Luna 24.
Bild: NASA

Im Grunde standen sowohl die UdSSR als auch die USA nun wieder da, wo sie angefangen hatten – nämlich bei Null. Hätte nicht Neil Armstrong als erster Mensch den Mond betreten, würden die Geschichtsbücher über das erste »Spacerace« wohl kaum einen Satz vermerken.

Da umgekehrt Juri Gagarin als (höchstwahrscheinlich) erster Mensch in den Kosmos vorgestoßen war, hatte jede Seite eine Erstleistung errungen – keine Seite aber den Mond erobert.

Kapitel 18

DIE GEHEIMNISSE DES »ROTEN STERNS«

Das Ende der N-1-Missionen – und damit der sowjetischen Mondaktivitäten – hinterlässt offene Fragen, Rätsel und Geheimnisse. Die scheinbar unsinnigste Frage war die nach dem Alternativprogramm der UdSSR. Sie verfügte zeitweilig über gleich zwei erdorbitale Raumstationen (1986 Saljut 7 und Mir), ein für sowjetische Verhältnisse technisch zuverlässiges Zubringer- und Rettungsraumschiff (Sojus-Reihe) sowie über einen zwar kleinen, aber ausreichenden Raumtransporter mit der Bezeichnung Progress. Hinzu kamen die bei den bisherigen Tests erfolgreichen Versuche mit dem Mondorbiter und mit dem Mondlander. Was also wollte Valentin Gluschko? Seine Antwort – hätte er sie denn gegeben – wäre kurz, aber sinngebend ausgefallen: Er wollte einen Space Shuttle nach amerikanischem Vorbild –, und er wollte streng geheim das erste bemannte Kriegsraumschiff der Welt bauen.

Andere Fragen bleiben auch heute noch unbeantwortet. Etwa die nach den häufig erwähnten »Obelisken-Bildern« der Sowjets, deren Existenz zwar immer wieder behauptet wird, die jedoch – zumindest von den Verfassern – nicht aufgefunden werden konnten. Das ist jedoch weniger verwunderlich, als es auf den ersten Blick erscheinen mag. Die mysteriöse Objektformation wurde von der NASA nach Erhalt der von ihrer Raumsonde Lunar Orbiter 2 am 21. November 1966 aufgenommenen Fotos und deren sich anschließender Auswertung bekannt gegeben. Bis zu jenem Zeitpunkt aber war von russischer Seite keinerlei Information über die rätselhaften Säulengebilde verlautbart worden. Wie auch? Die Sowjetunion hatte bis zu diesem Zeitpunkt keinen wirklich funktionierenden Fotosatelliten zum Mond gebracht. Zwar wurden 1966 nicht weniger als vier Versuche unternommen, Sonden in eine Mondumlaufbahn einzuschießen (Kosmos 111 sowie Luna 10 bis 12), von denen sogar drei erfolgreich waren. Doch nur eine von ihnen, Luna 12, hatte angeblich Kameras an Bord. Von den damit gewonnenen Fotos wurde gemäß der Angaben des Raumfahrtexperten Brian Harvey »nur eine kleine Anzahl« veröffentlicht. Wir haben keinerlei Hinweise darauf erhalten, dass sich darunter auch Fotos der spektakulären Gebilde befinden. Es bleibt also weiterhin unklar, mit welcher Mission die Sowjets ihre »Obelisken-Aufnahmen« erfasst haben wollen.

Hinter den geheimnisvollen Mondsäulen verbergen sich aber noch weitere Fragen, die bis heute ihrer Beantwortung harren:

* Warum setzte die UdSSR relativ spät orbitale Spähsonden speziell zur optischen Erfassung der Mondoberfläche ein? Am 28. September 1971 startete mit Luna 19 der erste Mondsatellit zur fotografischen Oberflächenerfassung. Und erst im Mai 1974 folgte als zweiter und gleichzeitig letzter Späher dieser Klasse Luna 22 – kurz bevor das Programm nur zwei Sonden später sang- und klanglos eingestellt wurde.

* Weshalb wurde trotz Glasnost und Perestroika bis heute nur ein verschwindend kleiner Teil des russischen Bestands an Mondaufnahmen der Öffentlichkeit zugänglich gemacht? Allein der bereits erwähnte Mondrover Lunoschod 1 soll nicht weniger als 20.000 Funkbilder und 20 Panoramaaufnahmen von seiner Mondfahrt auf die Erde übertragen haben. Der Gesamtbestand an russischen Mondbildern wird von westlichen Experten auf über 100.000 Bilder geschätzt.

* Wie wertvoll die russische Datenbank sein könnte, untermauert eine der wenigen zugänglichen Aufnahmen der Mission Zond 3. Offensichtlich hat man auf dem Bild am unteren rechten Rand eine pilzförmige Erhebung übersehen, die an eine Eruption erinnert. Beweist das Bild von der Rückseite des Monds gar, dass der Erdtrabant noch aktiven Vulkanismus besitzt? Oder hat das mysteriöse Fotomotiv andere, bislang völlig unbekannte Ursachen?

Noch immer zu den am besten gehüteten Geheimnissen der sowjetischen Raumfahrt gehört auch die tatsächliche Zahl der von den Russen zum Mond geschickten Sonden. Das liegt daran, dass die UdSSR die Entsendung ihrer Raumschiffe erst nach geglücktem Start öffentlich bekannt gab. Andere Missionen, deren Sinn und Zweck ohnehin geheim bleiben sollten, wurden gleich mit einem Tarnnamen versehen. Das Ganze ist auch heute noch ein Katz-und-Maus-Spiel der Geheimdienste. Während in Russland der Auslandsgeheimdienst KBG und sein militärisches Pendant GRU alles versuchen, den wahren Umfang der russischen Mondsonden-Armada zu verschleiern, dringen dank der zuneh-

Schnüffelte für die UdSSR im All: die Spähsonde Luna 22, die zur fotografischen Oberflächenerfassung des Mondes eingesetzt wurde.
Bild: NASA

menden Internationalisierung und Globalisierung der politischen und wirtschaftlichen, aber auch der wissenschaftlichen Beziehungen immer mehr Einzelheiten über die russischen Anstrengungen im Wettlauf zum Mond an die Oberfläche. Wir haben deshalb nachfolgend eine detaillierte Aufstellung sämtlicher sowjetischer Mondflüge zusammengestellt – inklusive der bislang eruierten Geheimprojekte. Obwohl die Liste auf dem neuesten nachrichtendienstlichen Informationsstand beruht, kann jedoch keine Gewähr auf Vollständigkeit oder Richtigkeit gegeben werden.

Lücken und Fragezeichen

Der Grund hierfür sei exemplarisch am Unternehmen »Kosmos 398« erläutert: Der vermeintliche Satellit wurde im Jahr 1971 im Rahmen des sowjetischen Mondprogramms von Tjuratam aus gestartet. Die Nutzlast verschwieg man geflissentlich. Erst 1995, als der »Satellit« auf die Erde stürzte, gestand das Moskauer Kontrollzentrum ein, dass es sich in Wahrheit um ein Testgefährt der sowjetischen Mondfähre handelte. Das Gewicht war stattlich : Immerhin zwei Tonnen wog das sowjetische Modul.

Datum	Bezeichnung	Anmerkung
23.09.1958	unbekannt	Nach 90 Sekunden abgestürzt
12.10.1958	unbekannt	Flugdauer nur 104 Sek.
04.12.1958	unbekannt	Fehlschlag
02.01.1959	»Erstes Kosmisches Schiff«	Vorbeiflug am Mond
18.06.1959	unbekannt	Fehlschlag
09.09.1959	unbekannt	Startunglück
12.09.1959	»Zweites Kosmisches Schiff«	Erreichte den Mond
04.10.1959	»Automatische Interplanetare Station«	Umflog die Mondrückseite

15.04.1960	unbekannt	Fehlschlag
16.10.1960	unbekannt	Fehlschlag
04.01.1963	unbekannt	Fehlschlag
02.02.1963	unbekannt	Fehlschlag
02.04.1963	Luna 4	Verfehlte den Mond
21.03.1964	unbekannt	Fehlschlag
12.03.1965	Kosmos 60	Fehlschlag
10.04.1965	unbekannt	Fehlschlag
09.05.1965	Luna 5	Zerschellte auf dem Mond
08.06.1965	Luna 6	Verfehlte den Mond
18.07.1965	Zond 3	Flog am Mond vorbei und fotografierte den Erdtrabanten
04.10.1965	Luna 7	Harter Aufschlag auf der Mondoberfläche
03.12.1965	Luna 8	Harter Aufschlag auf der Mondoberfläche
31.01.1966	Luna 9	Erste weiche Mondlandung
01.03.1966	Kosmos 111	Misserfolg
31.03.1966	Luna 10	Schwenkte in Mondorbit ein
24.08.1966	Luna 11	Schwenkte in Mondorbit ein
22.10.1966	Luna 12	Lunarer Orbiter
21.12.1966	Luna 13	Weiche Landung auf dem Mond
10.03.1967	Kosmos 146	Testflug
08.04.1067	Kosmos 154	Keine klaren Angaben
17.05.1967	Kosmos 159	Fehlschlag
28.09.1967	unbekannt	Fehlschlag
23.11.1967	unbekannt	Fehlschlag
07.02.1968	unbekannt	Fehlschlag
02. oder 04.03.1968	Zond 4	Keine klaren Angaben
07.04.1968	Luna 14	Erreichte Mondumlaufbahn
23.04.1968	unbekannt	Fehlschlag
15.09.1968	Zond 5	Rückkehr zur Erde
14.11.1968	Zond 6	Wie Zond 5
20.01.1969	unbekannt	Fehlschlag

19.02.1969	unbekannt	Fehlschlag
21.02.1969	N-1-Superbooster Testflug	Fehlschlag
14.06.1969	unbekannt	Fehlschlag
03.07.1969	N-1-Test	Fehlschlag
13.07.1969	Luna 15	Absturz in der Landephase
08.08.1969	Zond 7	Mondumkreisung
23.09.1969	Kosmos 300	Fehlschlag
22.10.1969	Kosmos 305	Fehlschlag
18.11.1969	unbekannt	Fehlschlag
19.02.1970	unbekannt	Fehlschlag
12.09.1970	Luna 16	Erstmals Mondboden mit einer Sonde zur Erde gebracht
20.10.1970	Zond 8	Mondumkreisung und Rückkehr
10.11.1970	Luna 17/Lunoschod 1	Erster unbemannter Rover
24.11.1970	Kosmos 379	Test für bemannten Einsatz
02.12.1970	Kosmos 382	Test für bemannten Flug
26.02.1971	Kosmos 398	Test der Mondfähre
27.06.1971	N-1	Fehlgeschlagener Test
12.08.1971	Kosmos 434	Testflug
02.09.1971	Luna 18	Absturz beim Landeanflug
28.09.1971	Luna 19	Mondorbiter
14.02.1972	Luna 20	Mondproben zur Erde geholt
23.11.1972	N-1	Letztmaliger Teststart der Mondrakete
08.01.1973	Luna 21/Lunoschod 2	Unbemannter Mondrover
02.06.1974	Luna 22	Mondorbiter
28.10.1974	Luna 23	Bei Mondlandung zerstört
16.10.1975	unbekannt	Fehlschlag
09.08.1976	Luna 24	Letzter Flug der Luna-Serie

Betrachtet man die Aufstellung genau, stellt man unschwer fest, dass auch heute noch so manche Mission mit dicken Fragezeichen versehen ist. Hier wird erst die hoffentlich baldige Öffnung der russischen Staatsarchive weiterführende Informationen erbringen. Eines jedenfalls ist sicher: Die Geschichte der sowjetischen Mondforschung hält noch so manche Überraschung bereit.

Missionen, die es nie gab

Noch mysteriöser aber sind Hinweise auf Unternehmen, die nie durchgeführt wurden. Gemeint sind hier nicht etwa Missionen, die über das Planungsstadium nie hinausgekommen sind, sondern Raumflüge, deren Sonden bereits flugfertig die Montagehalle verlassen hatten. Eine dieser Unternehmungen, die heute längst in Vergessenheit geraten ist, hatte zwar nicht den Mond zum Ziel, gehört jedoch genau in diese Kategorie. Es handelt sich dabei um eine angebliche Sonde zu dem damals noch zu den Planeten zählenden Himmelskörper Pluto. Am 28. Mai

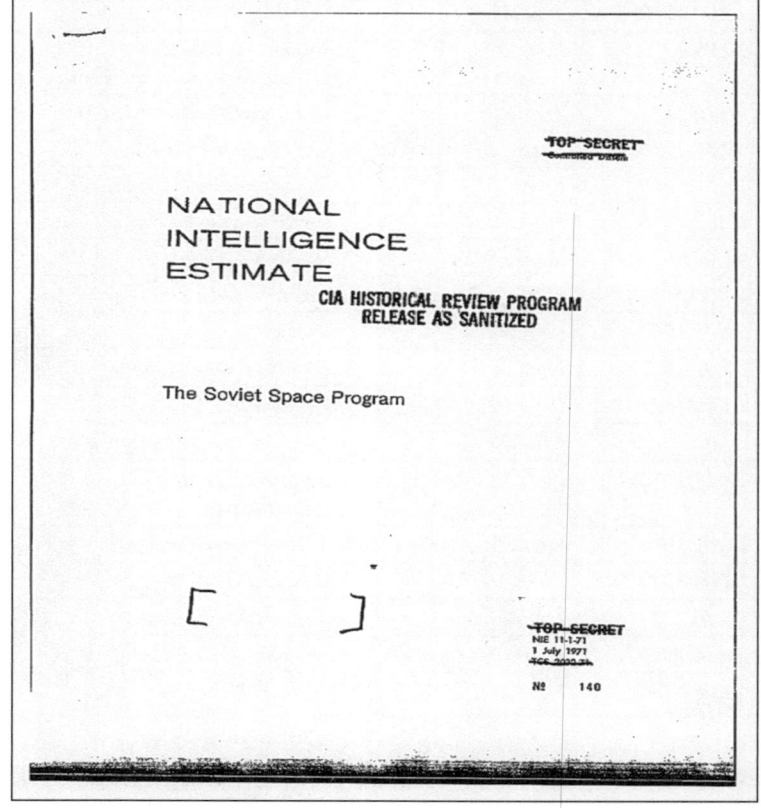

Mit aller Macht auf den Mond: Dieses CIA-Papier vom 1. Juli 1971 mit dem Titel »The Soviet Space Program« schildert ausführlich, welche Anstrengungen die UdSSR unternahm, um auch selbst eine bemannte Mondmission erfolgreich durchzuführen.
Faksimile: Mark Wade/www.astronautix.com

1969 kündigte die Ostblock-Presse an (allein schon diese Vorabmeldung war auffallend ungewöhnlich), dass die Sowjetunion »gegenwärtig den Flug einer unbemannten Sonde zum sonnenfernsten Planeten, Pluto, vorbereitete«.
Man hörte nie wieder von diesem Vorhaben. Um eine Zeitungsente kann es sich bei dieser Nachricht freilich nicht gehandelt haben, da sie einer offiziellen Verlautbarung entsprang. Tatsächlich warteten die westlichen Experten damals täglich auf die propagandistische Meldung vom Start der Sonde. Aber Moskau schwieg – und schweigt bis heute.

TOP SECRET

21

when the planets are in the relative positions required for such a venture. We think it is unlikely that they will have advanced far enough in the development of the long-life, highly reliable spacecraft subsystems required to assure that a mission of this duration and scope would have an acceptable chance of being successful.

D. Unmanned Lunar Exploration

68. The Soviets have discussed the value of a threefold approach to unmanned lunar exploration and, based on their activities to date, we believe they will follow essentially that program. The first objective they discussed was putting a vehicle on the moon that could take a sample of the soil and return it to earth; the Luna 16 mission did this. The second objective was exploration of the lunar surface by a mobile vehicle; Lunokhod 1 is doing this. The third objective is the landing of a large, stationary experimental platform that could serve as a base for larger, more sophisticated experimental apparatus; this remains to be done.

69. The design of Luna 16 and the flight profile it followed limit the areas on the moon to which the vehicle can be sent. Future missions in this category will probably involve more advanced payloads which can be landed to take soil samples from virtually any place on the moon's surface that is visible from earth.

70. The Lunokhod 1 experiment has demonstrated that the rover can travel at least five miles and has a useful lifetime of at least six months. Another mission of this type probably will be attempted this year to investigate a different area of the moon than the Sea of Rains now being explored.

71. A much more sophisticated and complex mission which probably would satisfy the first two objectives of the program as well as going far to fulfill the third would be one that in-

volved features of both Luna 16 and Lunokhod 1. In such a mission, two payloads would be sent to the moon; one being a lander/return vehicle, the other a rover. The rover could extract soil samples from relatively distant areas, carry out certain measurements or other experiments, and deliver a package to the stationary payload which would then return to earth. Because of the weights involved, this mission would require two SL-12s to deliver the two payloads or one J-vehicle. It is unlikely that a mission of this type would be attempted before the mid-1970s.

E. Manned Lunar Landing

72. Evidence of a Soviet manned lunar landing program has been accumulating for several years. From that evidence we could assess the progress being made in the program and estimated several years ago that the Soviets were not competing with the US Apollo program.

73. It is possible, however, that they may have hoped to take advantage of any major setback the Apollo program might have experienced that would have allowed them to be the first to put a man on the moon without pushing their program beyond acceptable limits. The success of the Apollo program has ruled out that eventuality. Further, whatever their timetable for such a mission, it has certainly been delayed by the failures of the J-vehicle. There is little doubt that they intend to carry out the mission; the evidence on the J-vehicle and the obvious intent to use it for manned missions, the construction of large, sophisticated tracking facilities, and the improvements observed in their communications capability are all directly applicable to a manned lunar landing and are quite persuasive. The major remaining question is its timing.

74. Repair work at area J where damage resulted from the explosion during the first attempt to launch the vehicle does not appear to

TOP SECRET

TCS 2032-71

Einer der Mondflüge, die auf sowjetischer Seite nie durchgeführt wurden, für den aber bereits die einsatzfähige Sonde vorhanden war, betrifft den dritten Rover der Lunoschod-Reihe. Der fahrerlose Kundschafter war für eine Mission im Jahr 1977 unter der Bezeichnung Luna 25 vorgesehen. Aber dazu sollte es nie kommen, denn die zugehörige Trägerrakete wurde für den Start eines dringend benötigten Kommunikationssatelliten zweckentfremdet. Eine zweite Chance bekam das Fahrzeug nicht mehr, denn nach dem Flug von Luna 24 wurde diese Sondenserie abrupt eingestellt. Das Mondauto existiert auch heute noch und fristet sein Dasein in den Ausstellungsräumen der Lawoschkin Association, der Nachfolgeorganisation des unter anderem für Lunoschod verantwortlichen Lawoschkin-Konstruktionsbüros. Dort scheint es allerdings schon sehr interessierten Besuch gehabt zu haben, denn ein gleicher Nachbau fand sich – in Indien.

Mit Sicherheit existierte neben Lunoschod 3 mindestens noch ein zweiter Roboter, der für eine Reise zum Mond vorgesehen war. Bei ihm handelte es sich um eine weitere Einheit zum Sammeln von Gesteinsproben auf dem Mond und deren anschließenden Transport in die UdSSR. Aber auch über dieses Projekt, das mutmaßlich als Luna 26 in die Raumfahrthistorie eingegangen wäre, brach man letztlich – im Jahre 1978 – den Stab. Das weitere Schicksal des Forschungsgeräts aber ist in Dunkel gehüllt, sein Verbleib unklar. Wurde es womöglich an eine andere Nation für »Studienzwecke« verscherbelt?

Auch die N-1 gibt es nicht mehr; ihre zerstörten Einzelteile liegen teilweise noch immer verstreut an verschiedenen Plätzen auf dem Kosmodrom von Tjuratam.

Man kann sich deshalb leicht das ungläubige Staunen der amerikanischen Geheimdienste vorstellen, als Jahre später der N-1-Startkomplex auf Area J von den Sowjets wieder betriebsbereit gemacht wurde.

Wurde 1966 erfolgreich in eine Mondumlaufbahn geschossen: die Sonde Luna 10.
Bild: NASA

2. TEIL

SIEGER UND BESIEGTE

*»Es ist, als hätten wir
einen schlafenden Riesen geweckt.«*

Admiral Isoroku Yamamoto

Kapitel 19

DER KOLOSS VON TJURATAM

Aber die Aufregung in den politischen und militärischen Machtzentralen von Washington dauerte nur kurze Zeit. Immerhin schrieb man mittlerweile schon die 1980er Jahre. Der stetig verbesserten Technik der Spionagesatelliten blieb kaum mehr etwas verborgen – und schon gar nicht die Installierung eines großflächigen, modernen Raketenstartkomplexes. Und alsbald erkannten die amerikanischen Bildanalysten den Grund für die Reinstallierung der Area J: Von hier aus sollte der russische Space Shuttle Buran (Schneesturm) seinen auffallend ähnlichen US-Pendants Konkurrenz machen.

Chefdesigner Valentin Gluschko hatte sich diesmal viel Zeit genommen, um ein zweites N-1-Desaster zu vermeiden. Es war sein Bestreben wie auch das sämtlicher anderer Verantwortlichen, beide Systeme,

Ähnelt stark dem amerikanischen Pendant: der auf einem Antonov-Flugzeug präsentierte Space Shuttle Buran, mit dem die Russen den Vorsprung der USA bei dieser Technik ausgeglichen haben – allerdings mit über einem halben Jahrzehnt Verspätung.
Bild: Dave Casey

also den Shuttle nebst der zugehörigen Trägerrakete, Energija, erst bei Flugreife zu starten. Die Stunde der Wahrheit schlug am 15. Mai 1987. Das sowjetische Staatsfernsehen präsentierte sogar in einer Live-Sendung den Jungfernflug des Shuttle-Trägers – so sicher war man sich diesmal des Erfolges. Und Techniker und Wissenschaftler nannten ungewöhnlich freimütig erste technische Einzelheiten der Energija. Ihre Höhe betrug insgesamt 65 Meter. Mit seiner Startmasse von 800 Tonnen und einer Schubkraft von sage und schreibe 60 Millionen PS konnte die Energija 21 Tonnen Nutzlast in den Weltraum hieven. Damit übertraf der Raumflugkoloss die Nutzmasse der bisher stärksten russischen Träger-rakete glatt um das Fünffache. Der zylindrische Zentralkörper, der bei der Energija die Zweitstufe ist, hat eine Höhe von 60 Metern bei gleich-zeitigem Durchmesser von genau acht Metern. Als erste Stufe dien-ten bei dieser Konfiguration vier paarweise angebrachte Raketen, sogenannte Strap-on-Booster, mit jeweils 40 Metern Gesamthöhe, von denen jede über ein eigenes, mächtiges Triebwerk verfügte.

Doch so beeindruckend die Konfiguration auch anmutete, war es den Sowjets mit Energija (und Buran) lediglich gelungen, den Vorsprung der NASA in der Space-Shuttle-Technologie zu egalisieren – mit gut einem halben Jahrzehnt Verspätung. Man konnte also bei aller verständ-lichen Anfangsnervosität auf amerikanischer Seite wieder mit großer Sicherheit dem sowjetischen Geschehen folgen.

Das freilich war ein kapitaler Fehler, denn so deutlich die Träger-rakete auf den Fotos der US-Spionagesatelliten auszumachen war, so verborgen blieben doch die Ideen und Konzeptionen, die nicht im Com-puter, wohl aber in den Schubladen und Tresoren deponiert waren. Und dort schlummerte die eigentliche neue Sensation der UdSSR: Energija war als multifunktionaler Träger konzipiert! Während in den USA mit dem Space-Shuttle-System lediglich bemannte Raumpendler ins All gebracht werden können, ist die Energija geeignet für den Transport von

- Modulen beim Aufbau oder der Erweiterung von Raumstationen
- schweren Satelliten
- Sonden zur Sonne
- orbitalen Solarkraftwerken
- interplanetaren Missionen

Am Aufmerksamsten wurden die westlichen Experten bei den Ausfüh-rungen von Professor Wsewolod Awdujewski von der sowjetischen

Insgesamt 65 Meter hoch und mit 60 Millionen PS ausgestattet: die Trägerrakete Energija, die den Shuttle Buran ins All transportierte.   Bild: NASA

Akademie der Wissenschaften, einem Gremium, das unter anderem der Kontrolle und Bewilligung sowjetischer Forschungsvorhaben dient. Er bestätigte: Die Energija sei auch konzipiert »für die Errichtung bemannter Siedlungen auf dem Mond«.

Es dauert keine eineinhalb Jahre, bis die entsprechende Konfiguration als fortgeschrittener Entwurf im Westen kursierte. Sowjetische Raketenexperten gaben derweil bereitwillig Auskunft über die angestrebte »Energija-Mond-Variante«. Sie sollte alles bisher Geschaffene auf dem Gebiet der Raketentechnik in den Schatten stellen: Der Schwerlastträger würde statt mit vier Strap-on-Boostern mit deren sechs als Erststufe ausgestattet, die wiederum – diesmal vollständig – die zweite Stufe ummanteln würden. Aber damit nicht genug: Auf diese zweite (unveränderte) Stufe sollte dann noch eine dritte Ergänzungsstufe platziert werden. Bei dieser Startkonfiguration würde dann die Nutzlast auf die dritte Raketenstufe aufgesetzt. Wie Awdujewski bestätigte, könne Energija in dieser Version zirka »30 Tonnen Nutzlast zum Mond« befördern. Der »Koloss von Tjuratam« würde damit und bei einer Gesamthöhe von 120 Metern sowohl die amerikanische Saturn V als auch den N-1-Superbooster an Größe, Schubstärke und Nutzlastkapazität übertrumpfen. Was niemand mehr für möglich gehalten hätte, war eingetroffen: Das Land der unbegrenzten Möglichkeiten sah sich an die Zeit des »Sputnik-Schocks« erinnert – obwohl man ständig die sowjetischen Raumfahrtzentren überwachte. Man mag zur Person von Valentin Gluschko stehen, wie man will, aber im Gegensatz zu seinem Amtsvorgänger Wassilij Mischin verhalf er dem kommunistischen Reich zu altem, respektvollen Ansehen auf dem Gebiet der Raumfahrttechnik.

Die Folgen von Amerikas engstirniger Raumfahrtpolitik wurden jetzt schmerzhaft sichtbar. Nicht nur, dass die Vereinigten Staaten ab 1975 keine Schwerlastrakete mehr zur Verfügung hatten, sie konnten aufgrund der Kostenexplosion für den Space Shuttle und die zu errichtende Raumstation ISS auch keinerlei Geld in die Entwicklung eines Apollo-Nachfolgers stecken. Die UdSSR hingegen hatte nunmehr ein funktionierendes System, das es ihr endlich ermöglichen würde, erstmals seit Koroljows Tod wieder die Spitzenposition in der Raumfahrt zu übernehmen.

Dabei wären die USA durchaus in der Lage gewesen, die Pläne Moskaus zu kontern, doch die erforderlichen Gelder versickerten in den unsinnigen, ja unverwirklichbaren Strategic-Defense-Initiative-Aktivitäten (SDI) von Präsident Ronald Reagan. Sein Vorhaben eines Raketenabwehrschildes im All scheiterte, wie von Experten vielfach prognostiziert, kläglich. Die Gelder waren verpulvert. Sogar ein gemeinsamer Vorstoß von NASA und US-Army erbrachte keinen Sinneswandel bei den politischen Entscheidungsträgern. Das Advanced Launch System, wie der dringend benötigte Raumfrachter bezeichnet wurde, gelangte nie zur Umsetzung. Objektiv betrachtet war das auch nicht notwendig, denn, was noch niemand ahnte: Der zweite Flug der Energija am 15. November 1988 war zugleich ihr letzter. Bei dieser Mission transportierte der »Koloss« den Space Shuttle Buran wohlbehalten in eine Erdumlaufbahn. Doch auch der wiederverwendbare Raumtransporter sollte niemals wiederverwendet werden.

Das Ende kam für alle Beteiligten völlig überraschend. Aus finanzpolitischen Gründen strich man das Projekt – mit genau der gleichen Begründung war einst auch das Apollo-Programm unbarmherzig gekürzt worden. Es war die Zeit von Michail Gorbatschow, es war die Periode von Glasnost und Perestroika. Der Eiserne Vorhang fiel, die Mauer kam tatsächlich weg. Kurz: Die UdSSR hatte aufgehört zu existieren.

Verpulverte mit seinen SDI-Plänen die Dollar-Millionen, welche die US-Raumfahrt für weitere technologische Entwicklungen so dringend benötigt hätte: Präsident Ronald Reagan, dem mit seiner Frau Nancy von zwei NASA-Mitarbeitern salutiert wird.
Bild: NASA

Ausverkauf eines Traums

Was der ehemaligen Sowjetunion blieb, war ihre Großraumstation Mir (Frieden). Was den Amerikanern blieb, war ihr Space Shuttle. Auf der Mir verbrachten die Kosmonauten mehr Zeit mit Instandsetzungsarbeiten als mit Forschungsaufgaben. An Bord der Raumfähre Challenger hatten am 28. Januar 1986 sieben Astronauten den Tod gefunden, nachdem der Shuttle kurz nach dem Start in Florida vor laufenden Kameras über dem Atlantischen Ozean explodiert war. Überhaupt häuften sich bei den Amerikanern die Fehlstarts oder Misserfolge. Wen hätte es gewundert? Schlechte Bezahlung, viel zu wenig Personal, dafür extrem hohe Arbeitsbelastung und Verantwortung führten zu Nachlässigkeiten, ja Schlampereien.

Noch dramatischer war die Situation in Tjuratam. Es gab so gut wie nichts mehr zu tun. Ein paar Satellitenstarts – die Anzahl hatte sich um 70 Prozent reduziert – sowie alle paar Monate ein Sojus-Start, der nur wehmütig an die glorreichen Zeiten erinnerte, war alles, was übrig geblieben war. Das Kosmodrom lag plötzlich nicht mehr in der

Rückschlag für die NASA: Am 28. Januar 1986 explodiert die Raumfähre Challenger mit sieben Astronauten an Bord. Bild: NASA

Schwebte zwar eine halbe Ewigkeit im All, barg aber so viele technische Fehler, dass die Kosmonauten mehr mit Instandsetzungsarbeiten als mit Forschungsaufgaben beschäftigt waren: die russische Großraumstation Mir.   *Bild: NASA*

Sowjetunion, auch nicht mehr in Russland, sondern war Bestandteil des neu ausgerufenen, unabhängigen Staates Kasachstan. Für Tjuratam musste Mütterchen Russland plötzlich hohe Pachtzahlungen leisten. Es gab bange Monate, in denen so mancher Russe keine Kopeke mehr auf die Zukunft des legendären und geheimnisumwitterten Kosmodroms gesetzt hätte. Mehr als einmal wurde der symbolhafte Satz zitiert: »Der Letzte macht das Licht aus.« Und für viele ehemalige sowjetische Raketenkonstrukteure wurde der Spruch auch tatsächlich zur Realität. Sie verließen den kasachischen Weltraumbahnhof, um ihr Know how in anderen Staaten einzubringen – allein schon deshalb, weil in Tjuratam zeitweise die Lebensmittelversorgung nicht gewährleistet war und die medizinische Betreuung bestenfalls noch als mangelhaft bezeichnet werden konnte.

Doch was des einen Leid, ist des andern Freud. Billiger waren die russischen Designer auf dem freien Arbeitsmarkt nicht mehr zu haben. Und Staaten wie Pakistan oder der Irak boten lukrative Konditionen.

Viele aber harrten aus – ebenso in den Vereinigten Staaten. Voraussetzung war dort freilich, dass sie nicht von der NASA hinauskomplimentiert wurden. Doch genau das Gegenteil war der Fall: Von den einst rund 400.000 Mitarbeitern der Raumfahrtbehörde waren Ende der 1980er Jahre kaum mehr als 30.000 übrig geblieben. Man kann nicht einmal abschätzen, welches Geistespotential dadurch verloren ging. Doch das war lediglich die eine Seite der Medaille.

Andere Staaten erkannten, dass die Eroberung des Mondes Mitte und Ende der 1980er Jahre praktisch paralysiert war. Und so kam es, wie es letztlich kommen musste: Aus dem Zweikampf um den Mond wurde ein internationaler Mehrkampf. Freilich: Dieser Wettlauf, der nunmehr bereits zweite, spielte sich nur teilweise in der Öffentlichkeit ab. Und es gab einen gravierenden Unterschied: Diesmal ging es nicht darum, lediglich ein bis zwei Astronauten auf der Mondoberfläche umherspazieren zu lassen. Erstmalig in der Menschheitsgeschichte ging es um die Vorherrschaft auf einem anderen Himmelskörper.

Und wie so oft, kündigen sich große Ereignisse erst durch kleine, kaum wahrgenommene an. So auch in diesem Fall, wie das nächste Kapitel zeigen wird.

Was aber den »Koloss von Tjuratam« anbelangt, so wird die Energija-Rakete lediglich eine Fußnote in der Raumfahrthistorie werden. Das ändert freilich nichts daran, dass sie eine große Chance bot, nämlich die Chance auf eine gemeinsame Errichtung der ersten Menschheitskolonie im All.

Kapitel 20

DIE DRITTE MACHT

Es war kein »Sputnik-Schock«. Nein, das war es wirklich nicht. Aber die Weltpresse feierte das Ereignis doch mit der ihm gebührenden Anerkennung. So betitelte die »Frankfurter Allgemeine Zeitung« ihren Artikel »Japan startet Mondrakete«, und die Münchner »Abendzeitung« schrieb anerkennend: »Japan greift nach dem Mond«. Immerhin lag der letzte Start einer Sonde von der Erde zum Mond an diesem 24. Januar 1990 bereits 14 Jahre zurück. Doch nicht die Tatsache, dass der Satellit Muses A (der später in Hiten umbenannt wurde) den Erdtrabanten zum Ziel hatte, als vielmehr dessen Absender ließ aufhorchen. Denn nicht etwa, wie man erwarten möchte, das zerfallende sowjetische Imperium oder die USA standen als Absender auf dem Mini-Kundschafter. Hiten gilt vielmehr als Auftakt der japanischen Sonnensystemforschung – und vor allem als »Startberechtigung« für den neuen Wettlauf zum Mond.

Bis dahin war es freilich ein langer und steiniger Weg gewesen für die japanische Raumfahrtbehörde National Space Development Agency (NASDA). Es lag erst rund vier Jahre zurück, dass es japanischen Technikern gelungen war, sich mit der Rakete Nippon-H-1 von der nabelschnurartigen Abhängigkeit Amerikas wenigstens halbwegs abzukoppeln, denn die erste Stufe dieses Weltraumträgers war eine Eigenkonstruktion und eine Eigenproduktion.

Eine erste »Duftmarke« gesetzt: Mit der kleinen Sonde Hiten demonstrierte Japan seinen Ambitionen in der Raumfahrt.
Bild: NASA

Indes ruhte sich das Land der aufgehenden Sonne nicht auf den schwer verdienten Meriten aus, sondern lancierte eben die kleine Sonde Hiten. Damit war Japan selbstredend noch längst nicht reif für die Eroberung des Mondes – aber immerhin konnte Tokio mit dem Erfolg eine erste »Duftmarke« setzen. Anerkennung und Respekt stiegen noch, als das japanische Institute of Space and Astronautical Sciences (ISAS) außerdem ergänzend verlautbarte, dass Hiten eigentlich eine Doppel-sonde darstelle, denn sie fungierte zugleich als Transportvehikel für den polyhedralen Weltraumflugkörper Hagoromo, dessen Sender sehr zum Leidwesen seiner Erbauer jedoch vorzeitig ausfiel. Hiten selbst aber erfüllte seine Missionsziele zur vollsten Zufriedenheit aller Beteiligten.

Unter anderem dienten der Instrumententräger und ein Teil seiner Arbeit der Vorbereitung des Unternehmens Geotail, ein Gemeinschafts-projekt der NASA mit der ISAS. Geotail (Geomagnetic Tail Lab) wurde in Japan konstruiert und gebaut. Der Satellit wog respektable 790 Ki-logramm und führte nach dem gelungenen Start am 24. Juli 1992 vom Kennedy Space Center in Florida aus zahlreiche Vorbeiflüge, so genannte fly-bys, am Mond durch, um mit nahen Umfliegungen die Gravitati-on des Mondes zur Beschleunigung der Sonde ausnutzen zu können. Diese Technik gehört heute zum gängigen Repertoire der Planetenfor-schung. So war es Nippons Technikern und Ingenieuren innerhalb von nur zweieinhalb Jahren gelungen, an nicht weniger als drei Mondmis-sionen aktiv teilzuhaben oder gar federführend die Verantwortung für den Missionsablauf zu tragen.

Allerdings blieben auch Japan mit zunehmender Abnabelung von der US-Technologie dunkle Stunden nicht erspart. So verzögerten bereits 1989 ernsthafte Entwicklungsprobleme den für Januar 1992 vorgese-henen Start von Japans Großrakete H-II um über ein Jahr. Es zeugt jedoch von dem durch ihre Arbeit erworbenen Selbstbewusstsein der japanischen Ingenieure und Wissenschaftler, dass das ISAS praktisch zeitgleich ankündigte, eine Feststoffrakete zu entwickeln, um Sonden zum Mond und den benachbarten Planeten auf den Weg zu bringen. Leider war diese Ankündigung allzu optimistisch. Der unbemannte japanische Mondrover etwa wartet auch knapp 20 Jahre nach seiner Ankündigung noch immer auf die Realisierung.

So etwas ist freilich nichts Neues – Zeitprognosen im Hightech-Bereich verschieben sich in den allermeisten Fällen. Allerdings ist diese Verspätung schon eklatant. Dies darf man jedoch nicht dem mangelnden Können der japanischen Konstrukteure anlasten. Vielmehr sind sich widersprechende politische Entscheidungen und vor allem chronischer Budgetmangel die Hauptursachen dafür. Unter diesen Umständen nimmt es Wunder, was Japan dennoch bis heute zu Wege gebracht hat. Jüng-stes und bisher beeindruckendstes Beispiel ist die Mondsonde Kaguya.

Dennoch kann man nachempfinden, wie entnervend es sein muss,

175

wenn die vorbereiteten Konzeptionen und Planungen durch die wech-
selnden politischen und wirtschaftlichen Winde mit unschöner Regel-
mäßigkeit zunichte gemacht werden – und sich darüber hinaus natürlich

Gemeinschaftsprojekt der NASA mit der ISAS: Der von Japanern und Amerikanern
gemeinsam gebaute Satellit Geotail sollte die Auswirkungen der Magnetfelder der Erde
untersuchen. Bild: NASA

aufgrund der längeren Umsetzungszeit auch noch unnötig verteuern. Diese Zustände sind gerade im technikverliebten Japan besonders bedauerlich, wo die Raumfahrt auf reges Interesse stößt und sich großer Beliebtheit in der Bevölkerung erfreut. Angesichts der schleppenden Weiterentwicklung der nationalen und internationalen Raumfahrt ist es wenig überraschend, dass die Japaner Mitte 1994 die Konzeption für einen Alleingang zum Mond vorlegten. Zusätzlich wurde zum Zweck dieser Ausarbeitung und ihrer Förderung die Lunare und Planetarische Gesellschaft (LPG) gegründet. Einen Vorteil immerhin hat diese Studie: Folgt man Nippons Vorschlägen, käme man auf einen Betrag für die Baukosten der Mondenklave, der lediglich etwa zehn Prozent der Kosten beträgt, welche die Vereinigten Staaten für die Umsetzung dieses Vorhabens veranschlagen. Die Gründungsmitglieder der LPG waren fast ausnahmslos Experten in Regierungsdiensten und Ingenieure von Großfirmen zumeist aus der Baubranche. Doch wie kann diese enorme Kostensenkung erfolgen? Entsprechend der Angaben des seinerzeitigen ISAS-Chefs Ryojiro Akiba lässt sich dies vor allem durch den überwiegenden Einsatz von Robotern beim Aufbau der Station für die nachfolgende sechsköpfige Crew bewerkstelligen.

Japans Ziel

Was in den Medien 1994 nur schwache Resonanz fand, war in Wirklichkeit jedoch eine kleine Sensation. Japan gab quasi vor, worum es beim zweiten Wettlauf zum Mond geht: um den Aufbau einer kostengünstigen, nach wirtschaftlichen Rentabilitätsgrundsätzen arbeitenden Mondstation für bis zu sechs Astronauten. Sogar Hotelanlagen an den Apollo-Landeplätzen sind im Gespräch und beflügeln die Träume der Mondenthusiasten.

Doch ob das alles so schnell (und ob es überhaupt) kommen wird, ist

Im Konzert der großen Raumfahrtnationen mitmischen: Der Start einer Rakete der Baureihe H verdeutlicht die ehrgeizigen Pläne im Land der aufgehenden Sonne.
Bild: NASA

Mit kleinem Budget zielgerichtet ins All: Die Mondsonde Kaguya zeigt eindrucksvoll, zu welchen Leistungen die japanische Raumfahrt in der Lage ist.   Bild: NASA

zumindest zweifelhaft. Auch der langjährige NASA-Planer Jesco von Puttkamer prognostizierte 1985, dass die NASA im Jahre 2008 über eine Mondbasis, genannt Mondbasis 1, verfügen würde. Wir haben bereits festgestellt, dass solche Zukunftsprojekte sehr häufig den tatsächlichen Gegebenheiten weit voraus sind. Wir müssen aber genauso erkennen, dass derartige Projekte letztlich in der einen oder anderen Form sehr wohl umgesetzt wurden.

Nun, wie dem auch sei: Japan hat seine Anwartschaft auf Beteiligung an der Eroberung des Mondes jedenfalls respektabel unter Beweis gestellt und wurde zum begehrten Partner im All. So fertigte man zwischenzeitlich zwei eigene kleine Module, die man, wie vorgesehen, in die Konfiguration der Internationalen Raumstation ISS integrierte. Auch haben japanische Astronauten als Gastflieger wiederholt entsprechende Raumflugerfahrung sammeln können. Es ist daher unschwer zu prognostizieren, dass Japan seine äußerst erfolgreiche Arbeit auf dem Raumfahrtsektor weiterhin fortsetzen wird – und vielleicht sogar einer von Nippons Söhnen oder Töchtern zur Stammbesatzung der ersten Mondbasis gehören wird.

Kapitel 21

ZIEL »MONDBASIS«

Die Japaner sind freilich nicht die ersten, die den Mond als Außenbasis der Menschheit, als unseren künftigen Vorposten im All, betrachten. Es ist vielmehr ein alter Wunsch, welcher der Sehnsucht entspringt, dass wir auch im Falle der Zerstörung unseres Heimatplaneten eine »zweite Erde« geschaffen haben, auf der die Menschen überleben. Unter psychologischen Aspekten ist die Triebfeder für die Errichtung der Mondsiedlung also ähnlich wie die Freude über einen Stammhalter zu sehen. Beides entspricht unserem Denken, unserer Hoffnung, dass nach unserem Tode »etwas von uns bleibt« – sowohl als Individuum wie auch als Mitglied dieses Planeten mit all seinen Gesellschafts- und Kulturformen.

Was die Mondbesiedelung anbelangt, so ist immer wieder festzustellen, dass drei Begriffe – Mondbasis, Mondstation und Mondkolonie – häufig in einen Topf geworfen werden. Auch Fachleute differenzieren nur selten, obwohl klar unterschieden wird:

* Unter einer *Mondbasis* versteht man eine kleine, räumlich eng begrenzte Anlage, die ersten vorläufigen Untersuchungen vor Ort dient. Sie schafft ferner die wissenschaftlichen und technischen Voraussetzungen für die Errichtung einer Mondstation. Ihr wichtigstes Merkmal: Sie soll die permanente Präsenz von Menschen auf dem Mond gewährleisten.
* Die *Mondstation* ist das erste, anfänglich noch eng begrenzte Siedlungsgebilde auf dem Erdtrabanten. Nach Beendigung ihres Aufbaus soll sie zunehmend autark werden von der irdischen Versorgung.
* Die *Mondkolonie* schließlich ist eine stetig wachsende, großflächige Ansiedlung, von der aus weitere lunare Kolonien angelegt werden.

Wir sprechen heute also eigentlich von der Errichtung einer Mondbasis, eines Gebildes relativ kleinen Ausmaßes. Die Konzeptionen hierfür sind unzählig. Sie sind geprägt vom jeweiligen Zeitgeist und dem technologischen Fortschritt. In einem Punkt jedoch unterscheiden sie sich faktisch nicht: Sie sind samt und sonders zu optimistisch, also zu groß und damit zu teuer konzipiert. Auch der Zeitfaktor für den Aufbau der

Basis oder der anfänglichen Kleinstation wird meist mit zu niedrigen Werten angesetzt. Ein Paradebeispiel hierfür gibt der ehemalige NASA-Raumfahrtplaner Jesco von Puttkamer. Er schreibt in seinem Buch »Der zweite Tag der neuen Welt« im Kapitel »NASA 2008 – Mondbasis Eins«: »Das soeben entworfene Szenario von Mondbasis Eins ist natürlich genau das: ein Szenario, nichts weiter. Doch ist die Rückkehr von Menschen zum Mond und die Errichtung einer Mondbasis in den späten Jahren des ersten Jahrzehnts nach 2000, frühestens etwa im Jahr 2006, ein weiteres Beispiel für die von der erdnahen Raumstation in ihrer Rolle als ›Brückenkopf‹ aufgetanen Möglichkeiten.« Das Buch wurde *1985* publiziert. So viel ist sicher: In der Realität wird die Basis in frühestens 15 Jahren stehen. Vorsichtigere Schätzungen gehen gar von 20 Jahren aus. Das ist die unbefriedigende Realität.

Und das, obwohl sogar teilweise die politische Unterstützung durchaus vorhanden ist. So erinnert sich heute kaum mehr jemand an den Vorstoß des ehemaligen US-Vizepräsidenten Dan Quale aus dem Juli 1989. In seiner Eigenschaft als Vorsitzender des nationalen Raumfahrtausschusses unterstützte er ausdrücklich die NASA-Pläne für die Errichtung einer Mondbasis »as America's next goal in space«, also dem nächsten Ziel, das die USA im All anvisieren. Die NASA-Studie, das war in erster Linie der »Ride-Report«, die erste wirklich detaillierte und durchkonzipierte Studie zum Aufbau einer Mondbasis. Das Team unter Leitung von Amerikas erster Frau im All, Sally K. Ride, sah einen Posten mit insgesamt fünf Mann Dauerbesatzung vor. An Kosten ermittelte man damals, im Jahre 1981, rund 100 Milliarden US-Dollar. Dafür erhalten wollte man, nach den Vorstellungen der Mitwirkenden an dem Report, mehrere kleine Forschungseinrichtungen, einen Lunar Rover und einen ersten kleinen Versuchsgarten.

Der nach ihr benannte Report enthielt detaillierte Überlegungen zum Bau einer Mondbasis: die Astronautin Sally Ride.
Bild: NASA

Dan Quales Vorschlag war der letzte konkrete politische

Vorstoß in dieser Richtung im 20. Jahrhundert. Und auch der »Ride-Report« verschwand heimlich, still und leise in der Schublade. Wie sämtliche früheren NASA-Entwürfe scheiterte auch dieses Konzept an stetigen Etatkürzungen.

Überflüssige Investition: Die Raumstation ISS brachte den Amerikanern nicht den gewünschten Fortschritt. Heute weiß man, dass es besser gewesen wäre, die Apollo-Missionen fortzuführen.   *Bild: NASA*

Was an Mitteln für diesen Sektor überhaupt zur Verfügung stand, wurde von Jahr zu Jahr weniger. Die Streichungen hätten sich mutmaßlich verhindern lassen, hätte man geahnt, wie nahe der Ride-Vorschlag an die Vorstellungen der Russen herankam. Nach dem Zusammenbruch der UdSSR zeigte sich nämlich, dass man in Russland offensichtlich zu einem viel früheren Zeitpunkt realistische Konzeptionen für eine permanente Basis auf dem Mond entwickelt hatte.

Die sowjetische Mondbasis Swesda wurde bereits im Jahre 1974 konzipiert; sie sollte folgende Elemente beinhalten:

- Lunar Expeditionary Spacecraft (LEK) mit einer Kapsel für den Wiedereintritt in die Erdumlaufbahn, deren Form jener der Sojus-Kapsel entsprach, aber größer als diese war und sowohl Platz für die Besatzung wie auch Stauraum für die Ausrüstung bot.
- Laboratory Residence Modul (LZhM), eine Wohn- und Arbeitsbasis für die dreiköpfige Besatzung.

Die permanente Basisstation hätte aus folgenden Elementen bestanden:

- Lunoschod, ein großes, mobiles Labor mit Rädern für einen Einsatzradius von bis zu 200 Kilometern Entfernung von der Basisstation.
- Laboratory Factory Module (LZM), ein Modul mit je einem biologischen und physikalischen Labor; in einem weiteren Bereich befanden sich Geräte, um Sauerstoff aus dem Mondgestein zu gewinnen.
- Kleine Nuklearreaktoren, um alle Module der Mondbasis mit Energie zu versorgen.
- Fahrzeuge zum Transport auf der Mondoberfläche und zu Versorgungsfahrten.

Das LEK sollte eine große Bandbreite von wissenschaftlichen und technischen Aufgaben erfüllen. Dazu zählten:

- astronomische und astrophysikalische Beobachtung anderer Planeten.
- medizinische und biologische Untersuchungen, worin gegebenenfalls auch die Produktion neuer Wirkstoffe zur bakteriologischen Kriegsführung enthalten sein sollten.
- Gewinnung neuer Stoffe und Gase aus dem Mondgestein (inklusive der Erzeugung des für menschliche Aktivitäten auf dem Mond unerlässlichen Sauerstoffs) sowie das Sammeln von Helium-Isotopen aus den Sonnenwinden zur Verwendung in Kernfusionsreaktoren auf der Erde.

Soweit skizzenhaft der Aufbau der sowjetischen Basis. Obwohl auch Swesda nicht verwirklicht wurde, hatte sie dennoch von allen bis dahin angefertigten Studien die größte Chance auf Verwirklichung. Aber auch sie blieb letztlich ein Traumgebilde.

Der Wandel im Denken der Verantwortlichen trat erst nach mehreren, verschiedenen Ereignissen in politischer, raumfahrttechnischer und wissenschaftlicher Hinsicht ein. Politisch war es zum einen zweifellos der Fall des Eisernen Vorhangs. Doch wie so häufig reichte das alleine nicht aus, um Änderungen in der politischen Denkweise auszulösen. Vielmehr brachte erst eine Katastrophe den Anstoß zu einer Kurskorrektur in der Raumfahrtpolitik der Supermacht USA.

»Lock the doors« – »Schließt die Türen«

LeRoy Cain stand in bester Tradition so berühmter Vorgänger auf dem Sitz des Flight Directors im Kontrollzentrum von Houston wie Gene Kranz und Chris Kraft, die sowohl Apollo 11 zum Triumph führten, als auch das Desaster von Apollo 13 zu einem glücklichen Ende brachten.

Cains Leistungen mögen zwar weniger spektakulär gewesen sein, in punkto Können und Kompetenz befand er sich mit seinen legendären Kollegen aber durchaus auf Augenhöhe. Das bewies allein schon seine Berufung zum Flugleiter des Mission Control Centers in Houston während der beiden schwierigsten (und somit gefährlichsten) Flugphasen, nämlich dem Start und der Landung der 113. Space-Shuttle-Mission, die am 1. Februar 2003 um 9.16 Uhr mit dem Aufsetzen des Raumschiffes Columbia ihr Ende finden sollte.

Doch Cains Gesichtsausdruck verriet, dass etwas nicht in Ordnung war. Tatsächlich zeigten die Monitore seiner Controller teilweise besorgniserregende Werte – besonders im linken Hydrauliksystem des Fahrwerks. Columbia war die älteste Fähre in der NASA-Flotte – und die erste, die ins All vorgestoßen war. Ihr damaliger Kommandant John Young war zuvor schon viermal im Weltraum (darunter zwei Mondflüge) gewesen. Nunmehr stand er auf dem zweiten Gang im Mission Control Room um die 28. Landung »seiner« Columbia zu verfolgen.

Die historische Raumfähre, sozusagen das Flotten-Flaggschiff, befand sich zu diesem Zeitpunkt in der kritischsten Phase des gesamten Unternehmens, dem Flug durch die oberen Schichten der Erdatmosphäre. Die Reibungshitze, die an manchen Stellen über 1.000 Grad erreichte, machte einen Funkverkehr während dieser Phase unmöglich. Dann fielen plötzlich die Temperatursensoren aus – einer nach dem anderen. Der für die mechanischen Systeme zuständige Officer Jeff Kling ergänzte noch: »Die betroffenen Sensoren befinden sich alle im linken Teil des linken Flügels der Columbia.«

Cain holte sich noch eine zweite Meinung ein. »Sieht bei Ihnen alles gut aus?«, fragte er Mike Sarafin, den Navigations- und Kontrolloffizier. Der antwortete ruhig: »Ich kann nichts feststellen, was nicht der Norm entspricht.«

Um 8.59 Uhr meldete sich Rick Husband, der Kommandant des Fluges STS 107: »Roger, uh, buh.« In diesem Moment brach die Funkverbindung wieder ab – und mit ihr die gesamte Datenübertragung. Sofort ist klar: Die Columbia verglüht am Himmel über Texas.

LeRoy Cain befahl: »Schließt die Türen.« Das bedeutete, dass kein Controller mehr seinen Platz verlassen durfte. Jeder hatte jetzt drei Aufgaben: Sämtliche Daten seines Bereichs zu sichern, seine persönlichen Mitschriften zu ordnen und persönliche Wahrnehmungen und Eindrücke bis zum Ausfall der Datenübertragung aufzuschreiben. Damit stand fest: Die Columbia und ihre siebenköpfige Besatzung würden als einer der größten Verluste in die Annalen der NASA eingehen. Ursache war letztlich ein Schaumstoffverkleidungsstück des Außentanks der Fähre, das ein Loch in den Hitzeschild des linken Flügels der Columbia geschlagen hatte. Das Ganze war bereits Sekunden nach dem Start geschehen.

Mit der Columbia hatte die NASA bereits ihren zweiten Orbiter verloren, nachdem 1986 die Challenger über Cape Canaveral explodiert war.

Die Columbia-Katastrophe war das letzte Glied in einer Kette von Ereignissen, die letztlich zu einer Zäsur in der Raumfahrtpolitik der

NASA-Administrator Michael Griffin: »Das Space-Shuttle-Programm und die International Space Station waren Fehler«

Bild: NASA

Start zum ihrem letzten Flug ins All: Die Raumfähre Columbia hebt am 16. Januar 2003 in Florida ab. Bei ihrer Rückkehr bricht sie am 1. Februar in 60 Kilometern Höhe über Texas auseinander.
Bild: NASA

USA führten. 100 Flüge sollte *jeder* Orbiter absolvieren, jetzt war man *insgesamt* erst bei Flug 113 angekommen – und hatte bereits 40 Prozent der gesamten Flotte verloren. Hinzu kam: Das bei seinem Jungfernflug »fortschrittlichste Raumschiff der Welt« (Puttkamer) war in die Jahre gekommen. Seit dem Erststart 1981 war über ein Vierteljahrhundert vergangen. Mit Raumfahrt-Hightech hat das Space Transport System mit den Shuttle-Flügen trotz mancher Modifizierungen nurmehr wenig gemein. Es ist eine tragisch-makabere Laune des Schicksals, aber der Verlust der Columbia und ihrer Besatzung hat die Rückkehr zum Mond nachhaltig beeinflusst und beschleunigt sowie die träge Raumfahrtpolitik der USA aus ihrem Dornröschenschlaf gerissen. So räumte NASA-Administrator Michael Griffin bereits 2005 in einem Interview mit der Zeitung »USA today« ein: »Das Space-Shuttle-Programm und die International Space Station waren Fehler. Die Apollo-Missionen zum Mond zu Gunsten der beiden Projekte zu beenden, war falsch.«

Kapitel 22

DAS CLEMENTINE-GEHEIMNIS

Es ist schon ein Treppenwitz der Raumfahrtgeschichte, dass nach den Luna- und Apollo-Missionen mehr spektakuläre Informationen über den Mond gesammelt werden konnten als bis zum Ende dieser Programme. Unser Bild vom Mond hat sich gründlich gewandelt – und damit auch unsere Sicht der Dinge. Der Erdtrabant ist wieder fest im Visier der führenden Raumfahrtnationen. Woher kommt dieser plötzliche Wandel?

Zunächst: Das neu erwachte Interesse am Mond kam entgegen weit verbreiteter Meinung nicht über Nacht. Es basiert vielmehr auf mehreren Faktoren, die einen Wechsel im Denken von Wissenschaft, Politik, Wirtschaft und Militär auslösten.

Eine dieser Ursachen haben wir bereits erwähnt: Es ist die Einsicht, dass in der bemannten Raumfahrt die Eckpfeiler Raumstation und Raumfähren veraltet und/oder unnütz sind – und zu unrentabel obendrein. Man benötigt keine ISS, keine Raumstation großen Ausmaßes. Ein, zwei Stationen in der Größe der ehemaligen Skylab- und Saljut-Raumbasen (selbstverständlich neu konzipiert und flexibel gestaltet) reichen völlig aus.

Man darf dabei nicht vergessen, dass gerade die US-Raumstation Skylab ein regelrechtes »Abfallprodukt« des Apollo-Programms war. Man wollte das Projekt nach seinem eigentlichen Abschluss in den 1970er Jahren wegen seines unerwartet großen Erfolgs sogar fortführen – das Himmelslabor sollte praktisch einer Renovierung unterzogen werden. Doch das Vorhaben scheiterte kläglich, weil der Raumtransporter noch nicht einsatzbereit war. Aber damals wurde das Prinzip angewandt, auf das die NASA in Zukunft setzen will: Der Einsatz großer Raketen mit hoher Nutzlastleistung soll das Space Shuttle überflüssig machen, weil es zu gefährlich und zu teuer ist. NASA-Administrator Michael Griffin forcierte deshalb die Entwicklung eines »heavy lift launchers«, einer Schwerlastrakete nach dem Vorbild der Mondrakete Saturn V.

Die Einstellung der bisherigen Projekte ist somit verständlich, logisch und konsequent.

Wieso aber richtet sich der Blick wieder zum Mond? Das wäre keinesfalls zwingend. Und tatsächlich gab es eine Zeit, in der beispielsweise einer Erkundungsexpedition zum Roten Planeten, dem Mars, mehrheitlich der Vorzug gegeben wurde. So äußerte der bekannte Astronom und glühende Raumfahrtbefürworter Carl Sagan: »Warum ausgerechnet Mars? Warum nicht wieder zum Mond fliegen? (...) Ich befürchte, dass der Mond, so nahe er auch sein mag, einen langen Umweg, wenn nicht gar eine Sackgasse darstellt.«

Carl Sagans Sichtweise hat sich nicht durchgesetzt. Mehrheitlich kommen die Planetologen heute (wieder) zu dem Schluss, dass der Mond im Bereich der bemannten Raumfahrt erste Priorität haben sollte – und das aus sehr plausiblen, rein wissenschaftlichen Gründen. Der Sinneswandel beruht auf den Forschungsergebnissen mehrerer Sonden in den 1990er Jahren.

Die Karte des Galileo

So startete die NASA 1989 die Jupiter-Sonde Galileo – doch sie flog nicht auf direktem Weg zu dem entfernten Planeten. Zunächst raste Galileo vielmehr in die genau entgegengesetzte Richtung, zum Planeten Venus. In dem bereits erwähnten Swing-by-Verfahren wurde die kinetische Kraft des Instrumententrägers erhöht und wieder Richtung Erde geschleudert. Galileo erwies sich als ausgezeichneter kosmischer »Billardspieler«, der der Erde am 8. Dezember 1990 mit gerade mal acht Kilometer Abweichung von der vorausberechneten Flugbahn einen Kurzbesuch abstattete – aber auch dem Mond! Das wurde weidlich zu Forschungszwecken genutzt. So gelang es erstmalig, Mondregionen aus einem vollkommen anderen Blickwinkel zu betrachten, als dies bis dahin möglich gewesen ist. Dadurch gelang zum Beispiel die erste gute Abbildung des fast 2.000 Kilometer großen Aitken-Einschlagbeckens. Insgesamt blieben für die Untersuchung des Erde-Mond-Systems aber nur knappe drei Tage Zeit, bis Galileo wieder in den Tiefen des Alls verschwand und die Instrumente dadurch in den Bereich außerhalb ihres Messbereichs gerieten. Aber was sie zuvor aufgezeichnet und ins Kontrollzentrum nach Pasadena in Kalifornien übermittelt hatten, gehört zu den ergiebigsten Daten, die je eine Mondsonde zur Erde funkte.

Das ganze Prozedere wiederholte sich 1992. Beide »encounter« (Begegnungen), wie die Vorbeiflüge im Fachjargon lauten, ergänzten unser Bild vom Mond dramatisch. Den Galileo-Analysen zufolge ist der Mond jedenfalls übersät mit wertvollen Mineralien und weiteren Stoffen. Hierzu zählt unter anderem das auf der Erde nur in äußerst geringen Mengen vorkommende Helium 3, das zur Kernfusion verwendet wird. Zusammenfassend haben die Analysen von Galileo ergeben: Der Mond erscheint zum jetzigen Zeitpunkt als wahre Fundgrube wichtiger Bodenschätze!

Lieferte einige der wichtigsten Daten, die bislang über den Mond gesammelt wurden: die Jupiter-Sonde Galileo.   *Bild: NASA*

Es wird bereits erwogen, die Rohstoffe abzubauen und zur Erde zu transportieren. Derartige Überlegungen erscheinen uns jedoch verfrüht. Zuerst müssen Folgeuntersuchungen genauere Werte erbringen, erst dann lässt sich die Rentabilität ermitteln. Beim Aufbau einer Mondkolonie werden die Galileo-Resultate aber zweifelsohne mit ins Kalkül gezogen. War die Galileo-Mission schon ein Meilenstein in der Mondforschung, so ließ die nachfolgende Entdeckung unser Bild vom Mond aber endgültig in neuem Licht erscheinen.

»*Oh My Darlin' Clementine*«

Die Sache ist noch heute mysteriös – und sie wird es wohl auch bleiben. Gemeint ist der Start der US-Mondsonde Clementine am 25. Januar 1994. Es gibt nicht viel, was an diesem Flug feststeht – außer der Tatsache, das der Instrumententräger tatsächlich existiert hat. Angeblich sollten mit dem Clementine-Orbiter weiterentwickelte Messsensoren und andere neue Satellitenteile getestet werden – allerdings nicht von der NASA. Denn Clementine war kein Forschungsprojekt der zivilen US-Raumfahrtbehörde, sondern ein Unterfangen des Departement of Defense (DoD), des mächtigen amerikanischen Verteidigungsministeriums. Die Mission, so erklärte man damals, sei noch im Rahmen des SDI-Konzepts ersonnen worden.

Das mag durchaus zutreffen. Glaubwürdig ist es kaum. Es ist jedenfalls nicht plausibel, weshalb Clementine als (angeblich) erste Mondmission überhaupt nicht vom Weltraumbahnhof Cape Canaveral aus startete, sondern genau auf der anderen Seite der USA, von der in Kalifornien gelegenen, äußerst geheimnisträchtigen Vandenberg Air Force Base aus. Hierfür wurden zwei Beweggründe genannt: Für den Start konvertierte man eine der dort eingelagerten ehemaligen Interkontinental-Raketen des Typs Titan II, die man in Florida nach der Stilllegung des Startplatzes nicht mehr lancieren konnte. Und zum anderen verwies das Verteidigungsministerium auf die durch diese Maßnahme erzielte massive Kostenreduzierung der Mission. Insgesamt wurde so das Projekt auf einen »All-inclusive-Preis« von lediglich 80 Millionen US-Dollar taxiert. Dies war tatsächlich ein (auch für damalige Zeiten) wirklicher Spottpreis.

Clementine war eine originelle Namensgebung. Damit wurde die Assoziation zu einem bekannten Lied über die Tochter eines Minenarbeiters geschaffen. Und entgegen mancher Behauptung war Clementine genau das – ein Rohstoffsucher. Kernstück der wissenschaftlichen

Apparaturen war ein Multispektralanalysator. Damit kann man entfernte Objekte aufgrund ihrer spektralfarblichen Unterschiede und Farbintensität differenzieren. Ferner gehörte auch ein bildgebendes System zur Ausrüstung. Clementine verfügte damit gegenüber Galileo über eine in dieser Hinsicht noch weiter perfektionierte Ausrüstung.

Und noch etwas äußerst Merkwürdiges fällt auf. Das gesamte Raumfahrzeug wurde in nur 22 Monaten entwickelt und konstruiert. Das ist wahrlich rekordverdächtig. Aber das Glück war den Verantwortlichen hold, denn nach allem, was bis heute über die Clementine-Mission in Erfahrung zu bringen war, funktionierten sämtliche Systeme einwandfrei. Die von der Sonde übertragene Daten- und Bilderflut übertraf alles, was von bisherigen Mondsonden in Ost und West erreicht wurde. Dabei hatte der kosmische Kundschafter lediglich zwei Monate (von 19. Februar bis 22. April 1994) Zeit, um seine lunaren Hausaufgaben zu erfüllen. Wiederum war der Termindruck enorm. Die Begründung klingt einleuchtend: Der Clementine-Flugplan sah vor, nach dem Mond noch den Asteroiden Geographos mittels der Swing-by-Technik anzusteuern. Zu diesem Zweck wechselte die geheimnisvolle Sonde am 22. April 1994 neuerlich ihren Orbit, von dem aus sie durch das angestrebte Mond-Gravitationsmanöver Ende Mai auf Kurs zu Geographos gelenkt werden sollte.

Im Auftrag des US-Verteidigungsministeriums auf der Suche nach Rohstoffen: die geheime Mondsonde Clementine.
Bild: US-Departement of Defense

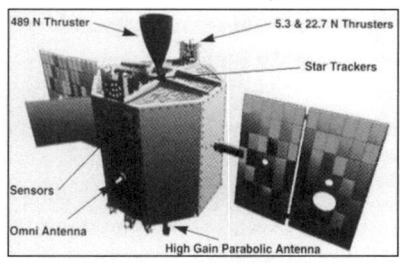

Hat rund 1,6 Millionen Bilder übertragen:
Die Datenflut von Clementine übertraf alle
Erwartungen.   *Grafik: NASA*

Bis dahin hatte Clementine ihren lunaren Auftrag vollständig erfüllt, wie es in entsprechenden Verlautbarungen heißt. Insgesamt übertrug die Sonde die unvorstellbare Menge von 1,6 Millionen Fotos in elf verschiedenen Spektralbereichen. Dadurch gelang auch die Abdeckung kleiner, bisher noch unbekannter Bereiche auf dem Mond. Allerdings hat die Sache einen weiteren Haken: Die Angaben über den tatsächlichen Umfang der Oberflächenerfassung schwanken. Längst nicht alle Quellen bestätigen eine hundertprozentige Kartierung. So finden sich überraschenderweise Angaben, die zwischen 95 Prozent und 100 Prozent schwanken.

Falls die Oberfläche tatsächlich vollständig erfasst worden ist, bleibt die Frage, warum das US-Verteidigungsministerium die zwar aufgenommenen, aber nicht publizierten ein bis fünf Prozent der Mondoberfläche unter Verschluss hält. Sollten andererseits nur etwa 95 Prozent tatsächlich optisch erfasst sein, stellt sich das Problem, wie es dazu kommen konnte, dass angesichts der Rekord-Fotoflut immerhin fünf Prozent nicht abgebildet wurden.

Auch das Ende von Clementine ist geheimnisumwoben. Wer versucht, den weiteren Weg der Sonde nach dem letztlich missglückten Geographos-Rendezvous zu verfolgen, bleibt im Ungewissen. Zwei erheblich von einander abweichende Versionen geistern durch US-Verteidigungsministerium und NASA. Einmal heißt es, der Satellit sei in eine Umlaufbahn um die Sonne eingeschwenkt. So jedenfalls steht es im seinerzeitigen »NASA-Satellite Situation Report«. Andere Quellen glauben hingegen zu wissen, dass Clementine am 14. Mai 1994 mit hoher Geschwindigkeit zurück auf den Mond stürzte und dabei zerschellte.

Es gibt, wie wir gesehen haben, zahlreiche Rätsel im Zusammenhang mit der lunaren Raumfahrt. Die Clementine-Mission nimmt darunter aber sicherlich eine Spitzenposition ein. Dabei war Clementines größte Entdeckung zu diesem Zeitpunkt noch vollkommen unbekannt.

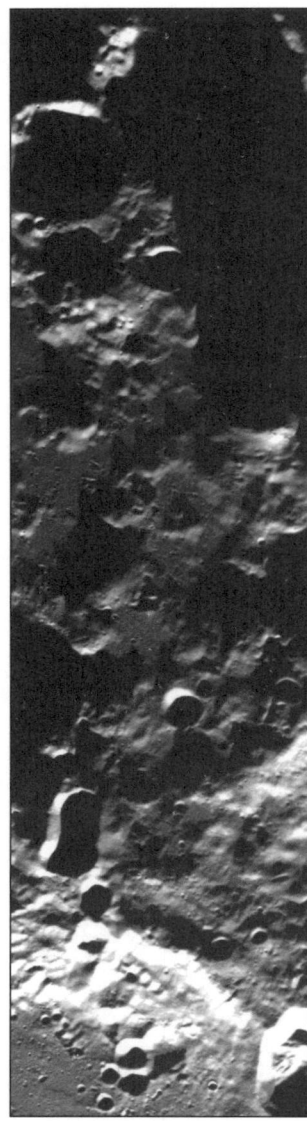

Die Sensation ist perfekt: Ein Laser-Altimeter der Clementine-Sonde entdeckte Vorkommen von Wasser am Südpol des Mondes.
Bild: US- Departement of Defense

Top Secret: Wasser auf dem Mond!

Die Sonde war nämlich der erste Späher, der konkrete Hinweise auf Wasser an exponierten Stellen des Mondes registrierte. Gelungen war die aufregende Neuigkeit mit einem Laser-Altimeter zur Höhenmessung. Das Gerät ermittelte just im Aitken-Bassin, also jenem Areal am Südpol des Mondes, das der US-Planeten-Kundschafter Galileo kurz zuvor gründlich untersucht hatte (siehe oben), dass dort in permanent im Schatten liegenden Regionen Wassereis vorhanden ist, das eventuell von Kometen eingetragen wurde und die Jahrmillionen überdauert hat.

Die Nachricht schlug wie eine Bombe gleichermaßen in der Fachwelt wie auch in der Öffentlichkeit ein. Sollte sich tatsächlich Wasser auf dem Mond befinden, würde das für den Aufbau einer Mondkolonie völlig neue Perspektiven ermöglichen. Quasi von einem Tag auf den anderen stand mit dieser Erkenntnis der Mond wieder ganz oben auf der Prioritätenliste der Raumfahrt-Programmplaner. Und ebenso plötzlich stand auch wieder Geld zur Verfügung, den Hinweisen auf Wasser nachzugehen und sich diesbezüglich letzte Gewissheit zu verschaffen.

In der hochkommenden Wassereuphorie blieb allerdings eine weitere Frage unberücksichtigt: Warum wurde das gewonnene Material bezüglich der Wasserdaten erst zwei Jahre, nämlich 1996, nach deren Empfang der Öffentlichkeit zur Kenntnis gebracht?

Ein deutscher Physiker meinte den Verfassern gegenüber: »So lange dauerte sicher die Datenanalyse.« Da mag der gute Mann durchaus Recht haben, es ist gleichwohl unlogisch, dass die Auswertung gerade in diesem Segment länger gedauert haben soll als in allen anderen Forschungsbereichen, da sie ja zeitgleich und mit derselben Ausrüstung unter genau den gleichen kosmischen Bedingungen erfolgte. Wollte etwa die NASA ihren Informationsvorsprung nicht preisgeben? Oder aber steckt doch das US-Verteidigungsministerium dahinter? Oder gar beide Institutionen? Wie haben wir nun gemäß der bisherigen Ausführungen die Clementine-Mission einzustufen?

- Clementine ist fraglos die bis heute mysteriöseste (bekannt gewordene) Mondmission der Amerikaner.
- Die Sonde hat (unbemannt) die größte und aussagekräftigste Datenmenge erbracht, die bisher in der Geschichte der Mondforschung gewonnen wurde.
- Ihre brisanten Ergebnisse waren mitverantwortlich für den sich abzeichnenden internationalen Wandel in der Beurteilung der Effizienz und Notwendigkeit der Mondforschung.
- Clementine offenbarte das rege Interesse des US-Militärs an der Monderkundung.

Rückblickend betrachtet waren Galileo und Clementine die ersten beiden Missionen eines neuen US-Mondprogramms, denn kurze Zeit nach Abschluss des DoD-Unternehmens beantragte die NASA einen weiteren eigenen Erkundungsflug – mit unerwartetem Erfolg. Das eingereichte Projekt Lunar Prospector wurde von der Regierung in Washington ohne weiteres genehmigt.

Spannung kam auf, als der »Mondschürfer« am 6. Januar 1998 seine kurze Reise antrat. Den an der Mission beteiligten Wissenschaftlern kam sie freilich wie eine Ewigkeit vor. Würde der Prospector die Clementine-Werte bestätigen? Er tat es. Die Fachzeitschrift »Astronomy now« brachte das Ergebnis bereits in der Headline ihrer Titelgeschichte im April 1998 auf den Punkt. »Eis auf dem Mond«, lautete ihre Schlagzeile. »Sonde findet gefrorenes Wasser an den Polen.«

Als hätte man nur auf diese Bestätigung gewartet, brach jetzt weltweit eine Lawine des Interesses an der Monderkundung los, die man nach der Apollo-Ära nicht mehr für möglich gehalten hätte. Aber diesmal würde es kein Wettlauf der beiden Weltmächte USA und Russland werden, diesmal würden viele der mächtigen Nationen gegeneinander antreten. Und es soll nicht mehr nur ein Wettrennen werden – auf dem Plan steht vielmehr die Eroberung des Mondes.

Bestätigte die Clementine-Erkenntnisse: Auch der Lunar Prospector fand gefrorenes Wasser auf dem Mond.   *Bild: NASA*

Kapitel 23

DIE GELBE GEFAHR

Die Ergebnisse der Monderkundungen in den 1990er Jahren entfachten ein bis dahin nicht für möglich gehaltenes Interesse und Engagement. Von Japans Beteiligung am »Spacerace« haben wir bereits erfahren. Ist dessen Beitrag schon beachtlich, so übertrifft der Einsatz der letzten kommunistischen Großmacht China diese Anstrengungen noch um ein Vielfaches.

China, das in der Vergangenheit im All eher durch Abwesenheit glänzte, hat seit der Jahrtausendwende enorme, kaum für möglich gehaltene Fortschritte erzielt. Gleichwohl, wie es in Diktaturen allgemeiner Brauch ist, verschweigt man nur allzu gerne den Preis, den man für diese Lorbeeren zahlen musste. Und der ist im Falle Chinas leider sehr hoch, vielleicht sogar am höchsten unter allen Raumfahrt betreibenden Nationen. Allein in der Zeit zwischen Januar 1995 und Februar 1996 muss die Volksrepublik den verhängnisvollen Fehlstart von zwei Trägerraketen des Typs Langer Marsch einräumen. Gemäß Berichten in der chinesischen Presse sind bei diesen beiden Katastrophen 26 Menschen durch Trümmerhagel getötet worden. Doch diese Angaben glaubt im Westen kein Experte. Nachrichtendienste gehen allein bei dem Unglück vom 15. Februar 1996, bei dem die vollbetankte Rakete in einem nur wenige Kilometer vom Startzentrum Xichang entfernt gelegenen Dorf explodierte, von 100 bis 500 Toten aus.

Hauptursache für die immer wieder auftretenden Pannen war und ist Chinas technologische Rückständigkeit. Früher wurden aus diesem Grund im Westen die Anstrengungen des riesigen Landes tatsächlich hochnäsig und arrogant belächelt. Damit ist es aber spätestens seit dem Oktober 2003 vorbei. In diesem Monat absol-

Der erste Chinese im All: Yang Liwei, der hier vom damaligen UN-Generalsekretär Kofi Annan empfangen wird. Bild: UNO

196

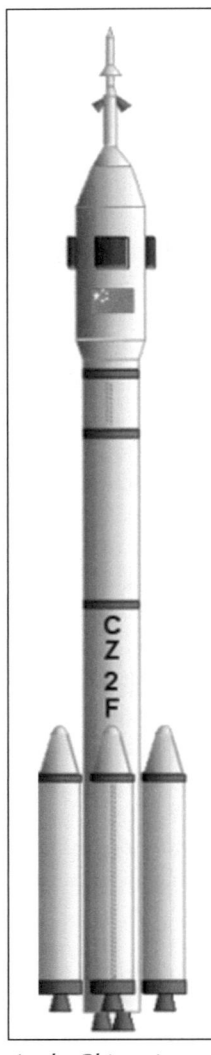

Auch China ist vor Fehlschlägen nicht gefeit: Bei zwei Fehlstarts der Trägerrakete Langer Marsch kommen viele unbeteiligte Menschen ums Leben.
Grafik: Reubenbarton

vierte nämlich der sympathische Taikonaut (chinesische Bezeichnung für Raumfahrer) Yang Liwei den ersten bemannten Raumflug für sein Heimatland. China ist damit die dritte Nation, die unter Beweis gestellt hat, dass sie aus eigener Kraft Menschen in den Weltraum befördern kann. Aber die Chinesen geben sich damit selbstverständlich nicht zufrieden. Wohin die Reise gehen soll, offenbaren sie erstmalig – in Deutschland. Im Rahmen der Weltausstellung Expo 2000 in Hannover präsentierte China eine komplette Mondbasis mit Mondfähre und Lunar Rover. Dabei folgen die Chinesen einem ihren Möglichkeiten angepassten, durchaus realistischem Plan:

• Start eines Lunar Orbiters; diese Mission wurde bereits im Oktober 2007 gestartet.
• 2010 ist die erste Landung einer chinesischen Mondsonde vorgesehen.
• 2012 soll eine ferngesteuerte Rover-Mission folgen, um mögliche Landeplätze für spätere bemannte Landungen in Augenschein zu nehmen.
• Bereits bei dieser Unternehmung oder (was wahrscheinlicher ist) erst im nächsten Schritt soll eine ferngesteuerte Sonde dann Proben von Mondgestein für eingehende Untersuchungen auf die Erde bringen.
• 2020 könnten schließlich die ersten Taikonauten den Mond betreten.

Voraussetzung hierfür ist natürlich wiederum, dass bei den bemannten Vorhaben keine verlustreichen Pannen auftreten. Davon blieb China bislang verschont; auch der zweite Flug – diesmal mit zwei Taikonauten an Bord – wurde gemeistert. Als Nächstes steht der erste Außenbordeinsatz eines Chinesen auf dem Programm.

Unverhohlen nennen die Verantwortlichen auch das Motiv für ihre ehrgeizigen Ziele. So erklärte diesbezüglich Professor Liang Guozhu von der Fakultät für Weltraumforschung an der Pekinger Beihang-Universität im Jahr 2007: »Der Mond ist reich an Uranium, Phosphor und Helium. China will diese Mondressourcen ausbeuten.« Und dann ließ er die Bombe platzen: »Was die Mondausbeutung anbelangt«, sagte er fast beiläufig, »wollen wir langfristig eine Mondstation errichten.«

Um diese ambitionierten Ziele auch tatsächlich realisieren zu können, so kündigten die Chinesen schon im Herbst 2005 an, entwickele man bereits eine neue Trägerrakete. Der chinesische Superbooster könnte bei dem Mondprogramm eine wichtige Rolle spielen.

Es sind also handfeste wirtschaftliche Interessen, die Chinas Kommunisten antreiben. Eines steht damit jedenfalls fest: Das einstige Kaiserreich will bei der künftigen Mondbesiedelung offensichtlich ein gehöriges Wörtchen mitsprechen.

Der erste »Schusswechsel«

Und falls es sein muss, sollen diese Ziele offensichtlich sogar mit militärischen Mitteln verfolgt werden. Jedenfalls hat das kommunistische Regime in Peking zwischenzeitlich eindrucksvoll demonstriert, dass es auch bereits über erste, gut funktionierende Weltraumwaffen verfügt. In der Nacht vom 11. auf den 12. Januar 2007 startete man vom Weltraumbahnhof Xichang aus eine ballistische Rakete. Nur wenige Minuten später pulverisierte sie in 600 Kilometer Höhe den funktionsuntüchtigen Wettersatelliten Fengyun-1c. Die USA reagierten entschlossen und eliminierten ihrerseits einen ihrer unbrauchbar gewordenen Orbiter als warnende Demonstration. Vielleicht wird dieses Prestigegeplänkel einmal als »erster Schusswechsel« bei der Eroberung des Mondes in die Geschichte eingehen.

Doch wie real sind die chinesischen Ambitionen? Auf den ersten Blick betrachtet und angesichts der mangelhaften Technik ziemlich gering bis aussichtslos. Doch genau hierin besteht der Irrtum! China hat sich enorm entwickelt. Durch den Abbau der Handelsbeschränkungen hat das bevölkerungsreichste Land der Erde einen nicht für möglich gehaltenen Wissensschub erfahren – und Informationen von außen erhalten. Doch derartige Dinge werden nicht oft publik gemacht. Tatsache ist: Die Chinesen zählen zu den eindeutigen Gewinnern der Glasnost- und Perestroika-Politik und der damit verbundenen Öffnung. So ist es eine Tatsache, dass die von China eingesetzten bemannten Raumschiffe der Shenzhou-Klasse auf den russischen Sojus-Einheiten beruhen! Noch ist nicht klar, ob ihnen hierzu die Baupläne der Sojus-Schiffe verkauft wurden oder ob Wissenschaftler und Ingenieure aus Russland nach dem Niedergang der dortigen Raumfahrt ihr Know how in den Dienst Chinas stellten – oder sogar beides. Und dann bliebe noch zu klären, welchen Anteil der chinesische Geheimdienst an der »Entwicklung« des Raumschiffes gehabt hat. Fest steht jedenfalls eins: Chinas Geheimdienstaktivitäten auf dem Gebiet der Raumfahrt sind umfassend und vielschichtig, wie mehrere erst Anfang des Jahres 2008 aufgedeckte Fälle untermauern. So teilte das US-Justizministerium Mitte Februar mit, dass man einen ehemaligen Mitarbeiter des Luft- und Raumfahrtkonzerns Boeing verhaftet habe, der Betriebsgeheimnisse an China weitergegeben

Basieren auf den russischen Sojus-Einheiten: die chinesischen Raumschiffe der Shenzhou-Klasse, von denen hier die Landekapsel zu sehen ist.   *Bild: Yxk*

haben soll – darunter auch Informationen über das amerikanische Space Shuttle. Und drei weitere Personen, so verkündete die Justizbehörde, seien festgenommen worden, nachdem sie Dokumente des US-Verteidigungsministeriums aus verschiedenen Forschungs- und Wissenschaftseinrichtungen an China geliefert haben sollen. Ob von diesem Spionagefall die NASA ebenfalls betroffen war, wurde nicht mitgeteilt. Chinas Streben nach hochmoderner Technologie ist jedenfalls augenfällig. Die deutsche Spionageabwehr kann ebenfalls ein Lied davon singen. Im Verfassungsschutzbericht 2008 der Bundesrepublik wird die Umtriebigkeit der Chinesen auf dem Sektor der Industriespionage deshalb auch explizit erwähnt. Neben der Auslandsaufklärung sind auf diesem Gebiet auch verstärkt die Mitarbeiter des Gouojia Anaquanbu – kurz GA genannt – tätig. Dieses Ministerium für Staatssicherheit ist eigentlich für die innerchinesischen Aktivitäten zuständig, operiert aber auch im Ausland. Mutmaßlich aber handelt es sich bei den Ausspähungen der NASA um Aktionen des Zhong Chan Er Bu. So heißt Chinas militärischer Nachrichtendienst. Angefangen bei den Killersatelliten, deren Aufgabe die Zerstörung anderer Satelliten ist, bis hin zu den geheimen Shuttle-Unternehmen des Pentagon fallen die ausländischen Raumfahrtaktivitäten eigentlich in sein Ressort.

Mit China wird also künftig auch verstärkt im All zu rechnen sein. Erinnern wir uns nur an die Entwicklung Japans nach Ende des Zweiten Weltkriegs. Erst kopierten die Japaner bis Mitte der 1970er Jahre die westlichen Produkte, dann schafften sie gleichwertige eigene Systeme, und heute sind sie längst auf vielen Gebieten führend. So weit ist China noch lange nicht – aber es ist auf dem Weg dorthin. Wer hätte beispielsweise vor zehn Jahren geglaubt, dass heute Ferraris und Lamborghinis durch Pekings Straßen röhren? Wir sind überzeugt: Nach einer weiteren Dekade werden»Boliden made in China« in europäischen Hauptstädten zu bewundern sein.

Das alles hat Indien bereits erreicht. Indische Computerexperten gehören zur absoluten Weltspitze und sind selbst in den USA gesuchte und begehrte Arbeitskräfte. Da verwundert es nicht, dass sich die indische Raumfahrtbehörde ISRO (Indian Space Research Organisation) gleichfalls am Spacerace beteiligen will. Dabei ist auch die Regierung in Neu Delhi von hohem Realitätssinn geleitet. Selbstverständlich kann Indien gegenwärtig längst noch keine eigene bemannte Raumfahrtindustrie aufbauen. Aber zumindest eine angemessene Beteiligung an der Besetzung des Mondes könnte bei dem Engagement herausspringen, hat doch die ISRO bereit 1984 ihren ersten Kosmonauten ins All geschickt. Major Rakesh Sharma flog damals im Rahmen des Interkosmos-Programms an Bord von Sojus T-11 zur Raumstation Saljut 7, um dort wissenschaftliche Experimente vorzunehmen. Seither hat Indien unter den Raumfahrtnationen einen Platz in der ersten Hälfte inne. Am 17. November 2006 kündigte das Land schließlich an, eine Sonde namens Chandrayaan 1 werde Ende

Flog im Rahmen des Interkosmos-Programms zur Raumstation Saljut 7: Rakesh Sharma, der erste indische Astronaut. Bild: Bharat Rakshak

des folgenden Jahres zum Mond geschickt. Für den Fall einer erfolgreichen Durchführung dieser Mission beabsichtige man eine nachfolgende zu finanzieren. Das Unternehmen Chandrayaan 2 würde dann auf der Mondoberfläche landen und einen Rover zur wissenschaftlichen Erkundung einsetzen, der unbemannt sei und von der Erde aus ferngesteuert werde.

Die Aufbruchstimmung in der Mondforschung treibt auch tragikomische Blüten. Das zwar an Rohstoffen reiche, aber wirtschaftlich notleidende schwarzafrikanische Land Nigeria kündigte im August 2006 an, bis 2030 einen Nigerianer auf dem Mond landen zu lassen – aus eigener Kraft! Das ist Wunschdenken, das in dieser Form sicherlich nicht in die Tat umgesetzt werden wird. Dabei handelt es sich lediglich um die Phantasieausgeburten einer weltfremden Politclique.

Indiens erste Mondmission: Mit dem Raumschiff Chandrayaan-1 stellt auch das riesige Land am Ganges seine Raumfahrtambitionen unter Beweis. Grafik: Indian Space Research Organization

Südkorea – mehr als nur ein Außenseiter?

Kaum wahrgenommen wurde von den Medien jedoch die Ankündigung des prosperierenden Südkorea, im Jahr 2020 eine eigene Sonde zum Mond entsenden zu wollen. Nach den bisherigen Vorstellungen soll es sich um einen Orbiter-Typ, also eine Raumsonde, handeln. Der Haken bei der Sache: Südkorea verfügt über kein adäquates Trägersystem – bis zum Jahr 2017 soll aber eines zur Verfügung stehen. Insgesamt, so kündigten die Koreaner an, in den kommenden zehn Jahren rund 2,7 Milliarden Euro in die Raumfahrt investieren zu wollen. Die Höhe dieser Summe unterstreicht die Ernsthaftigkeit der Regierung in Seoul, beim Spacerace dabei zu sein.

Davon sind auch die Amerikaner überzeugt. Ihnen ist nicht entgangen, dass der asiatische Verbündete mit Hilfe russischer Experten eine erste, allerdings noch schubschwache zweistufige Trägerrakete (Korea Space Launch Vehicle) entwickelte, die kurz vor der Einsatzreife steht. Mit seiner Finanzkraft ist das geteilte Land für die finanziell recht bescheiden ausgestattete NASA selbstverständlich ein lukrativer potenzieller Partner bei der Eroberung des Mondes. Als Gegenleistung hätten die USA ein verlockendes Angebot zu unterbreiten: die Mitnahme und den Aufenthalt eines Südkoreaners auf der zu schaffenden Mondstation.

Und tatsächlich hat es derartige Gespräche zwischen Washington und Seoul schon gegeben. Bereits im Dezember 2006 haben die Amerikaner die südkoreanische Seite – zunächst informell – eingeladen, sich aktiv an der künftigen Mondforschung zu beteiligen. Konkrete Ergebnisse wurden dabei aber keine erzielt. Eines jedenfalls ist sicher: Die Vereinigten Staaten waren erst die zweite Nation, die bei den Südkoreanern anklopfte. Die Ersten waren wieder die Russen. Noch bevor die Amerikaner überhaupt in Korea eingetroffen waren, konnte der Chef der russischen Föderalen Raumfahrtagentur, Anatoli Perminow, am 17. Oktober 2006 im Rahmen einer Pressekonferenz den Abschluss mehrerer weitreichender Raumfahrtabkommen zwischen Moskau und Seoul verkünden. Zu den konkreten bilateralen Ergebnissen, die hierbei vertraglich vereinbart wurden, zählen unter anderem:

- die bereits erwähnte, gemeinsame Entwicklung einer Rakete.

Für die Finanzierung kommt dabei in vollem Umfang die südkoreanische Seite auf. Perminov merkte noch ergänzend dazu an: »Das ist ein aussichtsreiches Projekt, dem andere Projekte, zum

Beispiel die Entwicklung von Weltraumsonden zu Forschungszwecken, folgen können.«

- die gemeinsame Errichtung eines Raketenstartgeländes auf süd-
koreanischem Hoheitsgebiet.
- die Mitnahme eines Südkoreaners ins All. Dieser Punkt ist bereits erfüllt, nachdem eine südkoreanische Kosmonautin bereits
im Frühjahr 2008 an einem mehrtägigen Aufenthalt im All teilgenommen hatte.

Es mag auf den ersten Blick verwundern, dass Seoul seine Schutzmacht
USA auf dem Gebiet der Weltraumforschung offensichtlich brüskiert
hat. Das entspricht jedoch der Praxis, welche die USA selbst eingeführt
haben. So hat man es etwa, um lediglich eines von vielen Beispielen
herauszugreifen, bei der europäischen Raumfahrtagentur ESA bis heute
nicht verziehen, dass der europäische Raumfahrtkonzern EADS, der
sich um den Auftrag für die Entwicklung des Space-Shuttle-Nachfol-
gers bewerben wollte, auf Anordnung der NASA von diesem Wettbe-
werb ausgeschlossen wurde.

Wir müssen erkennen, dass die Eroberung des Mondes also zu ver-
änderten bilateralen und internationalen Partnerschaften, ja sogar Bündnissen führen kann und dies teilweise auch schon tut.

Bliebe noch zu klären, in welcher Art und Weise sich die »großen
Drei« an der zweiten »Invasionswelle« zur Eroberung des Mondes beteiligten. Die großen Drei – das sind die NASA, Russlands föderale Raumfahrtagentur Roskosmos und die europäische ESA als Juniorpartner.

3. TEIL

GEGENWART UND ZUKUNFT
»… Aquarius überlegte, ob die Krater
wohl die Narben eines Krieges waren …«
aus: »Auf dem Mond ein Feuer« von Norman Mailer

Kapitel 24

DIE INVASION BEGINNT!

Selbstverständlich lagen die USA durch die mit ihren Sonden (von Galileo bis zum Lunar Prospector) gewonnenen Erkenntnisse beim zweiten Mondrennen zu Beginn dieses Jahrtausends unangefochten in Führung. Hinzu kam, dass der technologische Vorsprung gegenüber den anderen Nationen so groß war, dass es keines hektischen Aktionismus' bedurfte. Die nächste Mission wird deshalb besonders gründlich vorbereitet. Mit ihr soll der Mond vollständig neu kartiert werden – in nie zuvor erreichter Auflösung. Objekte bis zu einem Durchmesser von zwei Metern sollen dann deutlich erkennbar sein. Der Start des Lunar Reconnaissance Orbiters ist für Oktober 2008, den Zeitpunkt des Erscheinens dieses Buches, vorgesehen – als vorläufig letztes Raumschiff der »ersten Welle« zur Eroberung des Mondes.

Denn Russland beteiligt sich an dieser Phase überraschenderweise nicht – aus Geldmangel. Das bedeutet jedoch keinesfalls, wie sich noch zeigen wird, dass die einstige Weltmacht dadurch aus dem Rennen wäre. Die Erben von Sergej Koroljow sind vielmehr auch weiter-

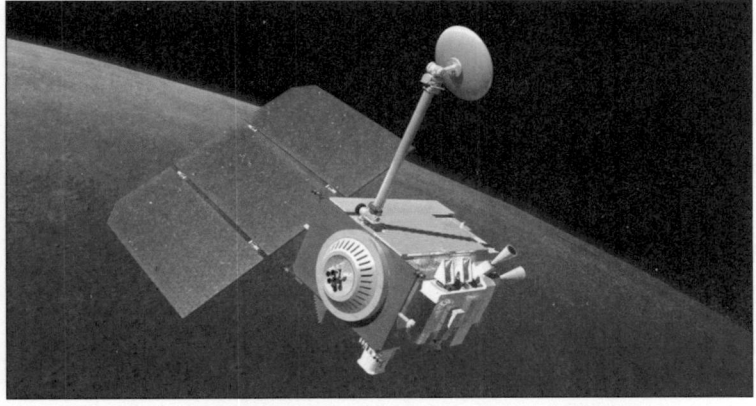

Soll Bilder in bisher nie dagewesener Qualität vom Mond liefern: der Lunar Reconnaissance Orbiter, den die Amerikaner Ende 2008 ins All senden wollen.
Bild: NASA

hin die unangefochtene Nummer zwei – und Russland tut alles, damit
das so bleiben wird.

Ganz anders verhält es sich mit Europa. Hier könnten die Gegen-
sätze nicht größer sein: Da werden Konzepte entwickelt, die Haar sträu-
bend sind. Man kann sich des Eindrucks nicht erwehren, als wäre es
politisch und ökonomisch gerade »in Mode«, eigene Mondprojekte auf
den Weg zu bringen. Andere Analysten sehen Mondmissionen, wo nicht
einmal Studien existieren. So berichtete die britische Fernseh- und
Rundfunkanstalt BBC zum Jahresbeginn 2007 von Bestrebungen, dass
das Vereinigte Königreich bereits 2010 unter der Bezeichnung Moon-
light eine eigene Mondsonde zum Erdtrabanten entsenden könne. Dabei
sollen vier Penetratoren (pfeil- oder auch granatenförmige Aufschlag-
sonden) in die Oberfläche eindringen und die darunter befindlichen
Regionen analysieren. Offensichtlich haben da einige Experten das
Desaster der Marssonde Beagle schon wieder vergessen, die 2004 aus
unbekannten Gründen mutmaßlich auf dem Roten Planeten zerschellte.
Man kann so ein Projekt nicht einfach im Handumdrehen aus dem Com-
puter stampfen. Es dauerte denn auch nicht einmal zwei Wochen, bis
die Raumfahrtagentur British National Space Center dem Vorhaben
ziemlich eindeutig eine Abfuhr erteilte. »Dies«, teilte sie mit, »sei sehr
unwahrscheinlich.« Allerdings hat es bereits Gespräche mit den Amerikanern über ein Gemeinschaftsprojekt in der kommenden Dekade
gegeben. Die Verhandlungen sind noch im Gange.

Angesichts derartiger Vorhaben in Großbritannien will auch Schweden nicht hinten anstehen, wie »The local Sweden's News« vermeldete. Demnach beabsichtigt der skandinavische Staat ein »kleines rotes
Häuschen« auf dem Mond zu errichten. Größe: acht Quadratmeter,
Gesamtgewicht: vier Kilogramm. Kostenpunkt der Luxus-Suite: Laut
der von der Swedish Space Corporation erstellten Studie müssten rund
500 Millionen Schwedische Kronen (knapp 50 Millionen Euro) zur
Realisierung ausreichen. Na, dann ist ja alles klar …

Selbstverständlich darf in diesem Reigen auch eine deutsche Ver-
tretung nicht fehlen – und sie tut es auch nicht. Das zwar wohlhaben-
de, aber in der Regel recht sparsame Bundesland Baden-Württemberg
war und ist im Spacerace-Fieber. BW 1 (für Baden Württemberg) soll
der amerikanische und russische Konkurrenz das Fürchten lehren. Dafür
macht das Bundesland gerne den Geldbeutel auf und die Euro-Millionen
bereitwillig locker.

Dabei war Europa vor noch gar nicht allzu langer Zeit unter dem Dach der ESA auf einem guten Weg – ja sogar hinter den USA und Russland als Nummer drei auf dem Siegertreppchen. Denn bereits am 27. September 2003 begann unter dem Namen Smart 1 die erste europäische Mondmission. Die Sonde funktionierte so gut wie tadellos und erfüllte sämtliche in sie gesetzte Erwartungen bis hin zu ihrem Aufschlag auf dem Mond im Jahr 2006. Wie wertvoll das von Smart

Startete am 27. September 2003 vom Weltraumbahnhof in Kourou: Smart 1, die erste europäische Mondmission.   *Bild: ESA*

gesammelte Material auch für die USA ist, mag man daran erkennen, dass die Daten sogar mit denen der Geheimsonde Clementine kombiniert und abgeglichen wurden. »Dabei konnten neue Erkenntnisse über die Tektonik des Mondes und mögliche Mondvulkane gewonnen werden«, hieß es dazu in der Presse.

Smart 1 bildete also sozusagen die Speerspitze der ersten Welle zur Eroberung des Mondes. Im Einzelnen kam beziehungsweise kommt es zu folgenden Unternehmungen:

Start	Name	Raumschifftyp	Herkunftsland
27.09.2003	Smart 1	Orbiter	Europa
14.09.2007	Kaguya	Orbiter	Japan
21.11.2007	Chang'e 1	Orbiter	VR China
2008	Chandrayaan 1	Orbiter	Indien
2008	Lunar Reconnaissance Orbiter	Orbiter	USA

Smart war mehr als nur ein Achtungserfolg. Die Sonde untermauerte Europas Fähigkeiten in der Raumfahrttechnik und in diesem speziellen Fall in der Monderkundung. Jedoch mangelt es am Geld, ein geeignetes Programm zu realisieren. So ist noch immer fraglich, ob Smart wirklich einen Nachfolger erhält.

Auch Kaguya, die japanische Mondsonde, erfüllt ihre Aufgaben programmgemäß und bei bester Qualität. Umso bedauerlicher ist die Streichung des Nachfolgeunternehmens Selene durch die Regierung in Tokio. Selbstverständlich werden auch in diesem Fall »Finanzierungsprobleme« als politische Begründung ins Feld geführt.

Völlig anders verhält sich dagegen die US-Administration. Vor dem Hintergrund der durch die amerikanischen Sonden in den 1990er Jahren gewonnenen neuen Erkenntnisse, vor allem aber unter Berücksichtigung des Columbia-Absturzes nur ein Jahr zuvor, verkündete Präsident George W. Bush bereits am 14. Januar 2004 die Grundzüge der neuen Raumfahrtpolitik der Vereinigten Staaten. In einer Grundsatzrede im NASA-Hauptquartier in Washington kündigte er eine vollkommene Wende der Raumfahrtpolitik der USA an. »Es ist an der Zeit für Amerika, den nächsten Schritt in der Erkundung des Weltalls zu gehen«, sagte Bush. Sein erklärtes Ziel ist dabei die Rückkehr von Astronauten zum Mond und dort die Errichtung einer ständigen Station. Von dieser

Zwischenbasis aus könnte dann etliche Jahre später die Reise zum Mars in Angriff genommen werden. Die Kosten für die ehrgeizigen Pläne werden »durch Umschichtungen« im NASA-Etat selbst, aber auch durch zusätzlich gewährte Budgetmittel in Höhe von einer Milliarde US-Dollar für die Raumfahrtbehörde finanziert. Zu den Umschichtungen zählt vor allem die Stilllegung der verbliebenen Shuttle-Flotte, bestehend aus den Orbitern Discovery, Atlantis und Endeavour bis zum Jahr 2010.

Im Grunde war die Neuorientierung des Republikaners Bush lediglich die Wiederaufnahme der Vorstellungen des einstigen demokratischen Präsidenten John F. Kennedy – allerdings mit einem erheblichen Unterschied: Es kommt beim neuen Spacerace nicht darauf an, wer als erster (wieder) bemannt zum Mond fliegt, sondern wer die Fähigkeit entwickelt, sich dauerhaft auf dem Erdtrabanten festzusetzen. Im Klartext: Es geht um die Besetzung und Beherrschung des Mondes!

Dies hat, wie kein Raumfahrtereignis zuvor, auch direkte Auswirkungen auf die Machtverhältnisse auf der Erde – und zwar bereits jetzt. Denn gegenwärtig werden die Weichen für den Fortgang des Spacerac« gestellt. Wie wir bereits zum Ausdruck brachten, führt die neue Sicht- und Denkweise in der Raumfahrt (fast zwangsläufig) auch zu neuen politischen Bündnissen – oder sie hat bereits dazu geführt wie im Falle Russlands und Südkoreas. Doch das ist lediglich ein kleiner Mosaikstein.

China hält mit: Im November 2007 lancierte das Reich der Mitte die Raumsonde Chang'e 1.   *Grafik: NASA*

Der »*Fall Estonia*«

Tatsächlich läuft hinter den Kulissen der Machtzentren dieser Welt ein von der Öffentlichkeit und den Medien weitgehend unbemerktes diplomatisches und geheimdienstliches Treiben ohnegleichen. Es dient nur einem Zweck: bei der Eroberung des Mondes nicht ins Hintertreffen zu gelangen.

Vielleicht hätten wir auch heute noch keine Kenntnis darüber, wäre nicht in der Nacht zum 28. September 1994 die schlimmste Katastrophe der Nachkriegszeit über die zivile Schifffahrt hereingebrochen. Gegen 23.30 Uhr befindet sich das Fährschiff Estonia auf halber Strecke seiner Route zwischen dem estnischen Tallinn und dem schwedischen Stockholm. Die Ostsee wird von schwerem Sturm gepeitscht. Nicht einmal eine Stunde später, um 0.22 Uhr, wird das von der Estonia gesendete internationale Notsignal »Mayday« empfangen. Zwei Minuten darauf meldet der Funker: »Die Motoren sind ausgefallen. Wir haben 20 Grad

Amerikanisches Auslaufmodell: die Space Shuttles – wie hier die an die Raumstation Mir angedockte Fähre Atlantis – sollen bis zum Jahr 2010 ausgemustert werden.
Bild: NASA

Schlagseite, nein 30 Grad.« Es ist der letzte Funkspruch, der aufgefangen werden kann. Und um 0.48 Uhr verliert die finnische Militärstation Utö die Fracht- und Personenfähre auch von ihrem Radarschirm. Immerhin können noch 137 Menschen gerettet werden – für weitere 852 kommt allerdings jede Hilfe zu spät.

Noch ahnt niemand auch nur im Entferntesten, dass dieses maritime Desaster mutmaßlich einen hochbrisanten Hintergrund hat. Involviert sind – wie sollte es auch anders sein – »die üblichen Verdächtigen«: Politik, Geheimdienste, Militär und Wirtschaft. Die Gegenspieler sind – wie so häufig – Betroffene, die Medien und Informanten. Die einen wollen vertuschen und verschweigen, die anderen enthüllen und veröffentlichen.

Kapitel 25

DER FALL ESTONIA

Warum sank die Estonia? Wir wissen es nicht. Theorien und vor allem wilde Spekulationen füllen mittlerweile so viele Artikel und Bücher, dass sie schon eine eigene Bibliothek zu diesem Thema ergeben. Da ist etwa von einem Attentat des russischen Geheimdienstes die Rede. Andere wollen einen Konstruktionsfehler an dem Schiff festgestellt haben. Zu den zweifellos umstrittensten Publikationen über die Katastrophe gehört der Band »Die Estonia« der Journalistin Jutta Rabe. Obwohl das Buch stellenweise sehr hypothetisch argumentiert, ist es doch das Verdienst der couragierten Autorin, dass wir wenigstens eine annähernde Vorstellung haben von den geheimen Deals und Machenschaften der einstigen Erzrivalen USA und Russland auf dem Gebiet der Raumfahrt. Jahrelang haben die beiden Weltmächte nämlich nach dem Fall der Mauer eng miteinander kooperiert – auch im Bereich der Monderoberung.

Die mehrfach ausgezeichnete Autorin fand bei ihren achtjährigen Recherchen über die letzte Fahrt der Estonia heraus, dass ein an Bord befindlicher Passagier namens A. Voronin aus der estischen Hauptstadt Tallinn der Inhaber einer Handelsgesellschaft für »Space Technology« war. Das war zumindest ungewöhnlich, denn das wirtschaftlich marode Estland ist nicht gerade als Hightech- und Raumfahrtnation bekannt. Wieso also konnte dieser Händler im lukrativen Raumfahrtgeschäft mitmischen?

Die Antwort auf diese Frage war sensationell! Das Unternehmen war Teil einer Kette, so Jutta Rabe, »die sich mit ungewöhnlichem Technologietransfer beschäftigte. Ausgangspunkt ist eines der russischen Weltraumforschungszentren nahe Moskau; ein amerikanisch-russisches Joint

Mussten 852 Menschen bei ihrem Untergang sterben, weil es geheime Raumfahrtgeschäfte zwischen Ost und West gab? Die Ostseefähre Estonia sank am 28. September 1994.

Bild: Accident Investigation Board Finnland

Venture, das die Entwicklungen russischer Labors auswertete und an das Pentagon (US-Verteidigungsministerium, *Anm. d. Verf.*) verkaufte. Dies alles offiziell und mit Zustimmung des damaligen russischen Präsidenten Boris Jelzin.«

Doch das ist längst nicht alles, was Jutta Rabe über die ungewöhnlichen Geschäfte in Erfahrung bringen konnte. Sie berichtet weiter: »Die Russen hatten damals alles das, was den Amerikanern für viele ihrer ambitionierten Weltraumprojekte fehlte. Zum Beispiel Motoren, die auf Magnetismusbasis angetrieben wurden und keinen Treibstoff benötigen. Dies versetzte die Amerikaner endlich in die Lage, das SDI-Programm wieder aufzunehmen – denn ein Teil des Abwehrsystems, das im Weltraum stationiert werden sollte, konnte lange Zeit von den Amerikanern nicht weiterentwickelt werden, weil eben diese Motoren fehlten. Doch nicht nur diese intelligente Technik hatte es den US-Wissenschaftlern angetan. Auch die Weltraum-Nuklearreaktoren und hitzebeständige Legierungen, die über 3600 Grad Celsius standhalten, waren gefragt, weil unverzichtbar für die geplante US-Mission zur Sonne.«

Wer hätte das auch nur im Traum gedacht? Die globale Supermacht USA auf Shoppingtour für Raumfahrtzubehör – und das beim einstigen Erz- und Angstgegner Russland.

Der Transport der zwar legalen, aber doch äußerst ungewöhnlichen und im wahrsten Sinne des Wortes brisanten Ware erfolgte selbstverständlich ebenfalls absolut diskret und unverfänglich. »Alle diese Bestellungen wurden per Lastkraftwagen in den Hafen von Tallinn gebracht und dann auf der Estonia eingeschifft«, so Rabe. Und jedes Mal wartete in Schweden, auf dem militärischen Teil des Stockholmer Flughafens Arlanda, »bereits ein Flugzeug, das den Weitertransport in die Vereinigten Staaten von Amerika übernahm.«

Schweden hat stets vehement bestritten, dass es in die Estonia-Transporte involviert war. Doch im Januar 2005 kam eine neu eingesetzte Untersuchungskommission zu anderen Ergebnissen. Demnach hat Schweden selbst in mindestens zwei Fällen, konkret am 14. und 20. September 1994, eigene Militärausrüstung transportieren lassen. Allerdings hat auch diese Untersuchungskommission nicht sämtliche Spuren verfolgt. So unterließ sie es angeblich, etwaigen Militärtransporten anderer Nationen nachzuspüren. »Das ist nicht die Aufgabe der Kommission gewesen«, rechtfertigte Johann Hirschfeldt, der Vorsitzende des Gremiums, die verwunderliche und irritierende Unterlassung.

Können Jutta Rabes Ergebnisse überhaupt zutreffen? Man stelle sich vor: Was die Autorin hier letztlich behauptet, ist nicht mehr und nicht weniger als engste Kooperation der beiden Weltmächte Russland und USA auf einem der sensibelsten machtpolitischen Gebiete. Und das auch noch streng geheim – so geheim, dass bis heute fast jegliche Information darüber fehlt.

Aber es gibt bemerkenswerte Indizien für die stille Zusammenarbeit der Spione, Agenten und Soldaten:

- Laut Internet-Informationen verkaufte Russland noch 1997 insgesamt 94 Raketenmotoren der N-1-Mondrakete an eine US-Firma.

- Eine der Firmen, die Raketentriebwerke russischer Bauart vermarktete, war das amerikanische Luft- und Raumfahrtunternehmen Aerojet, wie sich US-Quellen entnehmen lässt.

- Das Organisationsmuster des Transports erinnert stark an Vorgehensweisen der CIA: Die geheime Übernahme wertvoller oder gefährlicher Fracht und deren spurloser Weitertransport via Flugzeug an einen unbekannten Ort zählt zu den Spezialgebieten des US-Auslandsgeheimdienstes. So hat bereits 1974 der hochrangige CIA-Mitarbeiter Victor Marchetti zu den geheimen Airlines der »Agency« geschrieben: »So unglaublich es klingen mag, die CIA ist heute im Besitz einer der größten, wenn nicht der größten Flotte ›kommerzieller‹ Flugzeuge in der ganzen Welt.«

Wir sehen also, dass neben den offiziellen Gemeinschaftsflügen mit dem Space Shuttle und den Sojus-Kapseln zur Raumstation Mir sowie in jüngerer Zeit zur internationalen Basis ISS tatsächlich geheime Aktionen der beiden Weltmächte auf dem Raumfahrtsektor stattgefunden haben. Allerdings ahnte wohl kaum jemand, wie brisant und umfassend sich diese Kooperation gestaltete.

Die Ehe scheitert

Allerdings war die Teamarbeit nicht von langer Dauer. Mit Wladimir Putin, dem ehemaligen Offizier des Auslandsgeheimdienstes KGB, nahm im Kreml ein äußerst intelligenter und machtbewusster Präsident die Zügel in die Hand. Er tat alles, um dem bankrotten Großreich wieder zu altem Glanz und Ansehen zu verhelfen. Spätestens an diesem Punkt brachen die alten Unterschiede der politischen Systeme wieder auf – und vor allem auch das gegenseitige Misstrauen.

Die Europäer werden für die Russen immer interessanter – unter anderem als Kooperationspartner für die Flüge zur Raumstation ISS (Foto).   Bild: NASA

So war man in Washington alles andere als erfreut, als man erfuhr, dass Russland auch mit der Volksrepublik China eine äußerst enge Kooperation einging. Russland nämlich versetzte die chinesische Raumfahrtindustrie erst in die Lage, überhaupt bemannte Flüge durchführen zu können. Die sowjetischen Experten verkauften Peking die dazu notwendigen Konstruktionspläne ihrer Sojus-Klasse, wobei es sich aber nicht um die modernsten Versionen handelte. Darüber hinaus sollen auch russische Experten ihren chinesischen Kollegen vor Ort beratend zur Seite gestanden haben. Die einst führende Macht im Spacerace hielt sich also unter anderem mit dem Verkauf ihrer geheimsten Raumfahrterrungenschaften über Wasser. Doch kein Nachteil, wo nicht auch ein Vorteil ist. Durch die verschiedenen internationalen Kooperationen, die Russland eingegangen ist, besitzt das Riesenreich mittlerweile die vielleicht umfassendsten Beziehungen im Raumfahrtbusiness. Das verwundert nicht – hat das Land doch viel zu bieten: in manchen Bereichen unerreichte Spitzentechnologie (wie sich aus Rabes Recherchen ableiten lässt), zuverlässige Produkte, robuste, ausgereifte Systeme und enorme Erfahrung.

Allein, es mangelt an den nötigen Finanzen. Auf der Suche nach potenten Finanziers wandte man sich an die europäische Raumfahrtagentur ESA. Kooperationsfelder gab und gibt es zuhauf – etwa die Mitnahme und Rückführung von europäischen Astronauten zur ISS. Das ist doppelt wichtig, weil die Amerikaner voraussichtlich 2010, wie wir erfahren haben, ihre gesamte Shuttle-Staffel einmotten und frühestens ab 2014 über ein neues System verfügen werden. Freie Plätze in den Sojus-Konfigurationen werden dann eine heißbegehrte Mangelware sein.

Auf dem ESA-Startgelände in Kourou wird derzeit ein Sojus-Startkomplex errichtet.
Bild: Philippe Semanaz

Und die Kooperation der Russen mit den Europäern trägt Früchte. Vorläufiger Höhepunkt der Zusammenarbeit ist die gegenwärtige Errichtung eines Sojus-Startkomplexes auf dem Territorium des ESA-Startgeländes Kourou in Französisch-Guyana. Wer hätte das Anfang 2000 auch nur für möglich gehalten? Die Anlage ist allerdings nicht für bemannte Starts ausgelegt. Aber der erste Schritt ist gemacht.

Ein russisch-europäisches »Mondbündnis«?

Offensichtlich ebenso ernst ist es Russland wohl auch auf dem Gebiet der Mondfahrt. Denn erst Anfang 2008 verbreitete Russland die sensationell klingende Meldung, man sei mit der ESA überein gekommen, gemeinsam ein neues Raumschiff für Flüge im erdnahen Raum und zum Mond zu bauen. Alexander Worobjow, der Sprecher der russischen Weltraumagentur Roskosmos, soll demzufolge wörtlich gesagt haben: »Die Erprobung (des neuen Raumschiffes, *Anm. d. Verf.*) ist für 2015 und der erste bemannte Start für 2018 geplant.« Doch so sensationell die Meldung auch klingen mag, beinhaltet sie keinen großen Neuigkeitswert, denn bereits seit 2004 beraten und diskutieren West und Ost über einen gemeinsamen Nachfolger für die Sojus-Konfigurationen. Das Einzige, was dabei schnell vonstatten ging, war der Wechsel der Projektnamen. Gegenwärtig steht das Vorhaben unter der Bezeichnung Crew Space Transportation System (CSTS). Doch CSTS hat nurmehr geringe Verwirklichungschancen. Nach Verlautbarungen des europäischen Raumfahrtkonzerns EADS hat CSTS »in den letzten eineinhalb Jahren zu nichts geführt«. EADS-Geschäftsführer Evert Dudok erklärte diesbezüglich: »Wir sind keinen Schritt weiter gekommen.« Selbstredend sucht er die Schuld dafür bei den Russen – es mangele ihnen an entsprechendem Engagement.

Das mag stimmen, ist aber mit Sicherheit nicht der einzige Grund für die Zurückhaltung, denn seit dem erfolgreichen Einsatz des ESA-Raumfrachters ATV blühen in Europa die Phantasien, erstmals selbst ein bemanntes Raumschiff auf den Weg zu bringen. Dazu soll nach den Vorstellungen der Befürworter der bislang automatisch fliegende ATV-Transporter in zwei Stufen bis 2017 in ein astronautentaugliches System umgebaut werden. Für die europäische Mondforschung wäre das freilich ein Schlag ins Gesicht, wenn nicht gar auf absehbare Zeit der Todesstoß. Auf beiden Hochzeiten kann die ESA nämlich nicht tanzen. Außerdem fehlt gegenwärtig die Notwendigkeit für dieses Gefährt.

Der Trend geht derzeit zur Multifunktion, also zur Mehrzweckverwendung der neuen Raumschifftypen für Orbitalflüge um die Erde ebenso wie für Flüge zum Mond und eventuell sogar zum Mars. Auf der anderen Seite ist die mangelnde Begeisterung für die Zusammenarbeit mit Russland durchaus verständlich. Die einstige Führungsmacht im All steht im Ruf, bei internationalen Projekten zwar gerne die harte Währung der Partner in Empfang zu nehmen, selbst aber nur äußerst ungern mit ihrem Know how herauszurücken. Es ist also durchaus verständlich, dass die ESA nach ihren zahlreichen Erfolgen in den letzten Jahrzehnten keine Lust mehr verspürt, noch weiter die Rolle des Juniorpartners mimen zu müssen, sondern nur noch »auf Augenhöhe« kooperieren will.

Tatsächlich ist Russland gegenwärtig ein raumfahrtpolitischer und finanzieller Unsicherheitsfaktor ersten Grades. Dies wird besonders deutlich, wenn man die Verlautbarungen über die weiteren Pläne der einstigen Großmacht bezüglich des Mondes miteinander vergleicht. Hier einige wenige Beispiele:

- Die Nachrichtenagentur Nowosti teilt am 2. Oktober 2006 mit, dass Russland für den Zeitraum 2011/2012 eine bemannte Mondumrundung plant.
- Am 18. Oktober 2006 berichtet Nowosti, dass Russland ein neues Raumschiff bauen will, das zum Mond fliegen kann. Der neue Typ soll die Bezeichnung Soyus-K erhalten.
- Ohne Quellennennung wird am 8. Dezember 2006 im Internet verbreitet: »Russland will gemeinsam mit den USA zum Mond.«
- Dagegen verbreitet unter anderem der Internetdienst »Mosnews« nur kurz danach, am 28. Dezember 2006, dass Russland und die USA den »Mond getrennt erforschen« werden.

Geheimer Mondpakt zwischen Russland und China?

Dies bedeutet eine radikale Abkehr von der nach Glasnost und Perestroika praktizierten Denk- und Handlungsweise der ehemaligen östlichen Führungsmacht. Damit war den Insidern sofort bewusst, dass es Kooperationen wie zu Zeiten des Falls Estonia mit den USA so schnell nicht wieder geben würde.

Doch die diplomatischen und nachrichtendienstlichen Kanäle wussten damals bereits mehr. Denn Russland beabsichtigt eine völlige

Neukonzeption seiner raumfahrtpolitischen Aktivitäten. Einerseits setzt man auf die Kooperation mit Europa, andererseits wird die Orientierung zu China immer konkreter – gerade auf dem Feld der Monderoberung. So beäugte man im Westen durchaus mit Argwohn, dass Nowosti im November 2006 ankündigte, Russland und China würden 2010 oder 2012 eine gemeinsame Bodenproben-Rückführmission zum Mond durchführen.

Der Argwohn kommt nicht von ungefähr. Vielmehr ist er durchaus berechtigt und nachvollziehbar, denn die vereinbarte Mission könnte bereits der erste Bestandteil einer umfassenden Kooperation zwischen dem alten Kaiser- und dem einstigen Zarenreich sein. Entsprechende Hinweise sind ebenfalls seit Ende 2006 in Umlauf. Es ist sogar davon die Rede, dass China und der Kreml einen regelrechten geheimen »Mondpakt« miteinander geschlossen haben.

Auch der »Ausverkauf« der russischen Raumfahrt wird wohl eine einmalige Episode der noch jungen Raumfahrtgeschichte bleiben. Sollte es tatsächlich einen zweiten Fall Estonia geben, wird er sich diesmal mit hoher Wahrscheinlichkeit unter umgekehrten Vorzeichen ereignen, denn die Sowjets bieten ihr Wissen und Können nur noch gegen gleichwertige oder gar Gewinn bringende Kooperationsabkommen feil. »Heute«, so ein Kenner der Materie, »kommt nichts mehr raus« (aus Russland, *Anm. d. Verf.*). Dafür bemüht man sich nach Kräften, an die glanzvollen Tage der Sputnik- und Wostok-Ära anzuknüpfen. Um wieder technisch auf den neuesten Stand zu gelangen, hat der Kreml den Einfuhrzoll für Raumfahrtprodukte drastisch gesenkt oder teilweise gänzlich gestrichen – so ändern sich die Zeiten.

Dass die USA darüber alles andere als erfreut sind, ist durchaus verständlich. Schon malte NASA-Administrator Michael Griffin in der angesehenen »Washington Post« das Menetekel an die Wand: »Der nächste Mensch auf dem Mond könnte« wegen der Etat-Kürzungen bei der NASA »ein Chinese sein.« Griffin vergisst dabei nur zu erwähnen, dass die Vereinigten Staaten selbst um Zusammenarbeit mit Peking bemüht waren.

Andere Nationen nutzen die Gunst der Stunde und bieten sich selbst als Partner an. Kanada etwa, das sich Hoffnung darauf macht, zirka 2024 an der Errichtung der Mondstation mitwirken zu können. Und selbst Großbritannien könnte tatsächlich im Spacerace noch eine Rolle übernehmen. Gegenwärtig laufen jedenfalls Bestrebungen, gemeinsam mit den Vereinigten Staaten einen kostengünstigen Mondorbiter zu bauen, wie wir bereits wissen.

Kanada fährt sogar zweigleisig. Orientierte man sich in der Vergangenheit hauptsächlich an seinem südlichen Nachbarn und Verbündeten USA, so zeichnen sich mittlerweile starke Tendenzen dahingehend ab, dass Kanada in der Mondforschung auch eng mit Russland kooperieren könnte. »Russland und Kanada wollen bei der Erforschung des Mondes zusammenarbeiten«, verkündete Marc Garneau, Kanadas erster Astronaut, in seiner neuen Funktion als Präsident der Weltraumbehörde seines Landes bereits im April 2005. Damals empfing Garneau den Leiter der russischen Weltraumagentur, Anatoli Perminow. Anlass des Treffens war die feierliche Unterzeichnung eines »Memorandums über gegenseitige Zusammenarbeit bei der Weltraumforschung und -nutzung« im zivilen Bereich.

Will eng mit Russland kooperieren: Marc Garneau, der erste kanadische Astronaut und heute Präsident der Weltraumbehörde seines Landes.   *Bild: NASA*

Noch enger und nicht minder überraschend wie die russisch-kanadische Kooperation ist auch die Zusammenarbeit zwischen China und Italien. Obwohl darüber nur sehr wenig in Erfahrung zu bringen war, scheint festzustehen, dass Rom und Peking den Prototypen eines neuen Mondroboters entwickeln. Die diesbezüglichen Studien sollen schon 2006 konkret begonnen haben.

Und was tut sich in Deutschland? Die Bundesrepublik ist auch in der Mondforschung führend – und zwar in der Konzeptionslosigkeit. So lässt der Luft- und Raumfahrtkonzern EADS Astrium im März 2007 mitteilen, dass 2013 ein deutscher Forschungssatellit zum Mond fliegen könnte. Die »Netzzeitung« berichtet nur wenige Monate später, dass die Deutschen schon 2012 zum Mond wollen. Gleichzeitig will man sich im Rahmen der ESA an der Kooperation mit Roskosmos beteiligen. Schon titelte die »Bild«-Zeitung überschwänglich: »Hurra, wir fliegen zum Mond!« Anspruch und Wirklichkeit klaffen indes weit auseinander. Es wird allmählich Zeit, dass man sich in den zuständigen Ministerien in Berlin nicht nur darüber einigt, wohin die Reise geht, sondern auch wann und mit wem. Doch um konkrete Aussagen drückt

Die Idylle trügt – zumindest bei der Raumfahrt: US-Präsident George W. Bush und der russische Präsident verfolgten damals trotz gemeinsamer Projekte höchst unterschiedliche Ziele.
Bild: White House

man sich in Deutschland herum. Projekte schießen zwar wie Pilze aus dem Boden – aber das war's dann auch.

Man sollte sich zumindest überlegen, ob man die Einladung des US-Präsidenten George W. Bush an die internationale Staatengemeinschaft in einer Rede vor der NASA am 14. Januar 2004, sich an der künftigen Mondforschung zu beteiligen, annehmen möchte oder nicht – und dann eine verbindliche Entscheidung treffen. Nichts aber ist schädlicher als die Ziellosigkeit, die Deutschland gegenwärtig praktiziert, denn während man sich hier noch überlegt, was man überhaupt will und sich leisten kann, bereiten die übrigen am Spacerace beteiligten Nationen schon die zweite Welle der Eroberung vor.

Kapitel 26

DIE ZWEITE WELLE

Während man in den politischen Schaltzentralen eifrig die Strippen zieht, rüstet ein Großteil der beteiligten Nationen unterdessen bereits für die zweite Phase der Monderoberung. Im Mittelpunkt steht dabei die eingehende Erkundung der Mondoberfläche. Zu diesem Zweck sollen verschiedene Sondentypen zum Einsatz kommen. Orbiter mit Penetratoren etwa, die an verschiedenen Stellen zu unterschiedlichen Zeiten in den Mondboden geschossen werden. Die Messdaten werden dann vom Orbiter »aufgefangen« und an die Erde übermittelt, wo sie anschließend ausgewertet werden.

Die zweite Klasse von Sonden wird voraussichtlich aus Bodenproben-Rückhol-Missionen (BRM) bestehen. Wie der Name schon sagt, sollen dabei Bodenproben aus unterschiedlichen Regionen des Mondes zur Analyse auf der Erde abgeholt werden.

Und der dritte Sondentyp wird Rover genannt. Dabei handelt es sich um autonom fahrende oder von der Erde aus gesteuerte Roboterfahrzeuge zur Erkundung der Mondoberfläche. Bezeichnenderweise sind bisher erst zwei Fahrzeuge dieser Bauart auf dem Mond eingesetzt worden, nämlich die äußerst erfolgreichen russischen Rover Lunochod 1 und 2, die mehr Fotomaterial übermittelten als alle übrigen Sonden der sowjetischen Luna-Reihe zusammen. Zweifellos ist dieses Erkundungsverfahren auch das spektakulärste, weil man ständig neue Strukturen der Mondoberfläche zu Gesicht bekommt. Um sich davon eine Vorstellung machen zu können, braucht man nur an die beliebten beiden Marsrover Spirit und Opportunity zu denken, die auch vier Jahre nach ihrem Aufsetzen auf dem Roten Planeten – wenn auch inzwischen etwas lädiert – ihr Arbeitspensum erfüllen. Dabei war diesen zwei Fahrzeugen lediglich eine viermonatige Lebensdauer prognostiziert worden. Doch gleichgültig, ob Windhosen oder Winter, ob steile Kraterwände oder Hügelformationen: Nichts konnte die beiden Rover bislang stoppen. Ähnlich spannende Aufnahmen darf man von den Mondfahrzeugen neuester Bauart erwarten. Waren die Lunochods schon beeindruckend, so dürften ihre Nachfolger rund 40 Jahre danach noch um ein Vielfaches spektakulärer werden, weil die technischen Fortschritte in dieser doch recht langen Zeitspanne enorm sind.

Folgende der oben beschriebenen Missionsprofile sind derzeit in konkreter Vorbereitung und haben gute Aussichten realisiert zu werden:

Startjahr	Name der Sonde	Nation	Sondentyp
2010/2011	?	Russland und China	BRM
2011	Chandrayaan 2	Indien und China	Rover
2011/12	?	Russland	Bemannte Mondumrundung
2012	Luna Glob	Russland	Mond-Orbiter
2012	Chang'e 2?	China (und Russland?)	Rover

Die Tabelle ist sehr aufschlussreich. Bei der Betrachtung fällt sofort ins Auge, dass sich bis jetzt keine westliche Nation an der »zweiten Welle« beteiligt. Dies hat seine Hauptursache zumindest teilweise in der verworrenen und verflochtenen politischen Situation auf westlicher Seite. Andererseits bedeuten unsichere Projekte noch nicht, dass sie nicht doch durchgeführt werden – wie auch umgekehrt nicht automatisch der Schluss

War ein großer Erfolg: der Einsatz des Marsrovers Spirit.   Bild: NASA

gezogen werden kann, dass fest kalkulierte und genehmigte Vorhaben letztendlich zur Realisierung kommen. So gesehen wird diese Übersicht noch mancher Ergänzung beziehungsweise Streichung bedürfen.

Besonders augenfällig ist auch die verzweigte Kooperation der beiden Raumfahrtgrößen China und Russland mit anderen Nationen *(s. Kapitel 25)*. Oberflächlich betrachtet Anlass zur Heiterkeit, in Wirklichkeit aber Anlass zur Beunruhigung gibt der chinesische Rover. Dessen frappie-

rende Ähnlichkeit mit den US-Marsspähern Spirit und Opportunity ist nicht zu übersehen. Die amerikanischen Vehikel stellen Hightech der absoluten Spitzenklasse dar. Ihre genaue Bau- und Funktionsweise ist deshalb verständlicherweise streng geheim. Wurden die begehrten Pläne also an Peking verkauft? Mit Sicherheit nicht – jedenfalls nicht von

Verblüffende Ähnlichkeit: Der chinesische Mondrover erinnert stark an das amerikanische Spirit-Fahrzeug. Bild: Transpicture

offizieller Seite. Kam China auf anderem Weg in den Besitz dieser wirklich brisanten Unterlagen? Natürlich schweigt man sich darüber sowohl in Washington wie auch in Peking beharrlich aus – die Amerikaner allerdings notgedrungen aus Mangel an Beweisen für den möglichen hochwertigen Datenklau, aber auch, um Hohn und Spott ob der eventuellen Sicherheitspanne in Grenzen zu halten.

Im Allerheiligsten der NASA

Intern löste dieses offenkundige Plagiat bei der NASA jedoch Alarm aus. Welche konkreten Sicherungsmaßnahmen von der amerikanischen Raumfahrtbehörde ergriffen wurden, war allerdings nicht einmal ansatzweise in Erfahrung zu bringen – ebenso wenig wie der (eventuelle) Fahndungsstand in dieser Angelegenheit. Wer aber drang in das »Allerheiligste« der NASA ein – eine Frage, auf die wir vielleicht nie eine Antwort erhalten werden. Aber der Vorgang dokumentiert die Entschlossenheit der am Spacerace beteiligten Staaten, Schwachstellen im eigenen System konsequent auszumerzen – egal wie, und koste es, was es wolle.

Erinnert sei in diesem Zusammenhang an die »Bildkosmetik« der NASA. Um der Weltöffentlichkeit beeindruckendes Bildmaterial vom

Mond liefern zu können, griff die amerikanische Raumfahrtbehörde gerne auch mal zum Retuschenstift. Das ist zwar nicht gerade eine vertrauensbildende Maßnahme, aber durchaus akzeptabel – zumal die NASA diese Vorgehensweise auch öffentlich eingestanden hat. Man weiß also, woran man ist.

Anders fällt hingegen die Wertung aus, wenn bewusst falsche Sachverhalte vermittelt werden. So soll es im November 2007 geschehen sein: Das erste Foto des chinesischen Orbiters Chang'e 1, auf dem mehrere Krater zu sehen sind, soll nämlich in Wahrheit von der NASA »entliehen« sein. So heftig wurden die Vorwürfe, dass Peking notgedrungen darauf reagieren musste. Ziyuan Ouyang, der wissenschaftliche Leiter des chinesischen Mondprogramms, stellte diesbezüglich in der Zeitung »Beijing News« kategorisch klar: »Es gibt absolut keine Fälschung.« Unterschreiben sollte man diese Expertise besser nicht, denn die Zweifler können gleichfalls dagegenhalten – mit einer US-Aufnahme, die bereits zwei Jahre zuvor gemacht worden war. Und tatsächlich ist die Ähnlichkeit äußerst auffällig. Dazu meint Ouyang: »Weil China und die USA ihre Fotos in derselben Region aufgenommen haben, ist es selbstverständlich, dass sich die Aufnahmen ähneln.« Das klingt logisch, ist es aber nicht, denn der Teufel steckt im Detail. Es ist wohl unstrittig, dass sich die beiden Sonden niemals in der exakt gleichen Höhe, bei auf dem Tag genau übereinstimmendem Sonnenstand und völlig identischen Orbitaldaten befanden. Abweichungen bei den Aufnahmen wären also geradezu ein Echtheitsbeweis. Tatsächlich will Ziyuan Ouyang ein zweifelfreies Unterschiedsmerkmal entdeckt haben.

An einer bestimmten Stelle des chinesischen Mondbildes gebe es *zwei* Krater, hingegen sei an der betreffenden Stelle auf dem US-Foto lediglich *ein* Krater erkennbar. »Vielleicht«, spekuliert er, »liegt das daran, dass die Auflösung der amerikanischen Aufnahme nicht hoch genug war.« Ja, mögliche Varianten gibt es zahlreiche – auch die des Retuschierens. Aber davon spricht Ziyuang mit keiner Silbe.

Eines kann Peking jedenfalls nicht leugnen: Geht es um Spionage in der Raumfahrt, wird China auffallend häufig als »einer der üblichen Verdächtigen« tituliert. Zwar ist Industriespionage wahrlich kein Monopolbereich der Asiaten, aber sollte der fototechnische Nachweis einer Fälschung des Bildes von Chang'e 1 gelingen, wäre dies, wie das Nachrichtenmagazin »Der Spiegel« schreibt, »das größtmögliche PR-Desaster« für die Chinesen und ihre hochfliegenden Pläne.

Doch kehren wir zurück zur zweiten Phase der Monderoberung.
Wo sollten die jeweiligen Sonden niedergehen?

2012: Mond-Grand Prix im Krater Schumacher?

Über der Antwort auf diese Frage brüten die Mondforscher bereits seit
geraumer Zeit. Eigentlich müsste man meinen, dass die interessante-
sten Ziele spätestens seit der Apollo-Ära bekannt sind. Dem ist nicht
so. Zu viel neues Wissen ist seit der letzten bemannten Mondlandung
im Jahre 1972 hinzugekommen. Ständig sind neue Erkenntnisse zu berücksichtigen und in das Missionsprofil einzubauen.

Besonderen Einfluss auf die Auswahl des Landegebiets hatte jahrelang die eventuelle Entdeckung von Eis an den Mondpolen. Mittler-
weile zweifelt man jedoch erheblich daran, dass die von den Orbitern in diese Richtung weisenden Übermittlungen richtig interpretiert wurden. Allerdings: Einige Forscher glauben, dass die Fehlinterpretationen über das Vorhandensein von Eis auf dem Mond zu einer viel zu extremen, ja radikalen Abkehr von den Mondpolen geführt hat. Einer von ihnen ist der NASA-Wissenschaftler Tony Colaprete. Er hält es nach monatelangen Studien für möglich, dass doch Eis vorhanden ist auf dem Mond, »nicht aber in der Form, wie das bei uns auf der Erde der Fall ist«, betont er. Nach Colapretes Ansicht ist die aussichtsreichste Suchregion der Krater Schumacher, unweit des Mond-Südpols. Kommt es dort zu einer Art »Mond-Grand-Prix« – ironischerweise ausgerechnet im Schumacher-Krater? Die Chance besteht, ist aber wenig

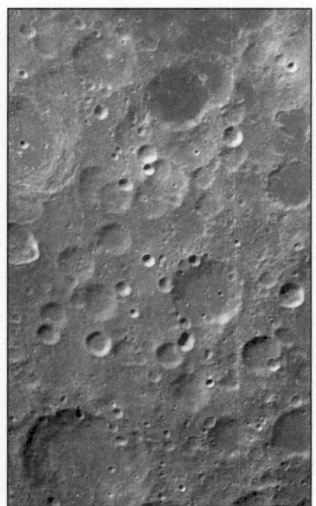

*Der Stein des Anstosses: Das erste
Mondfoto des chinesischen Orbiters
Chang'e 1 soll in Wahrheit von der
NASA stammen.*
Bild: China National Space
Administration

wahrscheinlich. Allein bei der NASA zählt man zwischen 40 und 60
Landestellen, die aus unterschiedlichen Gründen von herausragendem
Interesse sind. Eine dieser Stellen ist der Landeplatz von Apollo 11.
Am besten wäre es, wenn dort Chang'e 2 auftauchen würde – quasi
als unabhängiger »Gutachter« – und Bilder vom Landeplatz mit all den

Hinterlassenschaften von Armstrong & Co. zur Erde funken würde, denn durch die neutrale Visite könnte man die Frage beantworten, die viele Zeitgenossen bewegt: Haben die Apollo-Mondlandungen überhaupt stattgefunden, oder waren sie ein gigantisches Täuschungsmanöver der USA, um nicht als Verlierer aus dem Mondrennen hervorzugehen?

Kapitel 27

DIE MONDLANDUNG: EIN MÄRCHEN ODER MÄRCHENHAFTE WAHRHEIT?

Sind die Astronauten wirklich auf dem Mond gelandet? Oder war das gesamte Apollo-Unternehmen lediglich ein gigantisches Täuschungs-manöver? Die Zweifel an der geglückten Mondlandung sind nicht neu. Noch während der Apollo-Ära machte das Gerücht die Runde, die Mond-landungen seien nur vorgetäuscht worden. In Wahrheit habe man sie lediglich auf einer geheimen Basis in der Wüste von Nevada vorgetäuscht und hollywoodreif gefilmt. Diese Aufnahmen seien dann rund um den Globus ausgestrahlt worden.

In Deutschland ist Gernot L. Geise einer der bekanntesten Befür-worter der »Apollo-Lüge«. In seinem Buch »Die dunkle Seite von Apollo« behauptet er: »Sobald (erneut?) Astronauten auf dem Mond landen werden, wird der gigantische Schwindel auffliegen, denn dort gibt es keine Überreste von Apollo.«

Zur Beweisführung listet er die beeindruckende Zahl von 25 Ar-gumenten auf, die dokumentieren sollen, dass noch niemals ein Astronaut den Mond betreten hat. Hat die NASA wirklich die gesamte Menschheit hinters Licht geführt? Ist sie lediglich eine Lug-und-Trug-Organisati-on, welche die Gelder des Steuerzahlers dazu verwendete, die eigene Nation nach Strich und Faden zu betrügen? Gernot Geise glaubt »Ja«. Er vertritt die Meinung, »dass kein einziger Apollo-Flug zum Mond ge-führt hat«.

Greifen wir wahllos ein Beispiel aus seinem Buch heraus. Geise schreibt: »Was mir bis heute absolut nicht einleuchten will: Warum hat man bei einem solch teuren Unternehmen, wie es das Apollo-Projekt darstellte, bei dem jede Minute Millionen Dollars kostete, bei jeder einzelnen Mission neue Astronauten eingesetzt? (...) Warum hat man nicht ein Stammteam ausgebildet, das sämtliche ›Mondflüge‹ durch-führte, wie es sinnvoll gewesen wäre? Das ›Stammteam‹ hätte dann aus zwei Astronauten bestehen können, denen jeweils ein Neuling zuge-ordnet wurde.«

Was sofort auffällt ist, dass Geise die Funktionen des »Stammteams« nicht bezeichnet. Sollte das »Stammteam« nun aus Kommandant und Pilot des Lunar Module bestehen oder aus dem Kommandanten und dem Piloten des Kommandomoduls? Oder sollte gar der Kommandant zum »Stammteam« gewissermaßen als Lehrling hinzustoßen? Das sei Geise nicht unterstellt. Tatsache aber ist: Für Apollo wurden Drei-Mann-Besatzungen festgelegt, weil dies sinnvoll war. Jede Besatzung bestand aus einem Verantwortlichen für jedes Konfigurationsteil (Mondfähre und Kommandoeinheit) sowie dem Kommandanten als oberstem Entscheidungsträger. Jede dieser Aufgaben erforderte also in der Tat einen zuständigen Astronauten – gleichgültig, ob im Mondorbit oder an der Landestelle. Aber das nur grundsätzlich vorweg.

Geise hält ein »Zwei-Mann-Stammteam« für ausreichend. Das ist nicht haltbar. Gehen wir es theoretisch durch:

Flug 1	*Stammbesatzung A+B+*	*Neuling C*
		Ersatzcrew D+E+F
Flug 2	*Stammbesatzung A+B+*	*Neuling D*
		Ersatzcrew C+E+F
Flug 3	*Stammbesatzung A+C+*	*B verlässt die NASA*
		Neuling G
Flug 4	*Stammbesatzung A+C*	*Totalverlust der Crew*
		Neuling H
Flug 5	*Stammbesatzung D+E+*	*Neuling F*
		Ersatzcrew I+J+K
Flug 6	*Stammbesatzung G+H*	*D+E+F Repräsentationspflicht*
		Neuling I
Flug 7	*Stammbesatzung I+J*	*G Urlaub, H erkrankt,*
		K Neuling

Und so weiter, und so weiter ...

Wir sehen: Selbst bei einer Zwei-Mann-Stammbesatzung benötigt man mindestens ein Dutzend weiterer Astronauten, um auf sämtliche Eventualitäten angemessen reagieren zu können. Es ist sofort erkennbar, wie realitätsfern Geises Argumentation ist. Man denke nur daran, wie viel Zeit die Astronauten bei den Herstellern der Mondfähren, der Kommandokapsel oder der Antriebsrakete zubringen mussten. Oder wie lange das jeweilige Training mit der wissenschaftlichen Forschungs- und Experimentalstation ALSEP dauerte, die in keinem einzigen Fall identisch waren. Schließlich gab es da noch die Repräsentationspflichten. Die Crew von Apollo 11 etwa war monatelang rund um den Globus unterwegs und besuchte unzählige Länder. Hinzu kam das Sondertraining. So musste das Mondteam von Apollo 12 lernen, was es wo und wie von der Mondsonde Surveyor 3 zur Untersuchung auf der Erde demontieren sollte. Der Alltag eines Astronauten besteht aus etwa zwölf bis 14 Stunden. Während der Vorbereitung auf den Flug schnellt sie auf bis zu 18 Stunden – und das soll eine einzige Stammbesatzung leisten? Dabei haben wir die Übungen mit der Bodenkontrollstation, den Einsatz von Wissenschaftsastronauten unterschiedlicher Disziplinen und solche »Nebensächlichkeiten« wie Urlaub oder Krankheit noch gar nicht aufgelistet.

Im Übrigen ist bei Geises »Zwei-Mann-Stammbesatzung« die Mitnahme eines Neulings bei der Mondlandung selbst nicht praktikabel, weil in der Mondfähre insgesamt nur zwei Astronauten Platz fanden. Wenn sich Geises »Stammbesatzung« auf die Mondlandecrew bezieht, hätte also nie ein Neuling Mondlandepraxis sammeln können.

Es ist an dieser Stelle unmöglich, auf sämtliche Argumente der Verschwörungstheoretiker einzugehen. Das ist weder unser Thema, noch unser Anliegen. Außerdem kann man den nicht überzeugen, der sich den Fakten verschließt. Unser Bestreben ist es lediglich, kurz aufzuzeigen, wie praxisfremd teilweise für die sogenannte »Mondlandelüge« argumentiert wird. Die Autoren haben jedenfalls nicht nicht einen »Beweis« der Zweifler gefunden, der durch entsprechende Recherche nicht zu entkräften wäre.

Ist einer der bekanntesten Befürworter der »Apollo-Lüge«: der Autor Gernot L. Geise.
Bild: Geise

Schattenspiele

Fehler unterlaufen jedem. Auch dieses Buch mag aufgrund von Irrtümern oder Falschinformationen Fehler enthalten. Das liegt leider in der Natur der Sache und des Menschen. Aber man sollte sich wenigstens an den Fakten orientieren und Gegenargumente benennen, anstatt sie unter den Tisch fallen zu lassen. Auch dafür ein Beispiel: »Schatten«, behaupten die »Mondlüge«-Verfechter, »fallen immer parallel.«

Voraussetzung hierfür sei, dass es nur eine einzige Lichtquelle gebe, die – wie die Sonne – weit genug entfernt sei. Das ist aber nicht zutreffend. Gemäß den Gesetzen der Zentralperspektive gilt: Bildparallele Linien werden bildparallel abgebildet, und raumparallele Linien laufen auf den Fluchtpunkt zu. Der Fluchtpunkt ist in diesem Fall die

Wird von den Verfechtern der »Mondlüge« gerne als Indiz angeführt: Edwin Aldrin dürfte bei seinem Ausstieg während der Apollo-11-Mission eigentlich nicht so gut ausgeleuchtet zu sehen sein. Dabei steht zweifelsfrei fest: Aldrin und die Amerikaner waren auf dem Mond.   Bild: NASA

Sonne. Schattenwürfe unterschiedlicher Winkel auf den Mondfotos sind also völlig normal und folgen geometrischen Grundsätzen. Besonders eindrucksvoll hat das Helmut Dette in seinem Buch »Apollo 11: Der erste Flug zum Mond – Wahrheit oder Täuschung?« aufgezeigt. Die unterschiedlichen Schattenwinkel rühren also keinesfalls von Studioscheinwerfern her. Dette empfiehlt deshalb den Befürwortern der »Mondlüge« völlig zu Recht, sie »sollten das Schattenargument schnellstens aus ihrem Verschwörungsarsenal entfernen«.

Wir fragten Bruno Stanek, den Experten des Schweizerischen Fernsehens für die Apollo-Flüge, worin der größte Denkfehler der Anhänger der Mondlüge-Theorie besteht. Stanek erklärte wörtlich: » (...) dass sie glauben, alle Leute seien so oberflächliche Betrachter wie sie selber.« Dem haben wir nichts hinzuzufügen.

Befassen wir uns lieber wieder mit den Realitäten des zweiten Mond-Wettrennens. Sie sind nämlich spannender als jede Phantasiegeschichte. Denn selbstverständlich waren die Amerikaner auf dem Mond – aber sind wir auch wirklich über alles informiert, oder verbergen die USA etwa noch Geheimnisse, die ihrer Klärung bedürfen?

Alles in Ordnung: Da raumparallele Linien auf den Fluchtpunkt zulaufen, wie bei dieser Aufnahme von Apollo 17, sind unterschiedliche Winkel der Schatten ganz normal.   *Bild: NASA*

Kapitel 28

GEHEIME RAUMFAHRT UND
GEHEIMDIENST-RAUMFAHRT

Wenn auch die »Mondlandelüge« ins Reich der Fabeln gehört, bedeutet das noch lange nicht, dass die Vereinigten Staaten mit weißer Weste auftreten. Im Gegenteil: Falsch- und Desinformationen gehören auch in der US-Raumfahrt zu probaten Mitteln.

So geben die meisten Fachbücher als erste amerikanische Mondsonde die NASA-Raumschiffe des Typs Ranger (Erststart am 23. August 1961) an. Doch weit gefehlt: Die erste amerikanische Mondsonde hieß Pioneer 0. Sie ist der einzige Satellit, der jemals die Bezeichnung »0« erhielt. Der Grund hierfür ist relativ einfach: Pioneer 0 war nämlich keine NASA-Sonde, sondern der erste und (angeblich) einzige Versuch der US-Air-Force (USAF), also der amerikanischen Luftwaffe, einen Späher zum Mond zu entsenden. Dieses Vorhaben schlug aber fehl. Erst später wurde die Mission publik und dann nachträglich als Pioneer 0 in die Startlisten eingefügt.

Das Negativbeispiel aus den Kindertagen der Raumfahrt machte Schule. »Die USA schicken unregistrierte Spionagesatelliten ins All«, schrieb bereits 2001 »Der Spiegel«. Demnach kreisen »über hundert falsch oder gar nicht angemeldete US-Satelliten am Himmel«. Ungeniert

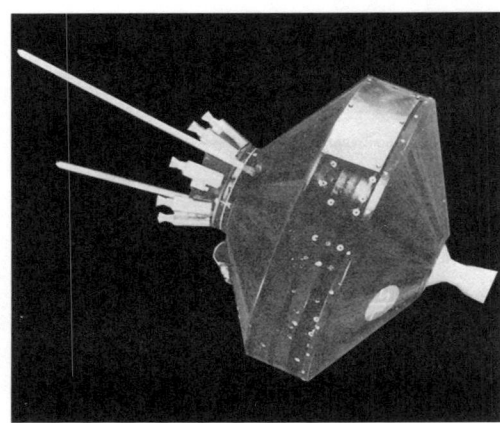

Die erste amerikanische Mondsonde und der angeblich einzige Versuch der US Air Force, einen Späher zum Erdtrabanten zu entsenden: Pioneer 0.   *Bild: NASA*

verstoßen die USA damit gegen die UNO-Konvention zur Registrierung von Objekten, die in den Weltraum geschossen werden – obwohl auch die Vereinigten Staaten zu den Unterzeichnern des Abkommens zählen. Sie stellen sich damit bewusst gegen geltendes Völkerrecht. Doch was sind das für Satelliten? Der Begriff »Spionagesatellit« ist längst veraltet. Vorbei sind die Zeiten, in denen solche Satelliten lautlos ihre Bahnen zogen und bloß dafür eingesetzt wurden, um vermeintlich geheime Flecken auf der Erde zu fotografieren. Längst sind Kampfstationen – zumindest versuchsweise – über unseren Köpfen stationiert. Wärme- und Radar-Abtaster zur Erfassung von Raketenstarts mit atomaren Sprengköpfen tummeln sich am Himmel. Man spricht deshalb heute zutreffender von »Militärischer Raumfahrt«. Und die »zivile« NASA sitzt mit im Boot.

Expertenschätzungen gehen davon aus, dass etwa 20 Prozent aller bislang durchgeführten Space-Shuttle-Flüge rein militärischen Charakter hatten. Anfänglich wurden derartige Missionen noch öffentlich bekannt gegeben, heute sind sie in zivile Unternehmen »eingebettet«. Die Zusammenarbeit ist bestens dokumentiert – und das sogar mit einem Schreiben, dessen Absender kein geringerer ist als NASA-Administrator Sean O'Keefe. »Ich freue mich« schreibt O'Keefe darin, »die Zusammenarbeit mit Ihnen fortzusetzen und weiß es sehr zu schätzen, dass Sie

Bestätigte im Jahr 2003 die Zusammenarbeit der zivilen US-Raumfahrt mit dem Pentagon: der damalige NASA-Administrator Sean O'Keefe.
Bild: NASA

bereit sind, unsere Wünsche im Rahmen Ihrer Tätigkeit zu berücksichtigen.« Adressat des viel sagenden Schreibens vom 25. März 2003 war Lieutenant General James R. Clapper, Direktor der NIMA in Bethesda im US-Bundesstaat Maryland.

National Aeronautics and
Space Administration
Office of the Administrator
Washington, DC 20546-0001

March 25, 2003

Lieutenant General James R. Clapper, USAF (Ret.)
Director
NIMA
4600 Sangamore Road
Bethesda, Maryland 20816

Dear General Clapper:

Thank you very much for the briefing that you and your staff presented to us at NASA on March 13, 2003. We appreciate your offer of close cooperation regarding the use of NIMA assets relative to future space shuttle operations.

As agreed during that session, we deeply appreciate your intention to make available the products of NIMA assets on a routine basis, without specific tasking from NASA. This will be very helpful as we continually assess the condition of the Shuttle during on-orbit operations. Significantly, your willingness to employ NIMA assets during targets of opportunity without specific tasking will be another useful source of information to help us assess the potential of on-orbit anomalies.

Additionally, recall that we considered a number of other parameters for possible use by NASA and agreed that our staffs would undertake to address the details of these agreements. We have worked through these issues and have prepared a package for your consideration. I have reviewed the staff suggestions and have asked that contact be made with your folks to discuss our proposal by the end of the week.

I look forward to continuing to work cooperatively with you in the future and very much appreciate your willingness to add our requirements to your routine operations.

With all best wishes,

Cordially,

Sean O'Keefe

cc: The Honorable George Tenet
       Admiral Hal Gehman, USN (Ret)

Thanks for your help, Jim!

»… die Zusammenarbeit fortsetzen«: das Schreiben von Sean O'Keefe an General James R. Clapper vom 25. März 2003.   Faksimile: G.F.L. Stanglmeier

Wer oder was aber ist die Nima? Diese Frage hätte wohl bis zum Jahr 2000 kaum ein Mensch beantworten können. Ins Rampenlicht kam die Behörde erst durch den Verlust der Marssonde Mars Polar Lander (MPL). Nach dem Eintritt in die Marsatmosphäre empfing man keinerlei Lebenszeichen mehr ihr. Sämtliche Versuche, mit dem wertvollen Lander in Kontakt zu treten, scheiterten. Der MPL blieb stumm. War er auf dem steinigen Planeten zerschellt oder funktionierte lediglich die Funkeinrichtung fehlerhaft? Die Antwort musste die NASA schuldig bleiben. In ihrem Erklärungsnotstand wandte sie sich an die Nima. Die Nima ist die National Imagery and Mapping Agency, eine auf Bildanalyse spezialisierte Abteilung des Pentagon, die 1996 gegründet wurde und seit 2003 National Geospatial-Intelligence Agency heißt. Der Dienst ist also eine Experteneinrichung für Fotospionage. Ob die Investigativoptiker den MPL ausgemacht haben, steht noch nicht fest. »Es klingt wie eine Geschichte aus einem Agententhriller«, schreibt »Der Spiegel« dazu. »Da wertet eine der Spionage nicht unverdächtige US-Regierungsabteilung 15 Monate Bilder aus, stößt möglicherweise auf das gesuchte Objekt, nur wissen darf davon niemand.«

Die Nima firmiert heute als National Geospatial-Intelligence Agency. Gleich geblieben ist der Auftrag dieser Einrichtung: die Fotospionage – unter anderem aus dem All.
Grafik: NGA

Ihr Verlust brachte die Nima erst ins Rampenlicht der Öffentlichkeit: die Sonde Mars Polar Lander.   Bild: NASA

Doch so verwunderlich wie »Der Spiegel« meint, ist das Gebaren gar nicht. Die NASA im Dunstkreis von Militär und Spionage – das scheint auf den ersten Blick nicht so recht ins Bild von der Vorzeige- und Erfolgsbehörde unter den amerikanischen Institutionen zu passen. In Wahrheit freilich ist das real existierender Alltag. Denn bereits bei der Bildanalyse der amerikanischen Mondsonden wirkten Army-Experten mit – »top secret«, versteht sich. Bei unseren Recherchen stießen wir gleich auf zwei verschiedene Institutionen, die zumindest zeitweise an der Auswertung der von den einzelnen Mondsondenprogrammen gewonnenen Mondfotos aktiv mitwirkten. Es handelt sich dabei um die Defense Mapping Agency sowie den Army Map Service Pictorial Lunar Map – mit Sicherheit militärische oder geheimdienstliche Institutionen.

Ähnlich verhält es sich mit Projekten zur Monderkundung. Hier erhielten wir Hinweise auf Operation Mona und den Santa-Cruz-Plan. Die Operation Mona soll das erste Mondprogramm der USA gewesen sein. In Ermangelung der noch nicht gegründeten NASA stand es unter Federführung der USAF. Die eingangs dieses Kapitels erwähnte Sonde Pioneer 0 könnte Teil von Operation Mona gewesen sein.

Die Santa-Cruz-Studie

Im Gegensatz zu den bisher aufgeführten Institutionen und Vorhaben ist der Santa-Cruz-Plan vollständig belegt. Es handelt sich dabei um die Zusammenkunft führender Mondexperten im Sommer 1967. In der Zeit von 31. Juli bis 13. August 1967 stellten sie unter Leitung von Wilmot Hess an der Universität von Kalifornien in Santa Cruz die Grundzüge für die Mondforschung nach der Apollo-Ära auf. Die Ergebnisse waren schon sehr detailliert. Wie sich dem Report entnehmen lässt, präsentierte die Gruppe bereits genaue Vorschläge für Missionen zu den Mondkratern Alphonsus, Aristarchus und Kopernikus. Besonderes Augenmerk wurde dabei auf eine gesteigerte Mobilität bei gleichzeitiger Ausdehnung des Wirkungskreises gelegt. So sollten die Astronauten eine Lunar Flying Unit erhalten, eine kleine Ein-Mann-Mondgerätschaft zum Schweben über der Mondoberfläche. Ferner verlangte man, dass der Lunar Rover verbessert werden müsste. Nach Apollo sollte deshalb das Lunar Scientific Survey Module zum Einsatz kommen, ein Rover, der über eine wesentlich höhere Reichweite als das Apollo Lunar Rover Vehicle verfügen sollte.

Die Santa-Cruz-Studie war zweifelsohne die genaueste und praktikabelste Studie über die Post-Apollo-Ära. Ihre Umsetzung wäre sogar kaum teurer gewesen als die Apollo-Flüge, weil man nur wenige Neuerungen darin angeregt hatte, die hohe Geldsummen erforderten. Und die sechsmonatigen Intervalle, die für die Missionen angesetzt wurden, hätten mutmaßlich ausgereicht, um das ganze Vorhaben (fast) kostenneutral zu gestalten. Die Santa-Cruz-Ergebnisse aber blieben ungenutzt und unverwirklicht, denn, wie wir bereits wissen, war das erklärte Ziel der USA der schrittweise Aufbau einer Mondstation, die sich für militärische Zwecke verwenden ließ. Konzipiert worden ist diese Station (wie sollte es auch anders sein) von der amerikanischen Luftwaffe, der USAF. Bereits seit 1957 arbeitete sie an dem entsprechendem Geheimprojekt, das den Namen Lunar Expedition Plan, kurz Lunex, erhielt. Die Geheimpapiere wurden für derart brisant gehalten, dass sie nur alle zwölf Jahre um eine Sicherheitsstufe heruntergesetzt wurden. Folglich wurde der Lunex-Report erst nach 36 Jahren, 1997, bekannt. Als Kernstück vorgesehen war demnach ein bemannter Raumgleiter für drei Astronauten und das Equipment. Der Shuttle hatte für die Landung und den Wiederaufstieg im Heck jeweils zwei separate Triebwerkssysteme und außerdem vier Teleskopbeine, die eine senkrechte Landung ermöglichten. Bereits im Juli 1967, so der Wunschgedanke der Planer, hätte dann die erste Mondlandung erfolgreich durchgeführt werden sollen. Präsident John F. Kennedy entschied sich aber letztlich für die zwar weniger optimistische, dafür aber realistischere Apollo-Version. Das war ohnehin die klügere Entscheidung, denn aus den Berichten seiner Geheimdienste ging unmissverständlich hervor, dass die Sowjetunion noch längst nicht dabei war, ihrerseits einen bemannten und bewaffneten Stützpunkt auf dem Mond zu errichten.

Allerdings waren auch deren Planungen weit gediehen, sehr weit sogar.

Der wahre Kampfstern Galaktika

Freunden von Science Fiction dürfte der Name Galaktika nicht fremd sein. Die amerikanische Kult-TV-Serie begeistert Millionen Anhänger auf der ganzen Welt. Doch sie ahnen kaum, dass der Name Galaktika in der Vorbereitung zur Monderoberung für einen kurzen Zeitraum einmal eine gewichtige Rolle gespielt hatte. Im Jahre 1969, also genau zur Zeit der ersten Mondlandung, präsentierte man der Spitze im Moskauer Kreml die kommunistische Version der ersten Mondstat-

SECRET

LUNAR EXPEDITION

PLAN

LUNEX

MAY 1961

HEADQUARTERS

SPACE SYSTEMS DIVISION

AIR FORCE SYSTEMS COMMAND

DOWNGRADED AT 12 YEAR INTERVALS. NOT AUTOMATICALLY DECLASSIFIED. DOD DIR 5200.10

WDLAR-S-458

SECRET

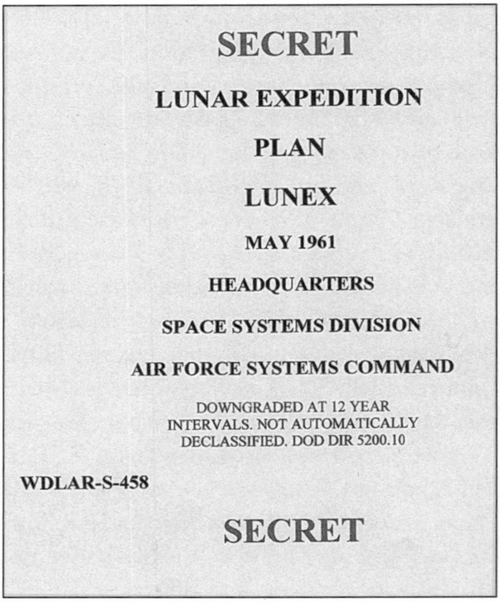

Wurde erst 1997 bekannt – nach 36 Jahren: der geheime Lunex-Report.
Faksimile: G.F.L. Stanglmeier

ion – das lange Zeit geheim gehaltene Projekt Galaktika, das erst im Jahre 1987 bekannt wurde. Auf der Galaktika sollten sich mindestens vier, maximal zwölf Kosmonauten aufhalten. Die Station selbst sollte unter anderem beinhalten:

* klimatisierte Module unter der Mondoberfläche;
* ein Stationskontrollzentrum, das rund um die Uhr besetzt sein sollte;
* logistische Einrichtungen wie Wassertanks und Nahrungs-mittelcontainer;
* Ausrüstungen zur Monderkundung, angefangen vom Raumanzug über Bohrgeräte bis hin zu Behältern für Gesteinsproben;
* einen bemannten Lunar Rover, ausgelegt für drei Kosmonauten, die bei einer Exkursionsdauer von maximal drei Tagen insgesamt 250 Kilometer hätten zurücklegen können;
* ein astronomisches Modul mit entsprechendem Gerät.

In der Endausbauphase sollten insgesamt neun Module, also röhren-förmige Konfigurationen, zu einer Station miteinander verbunden werden. Sogar das »Baugrundstück« auf dem Mond war schon ausge-sucht: der westliche Teil des Ozeans der Stürme.

Aus all diesen Planungen aber wurde nichts. Wie schon zuvor die Station Columbus und im Jahre 1974 das Modell der Basis Swesda fiel auch die Galaktika-Konzeption der sowjetischen Unfähigkeit zum Opfer, Kosmonauten in ausreichender Zahl und mit entsprechender Ausrü-stung zum Mond zu entsenden. Dabei aber noch wesentlich interes-santer: Galaktika – obwohl ein Großprojekt – an dem während des Zeitraums der Studienerstellung rund 50 bis 60 Experten mitwirkten, blieb lange Zeit geheim. Erst 1987 erfuhr die Welt von dem einstmals wichtigsten Planungsvorhaben der sowjetischen Raumfahrt.

Dies war aber weder das erste noch das letzte geheime Projekt im Zusammenhang mit der Eroberung des Mondes. Bereits in den Jah-ren 1957/58 arbeiteten die USA an ihrem ersten Mondsondenpro-gramm Red Socks. Und die UdSSR beschäftigte sich Ende der 1970er Jahre mit Aelita, einem Flugprogramm zum Mars, ehe dann 1986 mit Swesda 2 die Idee einer Mondstation wieder aufgegriffen wurde.

Das alles sind keine Phantastereien irgendwelcher Möchtegern-Ingenieure. Red Socks etwa war das erste eigene Mondsondenprogramm des berühmten Jet Propulsion Laboratory im kalifornischen Pasadena. Heute befindet sich dort die Zentrale der NASA-Planetensonden. Sei es die erste Jupitersonde (Pioneer 10) oder der nach Leben auf dem Mars suchende Viking-Lander: All diese Robotersysteme wurden von diesem Ort aus gesteuert – selbstredend auch die US-Mondsonden. Red Socks, Ende Oktober 1957 aus der Taufe gehoben, war als direkte Antwort auf den »Sputnik-Schock« vorgesehen. Drei Hauptaufgaben sollte das Projekt erfüllen:

1. Bilder von der erdabgewandten Seite des Mondes aufnehmen und per »re-entry« (Rückkehrteil) auf die Erde bringen.
2. Steuerungssysteme für Raumsonden zu entwickeln und in der Praxis erproben.
3. »Die Welt beeindrucken«, erklärt der Raumfahrtexperte Paolo Ulivi.

Doch so schnell Red Socks auftauchte, so rasch verschwand das Vorhaben des Pentagons auch wieder von den Schreibtischen. Nur eines blieb lange Zeit gleich: die Geheimhaltung des Vorhabens.

Wenn wir ein Fazit dieses Kapitels ziehen, kommt man aufgrund der Faktenlage unweigerlich zu dem Schluss, dass uns in der Raumfahrt mehr verschwiegen als mitgeteilt wird. Was wir vorgesetzt bekommen (wenn überhaupt), ist ein Brei aus Halbwahrheiten und Desinformationen, der mehr der Vertuschung dient als der Unterrichtung der Öffentlichkeit. Dabei wird kaum ein Unterschied gemacht zwischen militärischen und sogenannten zivilen Projekten. Das gilt im Besonderen auch für den Bereich der Mondforschung.

Geheimauftrag Phoenix

Das jüngste Beispiel hierfür betrifft den äußeren Nachbarplaneten der Erde, den Mars. Erst im Mai 2008 landete dort die amerikanische Forschungssonde Phoenix. Ihr offizieller Auftrag: die Suche nach Wasser beziehungsweise (aufgrund der auf dem Roten Planeten herrschenden klimatischen Bedingungen) nach Wassereis. Doch offenbar wird daneben noch eine Geheimmission durchgeführt. Phoenix soll nämlich bei seinen Untersuchungen auch Spuren extraterrestrischen Lebens in bakterieller Form nachgehen – der Mars-Meteorit ALH 84001 *(siehe Kapitel 15)* lässt grüßen! Die Hoffnung der Planetologen ist, dass die Bakterien aufgrund ihrer exotischen Biochemie ihre Existenz selbst verraten. »Das wäre«, so sind sich die Sternenjäger einig, »die größte wissenschaftliche Entdeckung aller Zeiten.« Und davon soll die Menschheit nichts erfahren?

Tatsächlich befasst sich die »zivile« NASA seit jeher mit »Extraterrestrial Life in the Universe«. Exakt so lautet auch der Titel des »NASA Technical Memorandum 102363«. Verfasst hat es Robert W. Graham

Soll eine Geheimmission auf der Suche nach extraterrestrischem Leben durchführen: die im Mai 2008 auf dem Mars gelandete amerikanische Forschungssonde Phoenix.
Bild: NASA

vom Lewis Research Center in Cleveland im US-Bundesstaat Ohio. Im Februar 1990 hat es die NASA dann publiziert. Fakt ist jedoch: Selbst unter E.-T.-Freaks ist die Arbeit alles andere als bekannt. Und es sind nicht etwa die vermeintlich bösen Verschwörungs- und Vertuschungstheoretiker, die gegen das »top secret« in der Forschung mahnend den Zeigefinger heben. Vielmehr war es die amerikanische Akademikergemeinschaft, die bereits 1982/83 gegen die vom damaligen US-Präsidenten Ronald Reagan verfügte Verschärfung der Geheimhaltungsvorschriften lauthals protestierte. Und die angesehene Wissenschaftszeitschrift »Science« veröffentlichte am 21. Januar 1983 einen Aufruf amerikanischer Universitätsprofessoren. Darin ist nachzulesen: Der Erlass »stellt eine ungerechtfertigte Bedrohung der akademischen Freiheit und somit auch des wissenschaftlichen Fortschritts und der nationalen Sicherheit dar«.

Gefruchtet hat es herzlich wenig. Weder in den USA noch (Glasnost hin und Perestroika her) in Russland: Dort bewiesen die Verantwortlichen spätestens am 14. November 2006, dass sich an ihrer geistigen Haltung nicht allzu viel geändert hat. An diesem Tag beendete Russland die Mission seines Raum-Luftbildaufklärers Kosmos 2423 vom Typ Don. Das wäre noch nichts Besonderes. Doch der (angebli-

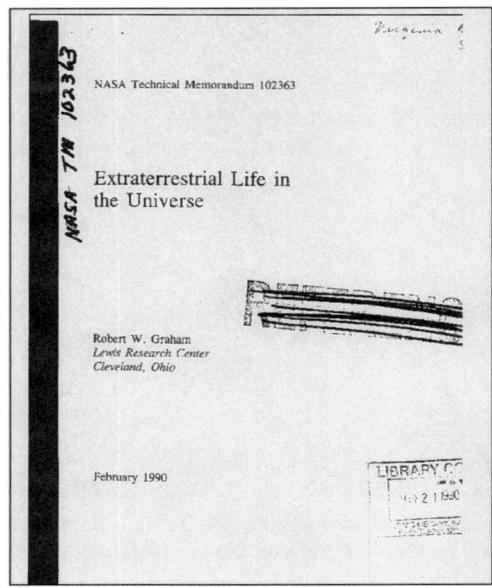

Die NASA beschäftigt sich sehr wohl mit außerirdischem Leben: das im Februar 1990 publizierte Memorandum »Extraterrestrial Life in the Universe« beweist es.
Faksimile: National Archives

Eis auf dem Mars: Die weißen Stellen auf diesem von der Sonde Phoenix am 13. Juni 2008 aufgenommenen Bild sollen ein Beweis für das Vorkommen von Wasser auf dem Roten Planeten sein. Bild: NASA

che) Spähsatellit war erst am 14. September vom Kosmodrom in Tjuratam gestartet. Damit war seine auf Jahre hinaus geplante Einsatzzeit bereits nach zwei Monaten aus unbekannten Gründen jäh beendet. Doch warum? Worin bestand die Ursache für den Missionsabbruch? Die Nachrichtenagentur »Nowosti« fragte bei den russischen Weltraumtruppen nach. Das hätten sich die Kollegen ersparen können. »Mit der Bitte um einen Kommentar in dieser Angelegenheit«, antwortete der Chef des Pressedienstes der Weltraumtruppen, Oberst Alexej Kusnezow, »wenden Sie sich bitte an das Verteidigungsministerium.« Aber auch dort hieß es: »Keine Stellungnahme!« Handelte es sich wirklich nur um den letzten »Don«-Spion – oder steckt etwas ganz anderes dahinter?

Aufgrund der in diesem Kapitel dokumentierten Fälle ist zumindest Misstrauen angebracht. Und damit kommen wir zu den größten Geheimnissen der Raumfahrt. In den Vereinigten Staaten ist das zweifellos die VAFB. Sie wird auch als »die Area 51 für Weltraummissionen« bezeichnet.

Kapitel 29

VANDENBERG AIR FORCE BASE –
DIE AREA 51 DER RAUMFAHRT

Wer hat noch nicht irgendwann von der geheimnisumwitterten Area 51, auch Groomlake oder Dreamland genannt, gehört? Auf dem riesigen Areal im US-Bundesstaat Nevada sollen neuartige Luftfahrzeuge erprobt und untersucht werden. Dabei reicht die Palette von dem angeblichen Raumbomber Aurora, der mehr als die fünffache Schallgeschwindigkeit erreichen kann, bis hin zu angeblichen Tests und Analyseverfahren von abgestürzten Ufos.

Nun, ganz so exotisch haben wir es nicht zu bieten – aber dafür mindestens genauso interessant. Denn der Vandenberg Air Force Base, mit der sich dieses Kapitel unter anderem befasst, könnte bei der Eroberung des Mondes eine Schlüsselrolle zukommen – »streng geheim« versteht sich.

Die Vandenberg Air Force Base (VAFB) ist, wie der Name schon sagt, ein Stützpunkt der amerikanischen Luftwaffe – und was für einer! Ihren Betrieb nahm die Basis am 4. Oktober 1958 auf. Die Größe ist enorm. Auf der Base stehen rund 50 Startrampen, die in den Himmel ragen, oder Raketensilos, die in den Boden versenkt wurden. Etwa 40 Kilometer lang schlängelt sich die VAFB an der kalifornischen Küste zwischen Los Angeles und San Francisco entlang.

Vandenberg ist damit eine der größten Raumfahrteinrichtungen der Welt. Zwar ist Raumfahrtinteressierten der Name durchaus geläufig. Aber was sich genau auf der Air Force Base abspielt, ist ein mehr oder minder großes Fragezeichen. Selbst bei modernen Filmproduktionen gewinnt man nach der Betrachtung den Eindruck, sie dienten mehr der Verschleierung als der Information der Öffentlichkeit. So wissen wir, dass in den Raketensilos Interkontinental-Raketen installiert wurden, die im atomaren Ernstfall als Vergeltungswaffe gegen Russland zum Einsatz kommen sollten. Nach dem Zusammenbruch der Sowjetunion wurde aber bis heute über die Hälfte der Raketen, wenn nicht noch mehr, demontiert. Die dafür vorgesehenen Starttürme sind größten-

Geheimnisumwitterter Stützpunkt der US-Luftwaffe: die Vandenberg Air Force Base in Kalifornien, von der auch die Peacekeeper-Raketen, die derzeit modernsten Interkontinentalraketen der USA gestartet werden. Bild: US-Air-Force

teils veraltet und nicht mehr brauchbar. Das gilt aber längst nicht für alle Komplexe von VAFB. Obwohl die Zahl der Starts gegenüber den Anfangszeiten deutlich zurückging, hat Vandenberg entgegen dem weit verbreiteten Irrtum, in Cape Kennedy seien die meisten Satelliten in den Orbit geschossen worden, klar die Nase vorn. Bereits 1983 konnte die VAFB auf 500 durchgeführte Starts an der Pazifikküste verweisen. Zum selben Zeitpunkt brachte man es in Florida auf lediglich 300 lancierte Missionen.

Der unterschiedliche Bekanntheitsgrad der beiden Weltraumbahnhöfe beruht auf der Geheimhaltung einerseits und den Missionsprofilen andererseits. So starteten sämtliche bemannten Unternehmen von Cape Kennedy aus. Dies gilt auch für die unbemannten Planetenmissionen. Allerdings gibt es in diesem Bereich eine kleine, aber hochinteressante Ausnahme. Die bereits ausführlich behandelte Mission der Mondsonde Clementine startete von Vandenberg aus zu ihrer beeindruckenden Unternehmung.

Und noch etwas fällt auf: Ursprünglich sollte auch hier eine komplette Startanlage für Space-Shuttle-Einsätze entstehen – für militärische Einsätze selbstverständlich. Und tatsächlich begann das Pentagon 1977 auf dem nicht mehr genutzten Startplatz SLC-6 mit dem Bau der modernsten Startanlage, welche die US-Armee bis dahin konzipiert und errichtet hatte. Obwohl erst ab 1985 an Shuttle-Flüge ohne NASA-Beteiligung gedacht wurde, kamen die Arbeiten angemessen voran. Bald war der unterirdische Abgaskanal für die Startphase fertig. Nicht minder beeindruckend war der völlig neuartige, 70 Meter hohe Montage- und Wartungsturm. Doch zu einer Fertigstellung kam es nie. Das US-Verteidigungsministerium stellte die Shuttle-Kooperation mit der NASA nach der Challenger-Katastrophe im Jahr 1986 ein. Heute, so heißt es gerüchteweise, seien die ersten Shuttle-Bauten wieder abgerissen worden. Doch ist das alles auch wahr? Ein Griff in Vandenbergs Startregister bringt jedenfalls Interessantes zu Tage:

• Offiziell hat es bis heute von der VAFB aus keine bemannten Orbitalstarts gegeben.
• Offiziell hat die Air Force in Vandenberg lediglich eine Mondsonde (Clementine) zum Mond entsandt.
• Offiziell wurden die Arbeiten auf Startkomplex SLC-6 eingestellt.

So weit, so schlecht. Denn auf der anderen Seite ist festzuhalten, dass die Air Force von 1965 bis 1969 das mit zwei Mann besetzte Manned Orbiting Laboratory (MOL) entwickelte. Und von wo aus sollten die Flüge starten? Von Vandenberg aus, selbstverständlich. Und, von welcher Startanlage aus sollten die Missionen ihren Anfang nehmen? Von Komplex SLC-6 aus – welch ein Zufall! MOL war nichts anderes als eine kleine militärische Raumstation. Sie wurde von einer Titan-III-Rakete in den Weltraum gehievt. An der Raketenspitze »thronte« eine Gemini-Kapsel für die zweiköpfige Besatzung. Daran schloss sich der zylindrische Raumstationsteil an. Entgegen anderen Verlautbarungen wurde MOL mindestens einmal getestet, und zwar am 3. November 1966. Der Startplatz war SLC-6.

Hat den Mars Observer ins All geschossen: die Titan-III-Rakete. Bild: NASA

Waren sie nie weg?

Es gibt keinerlei Beweise dafür, aber das riecht förmlich nach dem Chamberlin-Plan *(siehe Kapitel 8)*. Auch dort sollte ein Titan-III-Launcher eingesetzt werden. Ebenfalls war eine Zwei-Mann-Besatzung vorgesehen. Als Kommandoeinheit sollte die gute, alte Gemini-Kapsel dienen. Und nicht zuletzt stand auch ein voll funktionstüchtiger Startturm zur Verfügung. Daraus ergibt sich folgendes Fazit: Zumindest theoretisch hatte beziehungsweise hat die USA unter Federführung des Pentagons die Möglichkeit, geheime Mondflüge zu absolvieren.

Vielleicht ist also die Fragestellung der »Mondlüge«-Anhänger nur falsch formuliert. Vielleicht müsste sie anstatt »Waren sie je auf dem Mond?« in Wahrheit vielmehr lauten: »Sind sie jemals wieder weg vom Mond?«

Eine kleine militärische Raumstation: Die Gemini B-Kapsel trennt sich vom Manned Orbiting Laboratory.   Grafik: US-Air-Force

Sollten die Russen etwaige Mondaktivitäten ihres Erzrivalen registriert haben, würden sie mit Sicherheit beharrlich schweigen, denn ein derartiger Coup würde die östliche Großmacht der Lächerlichkeit preisgeben. Außerdem gilt immer noch die alte Agentenregel: »Du sollst alles wissen, aber niemals sagen, dass du es weißt.« Eines jedenfalls ist sicher: Die USA besaßen und besitzen das gesamte Equipment und die Infrastruktur, um geheime Mondforschung zu betreiben. Ob sie es wirklich taten, das steht auf einem ganz anderen Blatt.

Clementine ist kein Einzelfall

Ob Clementine tatsächlich die einzige Mondsonde ist, die je von Vandenberg aus gestartet wurde, ist zumindest fraglich. Sicher ist hingegen, dass die USA und Russland im Verbund weitreichende Pläne für die Monderoberung hatten. Die alten Gegner von gestern machten zeitweise beängstigend intensiv gemeinsame Sache. Öffentlich wurde dies allerdings erst im Mai 2004. Ausgerechnet in der ehemaligen Vier-Mächte-Stadt Berlin verkündete der Chef der Föderalen Raumfahrt-Agentur Russlands, Anatoli Perminow, am 13. Mai auf der Luft- und Raumfahrtmesse ILA, »dass Russland und die USA die Möglichkeit der Errichtung einer gemeinsamen Mondstation prüfen«. Vorausgegangen waren rege Aktivitäten auf politischer Ebene. Wie Perminow erklärte, habe man dieses Thema bereits mit der amerikanischen Seite erörtert. Perminow wörtlich: »Bei seinem jüngsten Besuch in Moskau hatte NASA-Chef Sean O'Keefe uns ersucht, in ein Projekt zur Mond-erkundung einzusteigen. Im Rahmen des Projekts ist der Bau einer gemeinsamen Station auf dem Erdtrabanten möglich.«

Das war die offizielle Version. Was Anatoli Perminow gleichwohl geflissentlich verschwieg, war die Tatsache, dass die amerikanisch-rus-sische Kooperation bereits erheblich weiter fortgeschritten war, als man sich dies nur wenige Jahre zuvor auch nur in den kühnsten Träumen ausgemalt hätte.

Allerdings fand diese Kooperation nicht zwischen der NASA und den russischen zivilen Raumfahrteinrichtungen statt, sondern streng geheim (wie sollte es auch anders sein) zwischen den entsprechenden militärischen Stellen der beiden Staaten. Und diese Zusammenarbeit hatte von Anfang an ein konkretes Ziel: die gemeinsame politisch-mi-litärische Kontrolle über die Erde!

Diesem Vorhaben liegt die Philosophie zugrunde, dass die beiden Weltmächte, anstatt sich gegenseitig mit immer teurerer Hightech zu bedrohen, durch gemeinsame Projekte ein ebenbürtiges Kontrollniveau erringen und sich so gegenseitig militärisch-technologisch »neutralisieren«. Und gleichzeitig würden sie dadurch in die Lage versetzt, alle übrigen Nationen – weil selbst unangreifbar – zu kontrollieren.

Das also ist der Grund, warum Russland so überaus freizügig zu-mindest einen Großteil seiner technischen Raumfahrtgeheimnisse preis-gab. Musste, damit dies nicht öffentlich wurde, vielleicht die Estonia versenkt werden? Eines jedenfalls haben jüngere Untersuchungen und Medienrecherchen ans Tageslicht gebracht: Das Estonia-Unglück war kein Unfall, sondern ein Attentat. Und auch die ominöse »militärische Fracht« wurde mittlerweile bestätigt. Denn, wie schwedische Medien übereinstimmend enthüllten, wurde die Estonia tatsächlich zum Schmuggel sowjetischer Militärtechnologie eingesetzt. Wie es diesbezüglich weiter heißt, bestätigten sie damit, dass der Verdacht, das Estonia-Desaster habe »mit einer geheimen Weltraumwaffe« zu tun gehabt, real sein könnte. Mussten 852 Menschen ihr Leben lassen, um dies zu vertuschen?

Und auch die Clementine-Mission bekommt vor diesem Hintergrund eine völlig neue Bedeutung. Es mag ja zutreffen, dass sie die einzige Mondsonde gewesen ist, welche die USAF je von Vandenberg aus startete. Aber einerseits hat dieses Buch aufgezeigt, dass Lug und Trug in der Raumfahrt an der Tagesordnung sind, und andererseits verschwieg die US-Air-Force zumindest, dass weitere militärische Mondmissionen beabsichtigt waren – und zwar im Verbund mit den Russen.

War Clementine also ein US-Prototyp für die sich anbahnende Kooperation von Russen und Amerikanern im All?

Fakt ist:

• NASA-Astronauten sind zur ehemaligen Raumstation Mir geflogen.

• Kosmonauten ihrerseits waren an Bord der amerikanischen Raumfähren.

• Beide Raumfahrtorganisationen, NASA wie Roskosmos, beteiligten sich mit enormen Summen am Aufbau der ISS-Raumstation.

UND:

• Beide Seiten wollten den Mond zunächst gemeinsam betreten.

• Endziel der Kooperation war die gemeinsame Eroberung des Mondes und im Verbund damit die politisch-militärische Kontrolle der Erde. Zu diesem Zweck sollte mittel- bis langfristig ein völlig neues Waffensystem eingesetzt werden.

Das schrittweise Vorgehen dabei und ein bilaterales Abkommen als Grundlage der Zusammenarbeit schafften die Voraussetzungen dafür, dass alsbald ein gemeinsames Konzept zwischen Ost und West erstellt werden konnte.

Das eventuell erste Unternehmen, das diesen Maßgaben entsprach, wurde von den Russen eingebracht. Sein Name: Dwa Orla – zwei Adler.

Kapitel 30

MISSION DWA ORLA –
FAHRPLAN ZUR WELTHERRSCHAFT

Es wurde bereits angesprochen: Am 14. Januar 2004 propagierte US-Präsident George W. Bush ein neues nationales Raumfahrtprogramm. Die Hauptausführungen seiner Rede betrafen den Mond. Bushs Initiative wurde – zumindest in den USA – weitgehend positiv aufgenommen. Bei einer Blitzumfrage des Nachrichtensenders CNN begrüßten nicht weniger als 70 Prozent der Teilnehmer die Pläne des Präsidenten – ein äußerst seltener Spitzenwert!

Was die US-Bürger freilich nicht wissen konnten: Die Bush-Rede ist ein Meisterwerk an Augenwischerei und Tatsachenverdrehung. Das Weiße Haus erweckte nämlich mit diesem Plan den Anschein, als habe die NASA nach der Columbia-Katastrophe endlich wieder die Initiative in der Raumfahrt übernommen. In Wahrheit jedoch hatte die NASA lediglich eine längst überfällige Kurskorrektur vorgenommen, denn schon vor dem zweiten Totalverlust einer Raumfähre war sie überwiegend nur noch mit Aufbau- und Versorgungsdiensten für die internationale Raumstation ISS befasst. Kurzfristige spektakuläre Erfolge wie die beiden Marsrover Spirit und Opportunity konnten darüber nicht hinwegtäuschen.

Wer freilich glaubt, nur weil die NASA die Zukunft verschlafen hat,

Stellte am 14. Januar 2004 das neue Raumfahrtprogramm der USA vor: Präsident George W. Bush.
Bild: White House

würde dies auch für die Vereinigten Staaten gelten, der irrt. Denn nicht mehr die zivile NASA ist der treibende Motor in der US-Raumfahrt, sondern längst schon das Militär.

Wie viele Organisationen der US-Army mit der Raumfahrt befasst sind, ist nicht definitiv bekannt. So gibt es, um nur eine Einrichtung zu nennen, die NORAD, das nordamerikanische Luftverteidigungs-kommando. Die Einrichtungen dieser Organisation sind auf dem tech-nisch neuesten Stand. Ob das NORAD-Zentrum in den atombomben-sicheren Cheyenne Mountains oder der gesamte Weltraum-Startkomplex auf der Vandenberg Air Force Base in Kalifornien – alles ist vollstän-dig operational.

Auch in der ehemaligen Sowjetunion ist Raumfahrt kein Fremd-wort geworden, wie wir gesehen haben. Die Lichter auf dem Weltraum-bahnhof Tjuratam brennen noch – und das zunehmend wieder heller. Immerhin ist es Russland, das mit seinen alten, aber zuverlässigen Raumschiffen die ISS am Leben erhält. Besonders aber die militäri-sche Raumfahrt erlebt einen ungeahnten Aufschwung. Im Zeitalter des globalen Terrorismus und der weltweiten Militäroperationen rüstet der

In den atombombensicheren Cheyenne Mountains ist eine Organisation der US-Army untergebracht, die sich intensiv mit Raumfahrt beschäftigt: das nordamerikanische Luftverteidigungskommando (NORAD).   Bild: NORAD

Kreml im All zunehmend wieder auf.

Deshalb dürften sowohl in den USA als auch in der Ex-UdSSR die Ausführungen des amerikanischen Präsidenten von den Generälen mit einem Schmunzeln zur Kenntnis genommen worden sein. Denn was George W. Bush in seiner Rede an die Nation verkündete, praktizierten die einstigen Erzrivalen in Wahrheit bereits seit vielen Jahren, mindestens seit etwa 1992: Sie erarbeiteten einen Plan zur gemeinsamen Besetzung des Mondes.

Dabei erwiesen sich gerade die Militärs entgegen weit verbreiteten Klischees nicht als Betonköpfe. Vielmehr nutzten sie unter dem Eindruck von Glasnost und Perestroika die Gunst der Stunde. Nach dem Wegfall des jeweiligen Feindbildes war mehr denn je Kooperation angesagt. Es mag unglaublich klingen, aber bereits wenige Jahre nach dem Fall der Mauer hatten beide Seiten konkrete gemeinsame Pläne ausgearbeitet, von denen man niemals angenommen hätte, dass sie zwischen diesen beiden Nationen jemals auch nur diskutiert würden.

Noch ist das weitaus meiste Material über diese militärpolitische Entwicklung zwischen den beiden Großmächten unter Verschluss. Wir kennen mutmaßlich nicht einmal die Spitze des Eisbergs. Dennoch finden sich kleine Mosaiksteine, die das Ausmaß und die Auswirkungen dieser Kooperation zumindest erahnen lassen.

So war es gemäß des uns zur Verfügung stehenden Materials gerade Russland, das gemeinsamen russisch-amerikanischen Arbeitsgruppen zahlreiche Vorschläge für Mondmissionen unterbreitete und sogar bereits fertig in der Schublade hatte. Diese Projekte sollten nun gemeinsam verwirklicht werden. Eines dieser Vorhaben trug die symbolträchtige Missionsbezeichnung Dwa Orla – zwei Adler.

Dwa Orla war, wie Ex-NASA-Chef Daniel Goldin gesagt hätte, eine Sonde »wie der Kampfstern Galactica«, also ein wahrhaft großer Mondorbiter – vielleicht der größte, den es bis dahin je gegeben hatte. Dem Vernehmen nach brachten ihn die Sowjets 1995 in die Beratungen der gemeinsamen militärischen Planungskommission ein.

Und so sah das mit dem US-Verteidigungsministerium letztlich festgelegte Missionsprofil für Dwa Orla aus: Nach dem Start mit der schubstärksten russischen Rakete vom Typ Proton sollte der Einschuss auf eine Flugbahn zum Mond erfolgen. Dort angekommen, hätte man die Sonde in eine Umlaufbahn um den Erdtrabanten einschwenken lassen und in der nächsten Phase einen kleinen Zielsatelliten ausgesetzt. Dessen einzige Aufgabe hätte darin bestanden, als Kalibrationspunkt für das Hauptinstrument von Dwa Orla zu dienen – eine äußerst energiereiche Laserkanone!

Laserkanone soll Weltherrschaft erbringen

Im Anschluss an die Justierung des Lasers sollte die gesamte Konfiguration in den Einsatzorbit von 200 Kilometer über der Mondoberfläche abgesenkt werden. Von dieser Kreisbahn aus, so war vorgesehen, würde der Orbiter seine Arbeit aufnehmen, die drei Primäraufgaben beinhaltete:

- Fotografische Kartierung der Mondoberfläche mit modernster Optik.
- Erfassung der chemischen Zusammensetzung der Mondoberfläche mit Hilfe des Lasers und eines Röntgenspektrometers.
- Nach einer weiteren Orbitverengung auf nurmehr 40 Kilometer über der Mondoberfläche sollten Detailstudien von 50 gemeinschaftlich ausgewählten Mondgebieten von besonderem wissenschaftlichen Interesse erfolgen.

Doch wozu wurde dabei die Laserkanone benötigt? Sie sollte die Mondoberfläche beschießen, um die empor geschleuderten Partikel des lunaren Gesteins analysieren zu können.

Und wer soll das glauben?

Die Partikelanalyse war bestenfalls eine Verschleierungsangabe, welche die wahren Absichten der Militärs verbarg. Ihre tatsächliche Intention war vielmehr die Simulation eines Lasereinsatzes im Weltraum. Dwa Orla sollte nach den Vorstellungen der Weltraumstrategen der erste Schritt auf dem Weg hin zur Stationierung eines hochenergetischen Lasers in einem Mondorbit sein. Mit ihm könnte eine Nation vom Mond aus – praktisch ohne jegliche Gefahr eines Gegenangriffs – jeden beliebigen Punkt auf der Erde in Schutt und Asche legen. Denn selbst wenn Atomraketen oder Laser von

Der erste, aber letztlich nicht verwirklichte Schritt auf dem Weg zur Stationierung eines hochenergetischen Lasers in einem Mondorbit: der von Russen und Amerikanern gemeinsam konzipierte Orbiter Dwa Orla.
Bild: NASA

der Erde aus in Richtung Mond abgefeuert würden, wäre die abschie-
ßende Nation schon in weiten Teilen zerstört, bevor die Geschosse gegen
den Laser im All zum Einsatz kämen. Ohnehin wäre dies äußerst unwahrscheinlich, weil die von der Erde abgefeuerten Geschosse mit geheimen mondgestützten Anti-Missile-Präzisionsraketen frühzeitig
abgefangen würden. Der Orbitallaser, so käme noch hinzu, könnte nach
der Meldung anfliegender Weltraumbomben sofort seinen Orbit ändern und so den nahenden Geschossen entkommen.

Derartige Weltraumbomber in Form von Orbitern mit eingeklinkten
Penetratoren sind ebenfalls bereits bei den meisten am zweiten Mond-
wettlauf beteiligten Nationen in Vorbereitung – natürlich unter zivi-
lem Deckmantel. Beispielsweise ist vorgesehen, die für die unabhängige
Energieerzeugung der Astronauten wichtigen Wasserstoffvorkommen
auf dem Mond zu orten. Zu diesem Zweck kooperieren die Wissenschaftler mit Ingenieuren aus der Waffentechnik. So ist bereits geplant
gewesen, dass die NASA die Buster-Bombe, eine bunkerbrechende
Bombe der US-Luftwaffe, für dieses Vorhaben einsetzt. Die drei Pro-
jektile sollen jedoch keinen hochexplosiven Sprengstoff tragen, sondern
sich an bestimmten Stellen zielgenau in den Mondboden bohren und
dort entsprechende Messungen vornehmen. Der geistige Vater und Pro-
jektleiter dieser Methode, Paul Lucey von der Universität Hawaii, konnte
nach entsprechenden Tests verkünden: »Die Instrumente des Penetra-
tors funktionierten nach dem Aufschlag wie beabsichtigt einwandfrei.«

Ähnliche Absichten hegt der Technologiekonzern Raytheon, der seine
beim Bau von Abwehrraketen erworbenen Kenntnisse und Fertigkeiten feilbietet. Raytheon offeriert, kleinste Messsonden punktgenau auf
dem Mond zu platzieren – und zwar mit Hilfe eines ausgeklügelten
Navigationssystems zur Raketenabwehr. Im Ernstfall könnten die
Messsonden natürlich auch durch Weltraumbomben ersetzt werden.

Zurück zur Fra-Mauro-Region – und zu Apollo 14!
Doch nicht nur die Vereinigten Staaten arbeiten an der Penetratorentechnik, der Eindringtechnik in den Mondboden. Ähnliches vernimmt
man auch aus Russland und China sowie aus Japan und Indien. Besonders aufschlussreich ist das russische Vorhaben. Es sieht vor, mit
der voraussichtlich im Jahr 2012 startenden Sonde Luna Glob gleich
einen ganzen Penetratorenteppich über dem Mond niedergehen zu lassen.
Zwei große Eindringsonden soll der Träger bei sich führen – und nicht

weniger als zehn kleinere Exemplare. Das Besondere daran: Die beiden großen Penetratoren sollen nahe der Landeplätze von Apollo 12 und Apollo 14 niedergehen. – angeblich freilich nur, um seismische Aktivitäten zu messen. Mit etwaigen Obelisken in der Fra-Mauro-Region *(siehe Kapitel 14)* oder anderen Entdeckungen hat die Operation selbstverständlich nicht das Geringste zu tun. Allerdings sei darauf hingewiesen, dass die Luna-Glob-Konzeption aus dem gleichen Zeitraum stammt, in dem auch Dwa Orla ersonnen wurde. Haben hier die Amerikaner etwa Russland um unverdächtige »Amtshilfe« bei der weiteren Untersuchung des Gebiets gebeten? Und falls ja, aus welchem Grund? Nun, wir wissen es nicht, das Pentagon schweigt – und der Kreml sowieso. Immerhin: Es spricht Bände, wenn die beiden einstigen Kontrahenten gemeinsame Militärmissionen zum Mond entsenden wollten. Welcher Feind soll eigentlich dort lauern, dass derart kostspielige Projekte überhaupt ins Kalkül gezogen werden? Glauben Ost und West wirklich ernsthaft, wie wir schon andeuteten, dass sich über den Mond die Weltherrschaft erringen lässt?

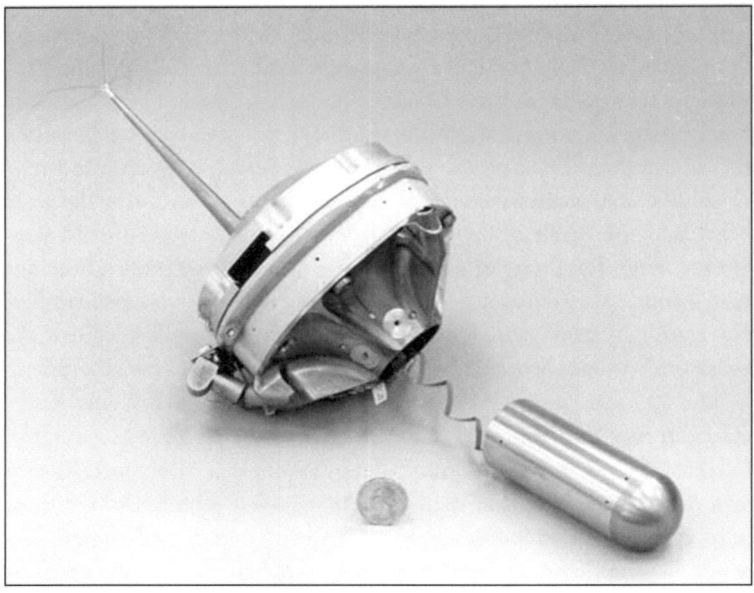

Wasservorkommen auf dem Mond orten: Derartige, von den USA entwickelte Penetratoren sollen nach dem Einschlag in den Boden des Erdtrabanten wertvolle Informationen liefern.   *Bild: NASA*

Trotz der Penetratorentechnik wäre das Gefahrenpotenzial für Dwa Orla jedenfalls äußerst gering, denn sowohl der Kommando- als auch der Kampfstand ließen sich dabei auf der erdabgewandten Seite des Mondes positionieren. Was auf der Erde und der erdzugewandten Mondseite vor sich geht, könnte über Spionagesonden, Frühwarnsatelliten und modernste Kommunikationssysteme kontrolliert werden. Vor allem einem Präventiv- oder Erstschlag des Gegners ließe sich so wirksam begegnen.

Selbst wenn der Superlaser nie zum Einsatz kommen sollte, wäre er geeignet, Angriffsabsichten und -aktionen gegnerischer Staaten schon im Keim zu ersticken. Sein abschreckendes Vernichtungspotenzial könnte aber auch dazu dienen beziehungsweise dazu eingesetzt werden, eigene Forderungen nicht nur zu stellen, sondern sie im Zweifelsfall auch gewaltsam durchzusetzen – eine geradezu ideale militärpolitische und außenpolitische Situation.

Natürlich ist man heute dazu noch nicht in der Lage. Zu viele wissenschaftliche und technische Probleme lassen den orbitalen Laser mit ausreichender Energieleistung zum Beschuss der Erde gegenwärtig noch Wunschdenken sein. Aber wohl nicht mehr allzu lange. Wer hätte 1869, als die Indianer noch den Bison auf den ausgedehnten nordamerikanischen Ebenen jagten, auch nur im Traum daran gedacht, dass 100 Jahre später Bewohner dieses Staates als erste Menschen den Mond betreten würden?

Dwa Orla jedenfalls ist keine Schauervision. Die Studie ist vielmehr schockierende Realität. Auf US-Seite war der Luft- und Raumfahrtkonzern McDonnell Douglas Aerospace als Auftragnehmer für Dwa Orla vorgesehen. Aber angeblich wurde die Mission ja nie verwirklicht. Tut man den Weltraumgenerälen den Gefallen und schenkt ihnen Glauben, dann erhebt sich sofort die Frage: Warum nicht? War etwa Geldmangel der Grund? Oder kapitulierten Technik und Wissenschaft vor der doch immensen Herausforderung? Dass man Dwa Orla (so weit wir wissen) letztlich nicht in die Tat umsetzte, liegt an anderen Faktoren. Denn, wie so oft, machte die Politik den Konzeptionen der Generäle wieder einmal einen dicken Strich durch die Rechnung.

Kapitel 31

DIE SCHLACHT

Ab 1995 verschlechterte sich allmählich wieder das politische Klima zwischen Ost und West. Glasnost und Perestroika, einst Wörter des Jahres, wurden immer seltener in den Mund genommen. Das schlug sich natürlich auch auf die Raumfahrtbeziehungen und Projekte der beiden führenden Weltraummächte nieder. Besonderes Misstrauen erweckte im Pentagon der russische Raumgleiter Bor. Etwa sechs Meter lang sollte er Atomsprengköpfe aus der Erdumlaufbahn in Minutenschnelle (und somit praktisch ohne jegliche Vorwarnzeit) an sein vorgesehenes Ziel transportieren. Dabei war Bor nur eine von den Militärs noch zu Sowjetzeiten konzipierte Waffenvariante gegen das US-Programm SDI zur Abwehr von Atomwaffen im All.

Doch das war nicht alles. Wie russische Militärs einräumten, sollte Bor auch in einer bemannten Version zum Einsatz kommen. Die Planungen sahen vor, die Ein-Mann-Galaktika mit zwei Mini-Atomsprengköpfen gegen im All operierende Space Shuttles einzusetzen. Selbiges konnte natürlich auch gegen etwaige Starts von Mondmissionen praktiziert werden.

Sahen die russischen Strategen tatsächlich den Einsatz von Sternenkriegern vor? Hatten oder haben sie wirklich Weltraumtruppen für den Kampf um den Mond? Die Antwort auf diese Fragen überrascht, fällt sie doch in beiden Fällen eindeutig positiv aus.

Die russischen Weltraumtruppen wurden offiziell im Jahr 2001 aufgestellt, existieren aber de facto bereits seit Beginn der militärischen Raumfahrt Ende der 1950er Jahre. Heute sind sie für sämtliche Bereiche der militärischen Raumfahrt zuständig. Das gilt für die Konzeption von Satelliten ebenso wie für die Überwachung und Leitung militärisch genutzter Weltraumeinrichtungen etwa zur Raketenabwehr.

Die russischen Weltraumtruppen sind nur sehr bedingt mit der North American Aerospace Defense Command (NORAD) in den Cheyenne Mountains vergleichbar. Deren Hauptaufgabe besteht in der Überwa-

chung gegnerischer Weltraumaktivitäten und der Einleitung von Ab-
wehrmaßnahmen bei Angriffen, die aus dem All erfolgen.

Daneben aber haben die russischen Weltraumtruppen auch jederzeit
einsatzfähige Kosmonauten in ihren Reihen. Diese werden Weltraum-
oder Sternenkrieger genannt.

Name: Juri Schargin. Beruf: Sternenkrieger

Wer genau den Sternenkriegern zuzurechnen ist und um wie viele Kosmonauten es sich dabei handelt, ist unbekannt – mit einer Ausnahme:
Juri Schargin. Der 1960 geborene Kosmonaut ist Oberstleutnant der
Raumstreitkräfte. Bevor man ihn 1996 in das Kosmonautenkorps berief,
absolvierte Schargin die Ingenieursakademie für Luft- und Raumfahrt
in Leningrad.

Es wird gelegentlich behauptet, dass Juri Schargin der einzige Vertreter
der Weltraumtruppen im russischen Korps sei. Das ist aber äußerst
unwahrscheinlich. Denn wenn Schargin für eine Geheimmission ausgewählt wurde, vor seinem Einsatz aber ausfallen sollte, hätte dies zur
Folge, dass kein Ersatzmann für ihn einspringen könnte. Dabei ist es

*Etwa sechs Meter lang und dafür konzipiert, um Atomsprengköpfe aus der
Erdumlaufbahn ans Ziel zu transportieren: der russische Raumgleiter Bor.*

Bild: Tschukowiskij

Der einzige bislang bekannte Vertreter der russischen Weltraumtruppen: Oberstleutnant Juri Schargin, der bereits an einer Mission zur Weltraumstation ISS teilgenommen hat.
Bild: NASA

gerade im Kosmonautenkorps die Regel, sogar zwei Ersatzleute pro Missionsteilnehmer zu benennen. Vielmehr wird es also so sein, dass Sternenkrieger Schargin lediglich der einzige *bekannte* Kosmonaut dieser Art ist.

Schargin flog 2004 mit dem Raumschiff Sojus TMA-5 zur ISS, der internationalen Raumstation. Wie der Chef der Weltraumtruppen, Generalleutnant Wladimir Popowkin seinerzeit ausführte, sollte Schargin dort »ein interessantes Programm« bewältigen. Und Popowkin ergänzte: »Dieses Programm wird den Weltraumtruppen und dem ganzen Land nutzen.« Bis heute blieb allerdings völlig im Dunkeln, worum es sich dabei handelte.

Werden Sternkrieger die Ersten sein, die auf russischer Seite die Eroberung des Mondes in Angriff nehmen? Offiziell würde ein derartiges Vorgehen wohl kaum eingestanden werden. Schließlich werden dort schon weitaus banalere Dinge als Staatsgeheimnis gehütet. Als Beispiel sei hier nur an die Hündin Laika erinnert, das erste irdische Lebewesen im All. Man habe sie »mit vergiftetem Futter«, so die seinerzeiti-

ge offizielle Version der UdSSR, nach erfüllter Mission sanft eingeschlä-
fert. Die Wahrheit freilich ist eine andere. Aufgrund falscher Isolie-
rung stieg die Innentemperatur von Laikas Raumschiff stetig an. Die
Folge: Laika ging elend an einem Hitzschlag zugrunde.

*»Ein interessantes Programm bewältigen«: Mit dem Raumschiff Sojus TMA-5 flog
Juri Schargin im Oktober 2004 ins All. Welchen eigentlichen Auftrag er dabei hatte,
ist bis heute unklar.* *Bild: NASA*

Man kann sich unschwer vorstellen, dass es dem Kreml da wenig in die Propaganda passen würde, wenn sich seine friedlichen Monderoberer (eventuell noch dazu in einem internationalen Team) plötzlich als ausgebildete Killer-Raumfahrer erweisen würden, die, aus welchen Gründen auch immer, die gerade fertig gestellte Mondstation »übernehmen« sollen.

Washingtons Antwort: Space Seals

Doch die Vereinigten Staaten stehen ihren östlichen Konkurrenten nicht nach. Sie bezeichnen ihre Sternenkrieger nur nicht als solche. Tatsächlich aber waren zum Beispiel die Astronauten des Manned Orbiting Laboratory (MOL) nichts anderes als Soldaten, die ursprünglich mit der NASA nichts zu tun hatten. Ihre geplanten Einsätze waren ausschließlich militärischer Natur. Selbstverständlich kamen auch bei den militärischen Space-Shuttle-Flügen Angehörige der US-Army zum Einsatz. Und mit William Sheperd ist gleich der erste Kommandant der Raumbasis ISS ein Angehöriger der berühmten US-Elitetruppe Navy Seals gewesen. Sheperd hat zwischenzeitlich die NASA verlassen und ist zu den Seals zurückgekehrt. Wofür wird er dort wohl zuständig sein ...?

Wir müssen also erkennen: Russland wie die USA rüsten auf – für einen Krieg um den Mond?

Offensichtlich ja, denn die USA verspürt gegenwärtig wenig Lust, mit Moskau in Sachen Mond enger zu kooperieren. Ursache hierfür ist die verzweigte Zusammenarbeit Russlands mit China, Europa und anderen Staaten.

Die NASA fürchtet die Chinesen zwar nicht, wie gelegentlich von der Presse behauptet wird, sie begeht aber auch nicht den Fehler, sie als »dritte Macht« im Wettlauf zum Mond zu unterschätzen. So war bereits im März 2004 bei einem Treffen von NASA-Chef Michael Griffin mit Mitgliedern eines Unterausschusses des US-Kongresses die Frage »Was haben die Chinesen im Weltraum vor?« das alles beherrschende Thema. Nach der Erörterung sagte der Kongressabgeordnete Tom DeLay gegenüber der Tageszeitung »Florida Today«: »Wir befinden uns bereits in einem neuen Weltraumwettrennen, ohne dass dies die amerikanische Bevölkerung überhaupt wahrnimmt.«

Ist etwa Desinteresse die Ursache für die Teilnahmslosigkeit der Bevölkerung in den USA und anderen Staaten? Dies wird zwar oft behauptet – doch das genaue Gegenteil ist der Fall. Die US-Bürger sind durchaus interessiert, nur sieht man vom zweiten Spacerace noch herzlich wenig. Spione, Agenten und Saboteure verrichten ihr Handwerk eben auch heute noch sehr gerne ohne Beteiligung der Medien ... Tatsache aber ist, dass das kommunistische China nach dem Mond greift – und das notfalls auch mit militärischen Mitteln. So äußerte der bereits zitierte Weltraumexperte Liang Guohzu: »Wenn das Mondprojekt erfolgreich durchgeführt wird, ist das ein wichtiger Schritt für die chinesische Weltraumforschung.« Und dieser Erfolg wäre dann ein dramatischer Fortschritt für die chinesische Armee.

Liang wurde in diesem Zusammenhang aber sogar noch deutlicher: »In der Vergangenheit«, fuhr er fort, »war das Militär zu Lande, auf dem Meer und in der Luft wichtig. In der Zukunft wird für das Militär auch der Weltraum immer wichtiger werden. Unser Mondsondenprojekt hilft uns also auch dabei, dass wir die militärische Stärke unseres Landes erhöhen.«

Das heißt nichts anderes, als dass chinesische Mondsonden auch militärisch nutzbare beziehungsweise einsetzbare Waffensysteme mit sich führen und erproben können. Angesichts dieser Äußerung wird die Nervosität der NASA durchaus verständlich. Von Interesse ist auch, dass Liang explizit das Mondsondenprogramm seines Landes in diesem Kontext nennt. Er unterstreicht damit, dass China nunmehr auch die strategische Bedeutung des Mondes erkannt hat und danach sein Programm ausrichtet.

Doch warum verschlechterte sich dann neuerlich die Beziehung zwischen den USA und Russland auf dem Gebiet der Raumfahrt? Die Ursache hierfür liegt in der gleichzeitigen Annäherung von Moskau und Peking. Der Technologietransfer von Ost nach West erfolgte nunmehr – in noch gesteigertem Maße – von Ost nach Südost. Es war der Kreml, der China überhaupt erst in die Lage versetzte, Raumfahrt in großem Stil zu betreiben. Erinnert sei nur an die Weitergabe der Sojus-Pläne und die Hilfe beim Bau der Raumschiffe sowie der Einrichtung der notwendigen Infrastruktur wie etwa dem Kontrollzentrum.

Hinzu aber kommt, dass sich der Kreml nicht scheute, mit Ländern wie China, Nordkorea und Saddam Husseins Irak über den Transfer von Weltraumwaffen zu verhandeln. Dem Vernehmen nach soll dabei auch das Bor-Nachfolgemodell Projekt X auf der Tagesordnung gestanden haben.

Und so drehte sich die Spirale immer weiter. Längst war das Projekt

Dwa Orla Makulatur. Mit geschickter Diplomatie und ausgefeilter Verhandlungstaktik gelang es Moskau, dick ins Geschäft zu kommen. Moskau schaffte es, neben China auch bei der ESA ins Boot zu steigen. Der neue russische Startplatz in Französisch-Guyana ist dafür ein Symbol mit zukunftsweisendem Charakter.

Das NASA-Dilemma

Angesichts dieser Lage hat die NASA wohl im Einvernehmen mit dem Weißen Haus still und heimlich beschlossen, die Kooperation mit den Russen bei der Eroberung des Mondes aufzugeben und wieder allein zum Erdtrabanten zurückzukehren. Das verkündete jedenfalls im Frühjahr 2007 der Leiter der russischen Raumfahrtbehörde, Anatoli Perminov. Gegenüber der Nachrichtenagentur Interfax sagte er (auch für Raumfahrtanalysten recht überraschend), sein Land wollte bei der Erforschung des Mondes mit den USA zusammenarbeiten. »Aber«, fuhr er wörtlich fort, »die USA haben aus unbekannten Gründen erklärt, dass sie das Programm alleine verwirklichen wollen.«

Es stellt sich die Frage, wem damit mehr geschadet wird: Russland oder Amerika selbst. Denn Fakt ist: Die NASA ist gegenwärtig auf die Hilfsbereitschaft der Russen angewiesen!

Um die Eroberung des Mondes überhaupt finanzieren zu können, muss die NASA ihre unzuverlässige Shuttle-Flotte komplett stilllegen. Nach dem jetzigen Stand der Dinge, ist deshalb beabsichtigt, im Mai 2010 die letzte wiederverwendbare Raumfähre auf eine Reise ins All zu schicken.

Damit aber begibt sich die amerikanische Raumfahrtbehörde für einen Zeitraum von drei bis fünf Jahren in die Abhängigkeit – von Russland. Denn nach der Einmottung der Fähren hat die USA für etwa diese Zeitspanne kein eigenes bemanntes System, um die Raumstation ISS mit Astronauten und Material anzufliegen. Anatoli Perminow konnte deshalb neben der für sein Land bedauerlichen Absage der Amerikaner bei der Eroberung des Mondes gleichzeitig triumphierend verkünden, dass die NASA bei Roskosmos bis zum Jahr 2011 mehrere Transporter für die ISS-Versorgung im Gesamtwert von rund einer Milliarde Dollar geordert hätten.

Man stelle sich vor: Die Supermacht Amerika kauft beim Erzrivalen Russland Raumschiffe, um ihren Beitrag zum Unterhalt der überwiegend von diesen beiden Nationen getragenen Raumstation ISS über-

Verkündete voller Stolz, dass die NASA mehrere Transporter für die ISS-Versorgung im Gesamtwert von rund einer Milliarde Dollar geordert hat: Roskosmos-Chef Anatoli Perminow.
Bild: Roskosmos

haupt leisten zu können. Gleichzeitig mobilisieren die USA alle Budgetkräfte, um die permanente Eroberung des Mondes vorzubereiten. Dabei wollen sie aber keine Kooperation mit Russland eingehen, das daraufhin versucht, ein gemeinsames Programm mit China oder der europäischen Raumfahrtagentur ESA auf die Beine zu stellen. Das ist die Raumfahrtrealität des Jahres 2008!

Die neue US-Strategie: All-Macht statt Weltherrschaft!

Dennoch (oder gerade deshalb) sahen sich die Vereinigten Staaten im August 2006 genötigt, ihren Führungsanspruch in der Raumfahrt zu untermauern. Zu diesem Zweck verfasste die Regierung eine neue US-Doktrin zur nationalen Weltraumpolitik. Öffentlich wurde das Grundsatzpapier allerdings erst im Oktober des gleichen Jahres.

Die Doktrin enthält politische Sprengkraft, denn ihre Kernaussage ist eindeutig: Künftig wollen die USA ihr feindlich gesonnenen Staaten den Zugang zum All unmöglich machen und außerdem alle Rüstungsvereinbarungen konsequent ablehnen, die dazu angetan sind, Amerikas Aktivitäten im All einzuschränken. Das bedeutet nicht mehr und nicht weniger, als dass sich die Supermacht das Vorrecht herausnimmt, jeden Angriff im und aus dem All abzuwehren und auch selbst Angriffe im und aus dem Weltraum heraus durchzuführen. »Die USA«, heißt es in dem entsprechenden Passus der Doktrin, »behalten sich das Recht, die Fähigkeit und die Handlungsfreiheit vor, falls notwendig, Feinden die Weltraumnutzung zu verwehren, falls sie den US-Interessen entgegenstehen.«

Die »Washington Post« leitet aus der neuen Doktrin ab, dass künftig der Weltraum für die USA militärisch die gleiche Bedeutung hat wie der Kampf zu Lande, zu Wasser und in der Luft. Sollte dies zutreffen, würde dies langfristig die Militarisierung des Weltraums bedeuten.

Die Doktrin entstand auch unter dem Eindruck eines fatalen Zwischenfalls: Gemäß gleich lautenden Presseberichten soll nämlich ein aus China abgefeuerter Laserstrahl einen US-Satelliten getroffen haben. Laut

Pentagon blieb dabei allerdings unklar, ob es sich um einen bedauerlichen Fehlschuss handelte oder ob eine bewusst geplante Aktion Pekings dahinter steckte. Der Zwischenfall jedenfalls bestärkte die USA in ihrer Skepsis gegenüber den chinesischen Raumfahrtplänen.

Es versteht sich von selbst, dass die neue nationale Raumfahrtpolitik der USA spätestens dann, wenn Interessen der Vereinigten Staaten davon berührt sind, auch auf den Mond angewandt wird. Der Erdtrabant – der 51. Bundesstaat der USA?

Russland sieht offensichtlich diese Gefahr heraufziehen. Ein Jahr nach Veröffentlichung der Bush-Doktrin im Herbst 2006, in welcher der US-Präsident auch die Vorherrschaft im Weltall als offizielles Ziel der USA ausgab, zog der Kreml nach. In Deutschland wenig beachtet, ließ die Raumfahrtbehörde Roskosmos im August 2007 verlauten, man beabsichtige, alsbald selbst, bemannte Flüge zum Mond vorzunehmen. Die entsprechenden Mondprojekte anderer Staaten wie der USA, Chinas oder Indiens hätten Moskau zu einer Beschleunigung seiner diesbezüglichen Vorhaben veranlasst. »Wir sind zu der Ansicht gekommen, dass es gefährlich wäre, in Rückstand zu geraten«, erklärte dazu der Leiter der bemannten Raumfahrt bei Roskosmos, Alexej Krasnow. Und der

Deutliche Kampfansage: Russlands Außenminister Sergej Iwanow stellte bereits im Jahr 2006 fest, dass die Großmacht im Osten nicht gewillt sei, ihre Position in der Erforschung des Kosmos aufzugeben.

Bild: US-Air-Force/
D. Myles Cullen

sowjetische Verteidigungsminister Sergej Iwanow stellte bereits 2006 angesichts der zunehmend militärischen Ausrichtung der Mondraumfahrt fest: »Russland hat sich eine stabile Position in der Erforschung des Kosmos erhalten und ist nicht gewillt, sie aufzugeben.«

Angesichts dieser Vorgaben und offiziellen Aussagen wird deutlich, was wir bereits vermutet haben, nämlich dass führende Nationen versuchen, über die Vorherrschaft im All auch die Kontrolle über die Staatengemeinschaft zu erlangen. Hierbei kommt dem Mond eine Schlüsselposition zu. Es sind also längst nicht wissenschaftliche Motive oder ökonomische Interessen und schon gar nicht politisches Prestige, die das zweite Wettrennen zum Mond ausgelöst haben. Allenfalls sind das nebensächliche Aspekte. Primär jedoch geht es um militärischen Machtgewinn. Das ist die eigentliche Triebfeder!

Bei der NASA ist dies bereits Programm. Ihr neues Raketensystem, mit dem die US-Astronauten künftig zum Mond bugsiert werden, trägt den Namen Ares, so heißt der altgriechische Gott des – Krieges.

Kapitel 32

RAUMSCHIFF ORION

Die Geheimhaltung war fast perfekt geglückt: Gerade einmal der Name wurde vorab bekannt: Orion sollte der Shuttle-Nachfolger heißen und so kegelförmig aussehen wie die Mondschiffe der Apollo-Astronauten. Das war aber auch alles, was über die nächste Generation bemannter US-Raumschiffe nach außen drang – bis zum 12. März 2008. An diesem Tag lüftete die NASA ihr Geheimnis. In einer kleinen, feierlichen Zeremonie, dem »roll out«, präsentierte die Weltraumbehörde erstmals ihr jüngstes Baby der Öffentlichkeit. Die medienwirksame Präsentation erfolgte im Hangar des Langley Research Center. Ironie am Rande: Dieses Forschungszentrum befindet sich nur unweit des ebenfalls in Langley ansässigen CIA-Hauptquartiers.

Orion erinnert tatsächlich an die Apollo-Modelle. Allerdings gibt es zwei markante Unterschiede: Das Raumschiff ist um etwa 50 Prozent größer als seine berühmten Vorgänger, kann dafür aber die doppelte Zahl an Astronauten, nämlich sechs Crew-Mitglieder, aufnehmen. Der markanteste Unterschied aber besteht in den zu beiden Seiten an Orion angebrachten, fächerförmig aufgereihten, runden Solarzellenträgern, welche die Energieversorgung an Bord gewährleisten sollen.

Im Gegensatz zum Space Shuttle, der nur für Einsätze im Erdorbit konstruiert war, ist Orion wieder ein multifunktionales Modell. Gedacht wird hier in erster Linie an Flüge zur internationalen Raumstation ISS (ab dem Frühjahr 2014) und in einem zweiten Schritt an Flüge zum Mond.

Doch bis es so weit ist, gilt es noch eine Menge Arbeit zu erledigen. Besonders die Hitzeisolierung der Außenhaut von Orion bereitet den Ingenieuren gegenwärtig noch Sorgen, wie zu vernehmen ist. Mindestens genauso problematisch ist die letztendliche Entscheidung über das zu verwendende Landesystem für den Abschluss der jeweiligen Mission. So viel ist sicher: Fallschirme kommen in jedem Fall wieder zum Einsatz. Für eine Wasserlandung reicht das auch vollkommen aus. Anders verhält es sich hingegen, wenn eine »harte« Landung, ein Niedergehen der Kapsel auf dem Land, durchgeführt werden soll. Dann sind an der Unterseite des Kegels, also dort, wo der Hitzeschild angebracht ist, zusätzlich sich automatisch aufblasende Airbags anzubringen. Dies würde aber bedingen, dass der Hitzeschild absprengbar installiert sein muss.

Orion ist das Herzstück des Constellation-Programms. Dessen Aufgabe ist es, die notwendigen Maßnahmen für die Realisierung der Raumfähren-Nachfolgeprojekte zu planen und zu koordinieren. Somit erstellt Constellation faktisch den Zeit- und Fahrplan für die Raumfahrt-aktivitäten der NASA. In dieser Planung hat die Fertigstellung und Einsatzreife von Orion absolute Priorität – im Verbund mit der neuen US-Trägerrakete Ares. Amerikas neuer Superbooster soll mit einer Maximalhöhe von 116 Metern nochmals um fünf Meter höher werden, als es die Saturn V der Amerikaner und die N-2 der Russen gewesen sind.

Im Constellation-Programm übernimmt Ares die Funktion des Fracht- und Crew-Transporters ins All. Dafür werden zwei Versionen

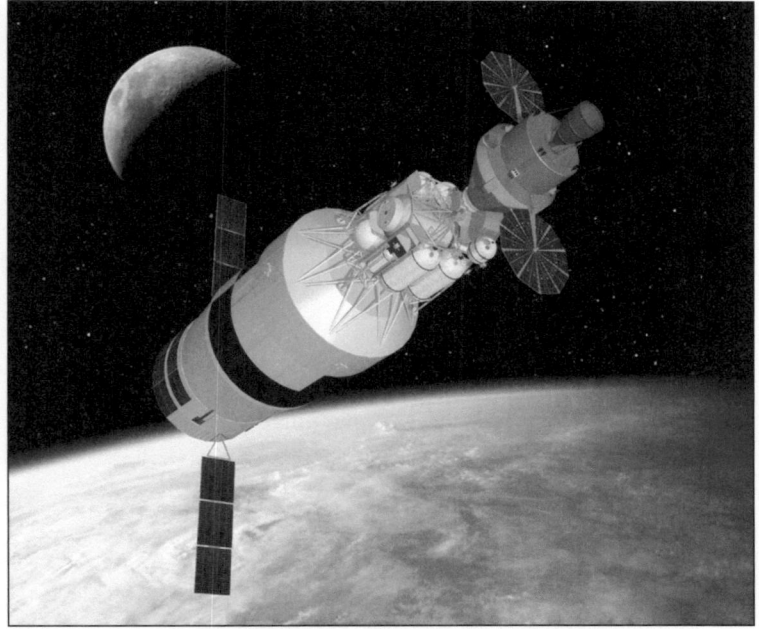

Soll ab 2014 an die Raumstation ISS andocken: das stark an die Apollo-Kapseln erinnernde Raumschiff Orion mit seinen fächerförmigen Solarzellenträgern.
Grafik: NASA

gebaut. Ares I für den Transport der Besatzung sowie die wesentlich größere und schubstärkere Ares V als »heavy lift launcher« für das »Gepäck«. Darin besteht auch der große Unterschied zum Apollo-Programm, bei dem Mannschaft und Ausrüstung gleichzeitig mit einem Raketentyp in den Orbit gebracht wurden.

Nach den jetzigen Konzeptionen wird die erste Ares-Stufe der Space-Shuttle-Startkonfiguration nicht unähnlich sein. So basiert der Zentralkörper auf der Konstruktion des externen Tanks (ET) der Shuttle-Flotte. An dem ET sind, wie bei dem jetzigen Transportsystem, zwei Booster als Zusatzraketen angebracht.

Die zweite Stufe sitzt oben auf dem Zentralkörper der ersten Stufe auf. Darauf wiederum ist je nach Raketentyp (Ares I oder Ares V) die Astronautenkapsel oder das Frachtgut angebracht. Der Vorteil dabei ist, dass nicht (wie im Falle der Columbia-Katastrophe geschehen) herabfallende Raketenteile das Raumschiff Orion beschädigen können.

Der Nachteil des neuen Systems besteht hingegen in der Verwendung von zwei getrennt zu startenden Raketen, was natürlich wiederum die Gefahr einer Fehlfunktion erhöht.

Aber an diesen Planungen kann sich noch einiges ändern. So waren ursprünglich fünf Starttriebwerke vorgesehen. Nach den jüngsten

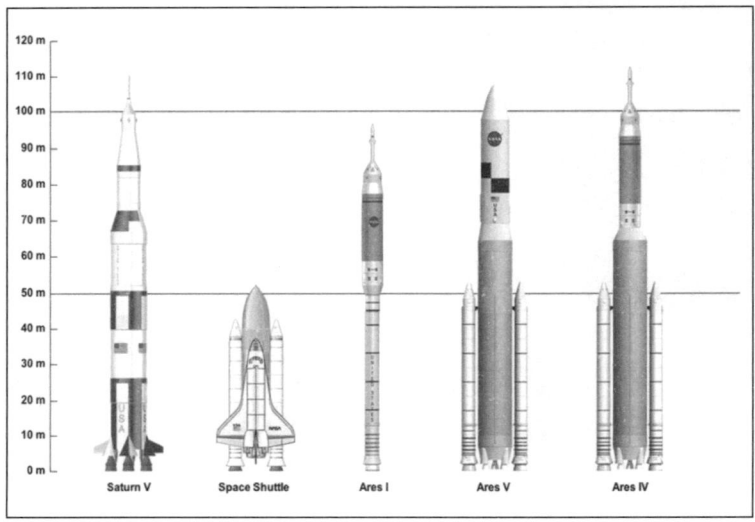

Noch größer als die Saturn V-Rakete: Amerikas neuer Superbooster Ares.

Grafik: NASA

Informationen aus dem Ares-Projektbüro sollen es aber nun deren sechs werden. Ferner ist jetzt beabsichtigt, die seitlich montierten Booster größer und somit leistungsfähiger zu konzipieren. Das jedenfalls sehen die gegenwärtigen Vorstellungen von Steve Cook, Manager im Ares-Projektbüro, vor.

Altair – Amerikas nächste Mondfähre

Altair ist der noch am wenigsten bekannte Teil des Constellation-Programms. Das sagt jedoch nichts über seinen Stellenwert aus, denn hinter der Projektbezeichnung verbirgt sich nicht mehr und nicht weniger als Amerikas nächstes bemanntes Mondraumschiff. Das Konzept ist noch geheim, was durchaus verständlich ist. Schließlich will man in den USA alles andere, als der stets wachen Konkurrenz unfreiwillig Informationen über das jüngste NASA-Wunderwerk der Technik zukommen zu lassen.

Einige Informationen über das Lunar Module (LM) sind aber doch durchgesickert. Sie besagen:

• Altair soll trotz mancher Unterschiede äußerlich eine gewisse Ähnlichkeit zur Landefähre der Apollo-Ära aufweApisen.
• Das neue Lunar Module wird etwa doppelt so groß sein wie seine Vorgänger.
• Dadurch verdoppelt sich die Besatzungsstärke von ehemals zwei auf dann vier Astronauten.
• Altair wird gleichfalls aus zwei Einheiten bestehen: einerseits dem Landeteil und andererseits dem Wiederaufstiegsteil zur Rückkehr zum Mutterschiff Orion.
• An Bord von Orion bleibt kein Kapselpilot zurück, wie das bei den Apollo-Flügen der Fall war. Vielmehr wird der Orbiter automatisch fliegen und vom Kontrollzentrum aus betreut.
• Altair wird zwei Luken erhalten: eine für Manöver im All – etwa bei Docking-Vorhaben – und eine zweite selbstverständlich für das Betreten der Mondoberfläche (und natürlich auch zum Wiedereinstieg in das Raumschiff nach der Exkursion).
• Angeblich besitzt die Mondluke eine Luftschleuse. Damit will man verhindern, dass Mondstaub in die Fähre gelangt und vor allem dafür sorgen, dass das Modul unter Normaldruck bleiben kann, wenn ein Crew-Mitglied einen Raumanzug an- oder ablegt.

- Sogar eine Toilette soll diesmal den Astronauten zur Verfügung stehen.

Das Constellation-Programm ist somit das erste konkrete Projekt zur bemannten Rückkehr auf den Mond nach dem Ende der Apollo-Ära. Das Besondere daran ist, dass diesmal ein dauerhafter Stützpunkt eingerichtet werden soll – der erste Außenposten der Menschheit im All. Und so sieht der gegenwärtig dazu gültige NASA-Fahrplan aus:

Missions-Nr.	Datum	Mission	Träger	Flugdauer	Bemerkung
3	Jan. 2014	Orion 1	Ares I	ca. 14 Tage	Erstflug der Orion
4	März 2014	Orion 2	Ares I	ca. 14 Tage	Erster bemannter Flug/ISS
6	Sept. 2014	Orion 4	Ares I	ca. 90 Tage	Erster planmäßiger Flug zur ISS
14	Juni 2918	Ares V-Y	Ares V		Erster Ares V-Start
16	Dez. 2019	Altair 1	Ares V	ca. 21 Tage	unbemannter LM-Erstflug
17	Dez. 2019	Orion 13	Ares I	ca. 21 Tage	Unbemannte Mondumkreisung
18	Juni 2019	Altair 2	Ares V		LM von Orion 17
19	Juni 2019	Orion 15	Ares I	ca. 21 Tage	**Landung auf dem Mond**

Vermutlich wird diese Zeitlinie wohl kaum eingehalten (es wäre die erste ihrer Art in der Raumfahrt, bei der das gelänge), schließlich werden neue Projekte meist zu optimistisch terminiert. Ursache hierfür sind in erster Linie konzeptionelle Probleme und technische Schwierigkeiten, die erst später in der Versuchs- und Bauphase auftreten und so zu unliebsamen Verzögerungen führen. Verschiebungen von zwei, drei Jahren sind deshalb keine Seltenheit. Der Flug ins All ist eben auch nach 50 Jahren keine Selbstverständlichkeit, jede Mission stellt eine eigene Herausforderung dar.

Aber immerhin: In den USA steht die Marschroute damit fest – die NASA hat ein neues Programm.

Davon ist die ESA noch Lichtjahre entfernt. Sie möchte ein eigenes bemanntes Raumschiff für Flüge in den Erdorbit, die mit der Sonde

Mars Express begonnene Erforschung des Roten Planeten fortsetzen, weiterhin eine große Rolle beim Betrieb der Raumstation ISS spielen sowie die mit Smart 1 begonnene Erkundung des Mondes mittelfristig fortsetzen. Hinzu kommen zahlreiche nationale Projekte einzelner ESA-Mitgliedsstaaten wie etwa Deutschlands Absicht, eine eigene Mondsonde auf die Beine zu stellen. Und dann auch noch die Mitwirkung an einer Mondstation?

Das ist zu viel des Guten, das kann Europa nicht stemmen. Wieder einmal wird zu optimistisch kalkuliert. Dabei müsste man es eigentlich besser wissen. Denn 1994 präsentierten die ESA-Planer auf einer internationalen Raumfahrtkonferenz im schweizerischen Kurort Beatenberg ihr Konzept für die Errichtung einer Mondstation.

Der damalige Wissenschaftsdirektor Roger Bonnet verkündete: »Wir können schon morgen mit der ersten Phase beginnen.« Der Anfang aber dauert lange …

Zwei Versionen werden gebaut: Ares I (links) für den Transport der Besatzung und Ares V für die Ausrüstung.

Grafik: NASA

Nomad Explorer: Der erste Mondpanzer?

Während Europa noch in der Überlegungsphase der Überlegungsphase steckt, schreitet die Entwicklung in anderen Ländern bereits mit großer Geschwindigkeit fort. So hat die NASA unlängst eine völlig neuartige Konzeptstudie für eine wissenschaftliche Basis auf dem Mond vorgelegt. Ihr Name: Projekt Nomad Explorer. Ihr Clou: Es handelt sich um den Entwurf einer *mobilen* Mondstation. Mit ihr soll es einer dreiköpfigen Besatzung möglich sein, binnen sechs Monaten mehrere tausend Kilometer auf der mit Kratern übersäten Oberfläche zurückzulegen. Die Energie für diesen Trip soll mittels Nukleartechnik erzeugt werden.

Das Gefährt, dessen Design noch nicht feststeht, hätte somit eine nicht für möglich gehaltene Mobilität. Durch Anhänger ließe sich der Nomad Explorer sogar noch optimieren – zum Beispiel für die Mitnahme eines Granatwerfers für den Beschuss gegnerischer Mondbasen.

Auf dem Mond, so müssen wir daraus lernen, werden keine Armeen benötigt, sondern letztendlich genügen kleine Kampfgruppen, um die Kontrolle über den Erdtrabanten zu erringen. Umso verlockender erscheint eine Art Kommandounternehmen.

Sämtliche hier beschriebenen Szenarien spielen sich im Mondorbit oder auf seiner Oberfläche ab. Im Ernstfall aber wäre die Mondstation nur so lange von Bedeutung, wie sie von Menschen betrieben und eingesetzt wird.

Am effizientesten aber wären Angriffe auf die Versorgungsanlagen der Mondbasen, also Startzentren wie Cape Canaveral oder Tjuratam. Denn ohne regelmäßige Versorgung wäre jede Invasion dauerhaft (noch) nicht von Erfolg gekrönt. Was läge also näher, als militärisch gegen die Versorgungsadern des Mondpersonals vorzugehen?

Wir können daraus ersehen: Die Eroberung des Mondes bietet Raum für vielerlei militärische Planspiele. Es ist aber auch deutlich geworden, dass gleichgültig, wie facettenreich die Ausgangssituation sich auch darstellen mag, alle Nationen fast dieselben Chancen haben, den ersten Mondkrieg für sich zu entscheiden. Allerdings würde ein solcher »Erfolg« über kurz oder lang Gegenschläge zur Folge haben. Der Kampf um den Mond könnte sich dann zu einer Art zweiter Kubakrise auswachsen. Damals, das wird oft vergessen, stand die Erde am Rande des nuklearen Holocaust. Das freilich ist die Eroberung des Mondes in keinem Fall wert.

Kapitel 33

MACHT UND OHNMACHT

Dieses Buch schildert ausschließlich die Wirklichkeit. Mit Ausnahme des mondgestützten Lasers, der im Augenblick noch nicht technisch umsetzbar ist, dies aber wohl in den nächsten zwei Jahrzehnten sein wird, ist alles, was wir hier darlegen, bereits Historie, gegenwärtig in Planung und Fertigung oder für die nahe Zukunft beabsichtigt. Dadurch gelangen wir zu der Auffassung, dass sich der Mond geostrategisch zu einer Weltmacht entwickeln kann – und höchstwahrscheinlich auch wird.

»Weltmacht Mond?« Wir haben versucht, anhand des von uns recherchierten Materials aufzuzeigen, dass dies keine Fiktion ist. Wir sehen die Gefahr, dass der zweite friedliche Wettlauf zum Mond in einen Krieg um den Erdtrabanten ausufert. Das bleibt, wie sich jeder unschwer vorstellen kann, nicht ohne Auswirkungen auf die Erde. Oder glaubt jemand ernsthaft, dass sich beispielsweise die USA ohne Reaktion damit abfinden würde, wenn eines ihrer Mondschiffe von einer anderen Nation beschossen und zerstört werden sollte?

Der Mond muss deshalb exterritorial bleiben! Über kurz oder lang bietet sich dazu nur dann eine reale, dauerhafte Chance, wenn es gelingt, den Mond waffenfrei zu halten. Eine Möglichkeit hierzu wäre, den Mond unter die Obhut der Vereinten Nationen (UNO) zu stellen. Kenner der Materie werden jetzt antworten, dies sei bereits geschehen. Sie verweisen auf Artikel IV des »Vertrages über die friedliche Nutzung des Weltraums«.

Dort ist festgelegt: »Die Unterzeichnerstaaten verpflichten sich, keine Objekte auf eine Erdumlaufbahn zu bringen, die Kernwaffen oder andere Massenvernichtungswaffen tragen, und keine derartigen Waffen auf Himmelskörpern oder sonst wie im All zu stationieren.«

Und ausdrücklich heißt es weiter: »Der Mond und die anderen Himmelskörper werden von sämtlichen Unterzeichnerstaaten des Vertrages zu friedlichen Zwecken genutzt. Die Errichtung militärischer Stützpunkte, Anlagen und Befestigungen, das Erproben von Waffen jeglicher Art und die Durchführung militärischer Manöver auf Himmelskörpern sind verboten. Die Verwendung von Militärpersonal für die wissenschaftliche Forschung und andere friedliche Zwecke wird nicht untersagt. Ferner wird auch nicht die Benutzung jedweder für die friedliche Erforschung des Mondes und der anderen Himmelskörper notwendigen Ausrüstungen oder Anlagen verboten.«

Wer diese Zeilen aufmerksam und mit Bedacht liest, merkt sogleich, woran es hakt: Der Passus ist viel zu allgemein gehalten. Ist ein von China aus gestarteter Laserstrahl, der einen US-Satelliten trifft, eine Massenvernichtungswaffe oder nicht? Und wie steht es mit der »Durchführung militärischer Manöver auf Himmelskörpern«? Ist die Fahrt eines Rovers mit Spezialwerkzeugen, die autonom arbeiten, bereits ein Armeemanöver? Und wie verhält es sich mit Forschungsgerät, beispielsweise Sprengsätzen zur Untersuchung tieferer Schichten der Mondoberfläche? Und woher soll man wissen, ob eine Sonde vertragswidrig genutzt wird, wenn sie gar nicht erst angemeldet wurde?

Ein Vorschlag hierzu lautete, alle Mondflüge unter UNO-Kontrolle zu stellen. Vor allem die daran teilnehmenden Astronauten sollten für die Dauer ihrer Mission den Vereinten Nationen unterstellt werden. Wir haben schon schlechtere Anregungen gehört. Aber das kann lediglich ein Teilaspekt sein, denken wir nur an jene Raumschiffe, die ohne Astronauten gestartet und eingesetzt werden.

Sollen künftige Konflikte vermieden werden, ist es an der Staatengemeinschaft, jetzt aktiv zu werden.

Und noch etwas muss deutlich werden: Die Zeiten der »Einbahnstraßen-Kooperation« müssen endlich der Vergangenheit angehören. Es ist zwar schön, wenn die NASA die ESA einlädt, sich an der Mondstation zu beteiligen, aber immer noch in dem irrigen Glauben lebt, Europa als »Juniorpartner« betrachten zu können. Es kann und darf nicht sein, dass im 21. Jahrhundert nichtamerikanische Partner bei der US-Mondbasis ausdrücklich von der Entwicklung von Schlüsseltechnologien ausgenommen sein sollen.

Die gleiche Mahnung ist in vollem Umfang auch an die Adresse Russlands zu richten. Zur Erinnerung: Auf der Gedenkplakette von Apollo 11 steht: »We came in peace for all mankind« (»Wir kamen in Frieden für die gesamte Menschheit«). Wenn das keine leere Phrase sein soll, dann hat man auch möglichst viele internationale Partner in die Eroberung des Mondes einzubinden, anstatt sie (in Teilbereichen) auszugrenzen.

Der Mond ist es wert. Er birgt noch so viele Geheimnisse, von denen wir im Augenblick nicht einmal etwas ahnen. Nehmen wir nur die Entdeckung von Wasser in einigen der von Apollo-Raumschiffen mitgebrachtem Gesteinsproben. Oder erinnern wir uns an die zahlreichen merkwürdigen Erscheinungen am Krater Aristarchus.

Die größte Wirkung aber wird psychologischer Natur sein, wenn wir mitten in der Nacht zum Erdtrabanten hinaufsehen. Häufig werden wir dann an »unsere« Leute auf dem Mond denken. Und je mehr Nationen dort vertreten sind, umso mehr wird sich das »Wir-Gefühl« verstärken und mit dazu beitragen, dem engstirnigen Separatismus auf dem Mond – und vielleicht auch auf der Erde – endlich Paroli zu bieten.

DANKSAGUNG
des Co-Autors

Es ist immer das gleiche Spiel, wenn man sich mit G.F.L. Stanglmeier auf ein gemeinsames Buchprojekt einlässt: Er hat seine beneidenswerte Gabe, einen auch dann noch zu motivieren und vom Sofa zu locken, wenn es schön kuschelig warm ist und draußen Neumond herrscht, man also das »Objekt der Begierde«, das einen in den nächsten Monaten beschäftigen soll, gar nicht sehen kann. Doch dann tauchen sie auf – unvermeidlich und mit großer Beharrlichkeit: Die Sichel am Firmament wird zur Scheibe, und G.F.L. Stanglmeier steht auf der Matte.

Da eine Rakete, dort ein Rover, kluge Köpfe und gescheiterte Existenzen, wissenschaftlicher Genius und politische Krämerseelen, Katastrophen und Erfolge, Europäer, Amerikaner und Asiaten: Und schon ist es um einen geschehen. Das Sofa lockte in all den Monaten unverdrossen weiter – allein es sollte ihm nichts helfen. Das müde Haupt zu betten: keine Zeit. Ein kurzes Innehalten von des Tages Mühen: muss warten bis nächstes Jahr. Und selbst bei Neumond war er nun unser guter, stets präsenter Kumpel: der Erdtrabant, von dem man einst glaubte, dass die Menschen schon alles über ihn wüssten, wo sie doch in Wirklichkeit so wenig über ihn wissen. Außer diesem: ihn zu beherrschen, wird eines nicht mehr fernen Tages von großer geostrategischer Bedeutung sein. Was ist dagegen schon ein Sofa?

Meine liebe Frau Ingrid hat sich nicht nur einmal an die Stirn getippt, als ich ihr vom Mare Crisium, vom »Horizontglühen« oder den Chinesen berichtete, die von dort droben bald auf uns herunterblicken wollen. Als ich sie aber irgendwann, die Tage waren schon sehr lang und die Nächte entsprechend kurz, das erste Mal einen Blick ins Manuskript werfen ließ, da hat es auch sie gepackt. Vielleicht auch deshalb, weil es eben ein besonderes Kribbeln im Bauch verursacht, wenn man bedenkt, dass ein Raumfahrtpionier wie Wernher von Braun vor über 60 Jahren fast vor unserer Haustüre von den Amerikanern »eingepackt« wurde. Das Rennen zum Mond mit all seinen Konsequenzen bekommt dadurch eine andere Dimension.

Trotz dieser Erkenntnis weiter an die Stirn getippt haben sich unsere Nachbarn, obwohl sie mittlerweile eigentlich daran gewöhnt sein müssten, dass der »Bekloppte« von nebenan immer dann seine EDV auf der Terrasse installiert, wenn sie selbst das kuschelige Sofa schon verlassen und sich auf den Weg zur Nachtruhe begeben haben. Frau Künzler schüttelt unverdrossen den Kopf, allein sie weiß, dass dies an der Sache auch beim nächsten Buch nichts ändern wird. Dass ich erneut aber weder gerümpfte Nasen noch Klagen zu sehen oder hören bekam, ist ein besonderes Wort des Dankes wert.

Dies hat sich auch Jochen Kopp, der Verleger, verdient – ein Mann, den es eigentlich gar nicht mehr gibt. Er lässt die Autoren gewähren, gibt ihnen freie Hand und freut sich mit ihnen über das Ergebnis.

Mein abschließender Dank gilt erneut meinen beiden Söhnen: Raphael-Maria und Constantin-Emanuel. Sie mussten sich auch in diesem Jahr in Verzicht üben, wenn der Vater mal wieder nicht gegen den Fußball im Garten treten konnte, weil die Inder gerade ihre geplante Mission ins All verschoben hatten. Dass sie es dennoch nicht ausgeschlossen haben, eines Tages mal Astronaut zu werden, ist vielleicht mein größter Verdienst an diesem Buch.

A. Liebe
im September 2008

DANKSAGUNG

des Autors

Wie so oft in meinem Leben, sind es in erster Linie Frauen, die zur Entstehung dieses Buches beigetragen haben.

• Ich danke meiner Frau Gisela, die alles Menschen(un)mögliche tat, um mir die Arbeit zu erleichtern.

• Ich danke den Professorinnen Elisabeth Trappe und Claudia Trenkwalder, wie auch Professor Dr. Hans C. Dollinger. Sie wissen wofür.

• Elvira Zettl erledigte wieder die zweitwichtigste Tätigkeit und fraglos die Unbeliebteste. Sie besorgte wieder die Recherchen-Finanzierung. Ich habe es längst aufgegeben herauszufinden, wie ihr das gelingt.

• Wenn wir den Abgabetermin einhalten konnten, so ist das nicht zuletzt das Verdienst unserer Lektorin Rose Rauch. Mit profundem Wissen und geschicktem Können brachte sie auf Zeile, Punkt und Komma, was im Manuskript zu viel, zu wenig und zu unverständlich war. Vor ihren Zauberkünsten erblasst sogar ein David C.

Ein Dank auch all jenen Informanten, die zu diesem Buch beigetragen haben. Sie alle aufzuzählen ist unmöglich. Stellvertretend seien hier Frau K. in Duisburg, Herr H. in München, Herr M. in den USA und Bruno Stanek aus der Schweiz aufgezählt.

Ein besonderer Dank gilt Thomas Mehner. Er hat den Begriff Kollegialität mit Selbstlosigkeit »verwechselt« – danke!

Unserem Verleger Jochen Kopp habe ich mehr als nur zu danken.

Josef Etz stellte nunmehr bereits zum zweiten Male sämtliche Baumaßnahmen zurück, damit die Kapitel dieses Buches ungestört entstehen konnten – wo findet man heute noch so viel Verständnis und Rücksichtnahme?

Die »mysteries«-Redaktion half mir – wie immer – unermüdlich, Luc Bürgin nicht minder wie Carl Hulot.

Die größte Freude bei der Bucherstellung bereitete mir das Recherche-Wettrennen mit meinem Co-Autor A. Liebe. Er vertritt noch die alten journalistischen Werte, wie »Dranbleiben, dranbleiben, dranbleiben!« – und lebt sie!

Und damit kommen wir wieder einmal zu Kater Niwi, der sich zunehmender Beliebtheit bei unserer Leserschaft erfreut. Allerdings hat er sich diesmal konsequent aus der Manuskripterstellung zurückgezogen, nachdem ich ihm androhte, beim nächsten Störversuch werde er der Hündin Laika in den Kosmos folgen.

Wie immer: Auf der »Ranch«, diesmal im Sommer 2008 – and with the spirit of the spacey days of the summer of '69.

G.F.L. Stanglmeier
im September 2008

LITERATURHINWEISE

Agoston, Tom: »Teufel oder Technokrat? Hitlers graue Eminenz«
Mittler & Sohn, Herford/1993

Althaus T.: »Mondgesteins-Analysen«
in: »Astro«, Nr. 5, August 1989

Appel, Fred: »Raumfahrt«
Enzyklopädie »Mit berühmten Entdeckern auf Abenteuer«
Kurfürst, Lekturama, o. J.

Bizony, Piers:» The Man who Run the Moon:
James E. Webb, NASA and the Secret History of Project Apollo«
thunder's mouth, New York/2006

Bower, Tom: »Verschwörung Paperclip – NS-Wissenschaftler im Dienst der Siegermächte«
Paul List, München/1988

Bowker, David E. and Hughes Kenrick J.: »Lunar Orbiter Photographik Atlas Of The Moon«
Scientific and Technical Information Office, Prepared by Langley
Research Center, NASA SP-206, Wahington D. C./1971

Braun, Wernher v.: »Start in den Weltraum«
Fischer, Frankfurt/o. J.

Büdeler, Werner: »Aufbruch in den Weltraum«
Ehrenwirth, München/1968

Büdeler, Werner: »Projekt Apollo: Das Abenteuer der Mondlandung«
Dritte erw. Aufl., Bertelsmann, Gütersloh/1969 u. 1970

Burgess, Colin u. Doolan, Kate:
»Fallen Astronauts: Heroes Who Died Reaching for the moon«
University of Nebraska/2003

Cabbage, Michael u. Harwood, William:
»Comm Check ... The Final Flight of Shuttle Columbia«
Free Press, New York/2004

Clark, Phillip: »The Soviet Manned Space Programme: An illustrated history of the men,
the missions, and the spacecraft«
Salamander books, London-New York/1988

Combined Intelligence Objektives Subcommitee CIOS-Report XXXII-125-, German
Guided Missile Research

Combined Intelligence Objektives Subcommitee CIOS-Report Serfal 0009-46
1 May 1946

Cortright, Edgar, M.: »Apollo Expeditions on the moon«
NASA SP 350, Washington D. C./1975

Cunningham, Walter: »The All-American Boys«
ibooks, New York/2003

Debus, Kurt H.: »Processing Reports of Sightings of Space Vehicle Fragments«
John F. Kennedy Space Center, NASA Management Instruction,
KMI 8610.4, June 28, 1967

Delius, Fred G.: »Die Flucht aus dem All: Apollo 13«
Heyne, München/1970

Dette, Helmut: »Apollo 11: Der erste Flug zum Mond – Wahrheit oder Täuschung?«
Imhof, Petersberg/2006

Dolezol, Theodor: »Aufbruch zu den Sternen. Die uralte Sehnsucht
des Menschen nach Partnern im All – Geschichte und Zukunft«
Ueberreuter, Wien-Heidelberg/1969

Engel, Rolf: »Russlands Vorstoß ins All: Geschichte der sowjetischen Raumfahrt«
Bonn Aktuell, Stuttgart/1988

Fiebag, Johannes u. Sasse, Torsten: »Mars – Planet des Lebens:
Die Jahrtausendentdeckung der NASA; Fakten – Hintergründe – Konsequenzen«,
Econ, Düsseldorf 1996

Fischer, Daniel u. Heuseler, Holger: »Der Jupiter Crash«
Birkhäuser, Basel; Boston; Berlin/1994

Fischer, Daniel: »Mission Jupiter. Die spektakuläre Reise der Raumsonde Galileo«
Birkhäuser, Basel, Boston u. Berlin/1998

Furniss, Tim, Shayler, David J.u. Shayler, Michael D.:
»Praxis Manned Spaceflight Log 1961-2006«
Springer-Praxis, Chichester, UK/2007

Gainor, Chris: »James A. Chamberlin«
cgainor@islandnet.com/ 26.November 2001

Geise, Gernot, L.: »Die dunkle Seite von Apollo: Wer flog wirklich zum Mond?«
Michaels, Peiting/2002

Glenn, John H.: »Das Astronautenbuch: Sieben amerikanische Weltraumfahrer berichten«
Kiepenheuer u. Witsch, Köln – Berlin/1962

Godwin, Robert: »*Surveyor Lunar Exploration Programm – the NASA Mission Reports*«
    Apogee, Burlington/2008

Goldsmith, Donald: »*Die Jagd nach Leben auf dem Mars: Fakten, Hintergründe, Perspektiven*«
    Scherz, Bern, München, Wien/1996

Gorn, Michael: »*NASA: The Complete Illustrated History*«
    Merrell, London u. New York/2005

Gründer, Mathias: »*SOS im All –*
    Pannen, Probleme und Katastrophen der bemannten Raumfahrt«
    Schwarzkopf u. Schwarzkopf, Berlin/2001

Haarwood, William: »*Prospector finds ice on the Moon*«
    in: »*Astronomy now*«, April 1998

Hall, Rex D. u. Shayler, David J.: »*Soyuz: A Universal Spacecraft*«
    Springer-Praxis, London (UK)/2003

Hallig, Christian: »*Festung Alpen – Hitlers letzter Wahn.*
    Wie es wirklich war. Ein Erlebnisbericht«
    Herder, Freiburg-Basel-Wien/1989

Harland, David M.: »*Jupiter Odyssey: the story of NASA's Galileo mission*«
    Springer-Praxis, Berlin u. New York/2000

Harland, David M.: »*The Story of the Space Shuttle*«
    Springer u. Praxis, Berlin, Heidelberg, New York/2004

Harvey, Brian: »*The Rebirth of the Russian Space Program;*
    50 Years After Sputnik, New Frontiers«
    Springer-Paxis, Chichester, UK, 2007

Harvey, Brian: »*Russian Planetary Exploration: History, Development, Legacy and Prospects*«
    Springer-Praxis, Chichester/2007

Hendrix, Bart u. Vis, Bert: »*Energiya-Buran – The Soviet Space Shuttle*«
    Springer-Praxis, Chichester, UK/2007

Hoffmann, Horst: »*Frauen im All*«. *Visionen und Missionen der Raumfahrt*«
    Schwarzkopf u. Schwarzkopf, Berlin/2002

Hofstätter, Rudolf: »*Kraftpaket für Sowjet-Shuttle*«
    in: »*Flug Revue*« *Nr.7/1987*

Hooper, Gordon R.: »*The Soviet Cosmonaut Team*«
    Volume 2: Cosmonaut Biographies, 2nd ed. GRH Publications; Great Britain/1990

Hoose, Hubertus u. Burczik, Klaus:
    »*Sowjetische Raumfahrt: militärische und kommerzielle Weltraumsysteme der UDSSR*«
    Umschau, Frankfurt a. Main/1988

Hulot, Carl: »Leben auf unserem Nachbarplaneten Mars:
So wahrscheinlich wie noch nie«
in »mysteries«, Basel, Nr. 10/2005

Irving, David: »Die Geheimwaffen des Dritten Reiches«
Sigbert Mohn, Gütersloh/o. J.

Johansen, Anatol: »Astronauten in Gefahr – Systeme zur Rettung aus Weltraumnot«
Schwann, Düsseldorf/1970

Johnson, Nicholas L.: »Handbook of Soviet Lunar and Planetary Exploration«
American Astronautical Society, Sience and Technologie Series, Volume 47,
Univelt Inc., San Diego, California/1979

Johnson, L. Nicholas: »The Soviet Reach for The Moon:
The L-1 and L-3 Manned Lunar Programs«
Cosmos, 1994

Kraft, Chris: »Flight – My Life in Mission Control«
Penguin, New York/2001

Kurowski, Franz: »Unternehmen Paperclip: Alliierte Jagd auf deutsche Wissenschaftler«
Reihe: Moewig Argumente, Band Nr. 3250, Arthur Moewig, Rastatt/1987

Liebe, André u. Stanglmeier, G. F. L.:
»Unternehmen Paperclip: Es begann im Werdenfelser Land«
in: »GAP-Journal«, S. 28 ff., Februar/März 1992

Lovell, Jim u. Kluger, Jeffrey: »Lost Moon«
Houghton u. Mifflin, New York/1994

Marchetti, Viktor u. Marks, John D.: »CIA«
Heyne, München/1976

Mehner, Thomas: »Geisterraketen: Russen testeten deutsche Wunderwaffen«
in: »mysteries-magazin«, Nr. 4-Juli/August 2007, (Ausgabe 22)

Merk, Otto: »Raumfahrt Report«
Bruckmann, München/1967

Metzler, Rudolf: »Hallo Erde; Das Raumfahrtbuch der Jugend«
Loewes, Bayreuth/1969

Metzler, Rudolf: »Stationen im All; Die Zukunft der Weltraumfahrt«
Loewes, Bayreuth/1974

Mielke, Heinz: »Der Weg zum Mond«
Neues Leben, Berlin/1969

Mielke, Heinz: »Lexikon der Raumfahrt- und Raketenforschung«
transpress VEB, Berlin/1986

Müller, Peter: »Nadelstich ins Weltall«
 Stocker, Graz u. Stuttgart/1963

»mysteries magazin – Geheimnisse Rätsel Phänomene«
 Basel, siehe www.mysteries-magazin.com

National Archives and Record Administration, RG 38,
 Chief of Naval Operations, CNO;
 Intelligence Division, Top Secret Reports of Naval Attaches 1944-1947,
 Formerly Entry 98C, Box 9 und 10

o. N.: »Amerikaner hörten Komarows Todesschreie aus dem All«
 in: »Die Welt«, Nr. 105, 7./8. Mai 1975

o. N.: »Apollo 14: Preleminary Science Report«
 National Aeornautics and Space Administration, NASA SP-272, NASA
 Manned Spacecraft Center, Scientific and Technical Information Office,
 Washington D.C./1971

o. N.: »China: Offenbar Space-Shuttle ausspioniert«
 in: ZDFtext, Seite 133, Mainz/ 11.02.2008

o. N.: »Columbia«
 Accident Investigation Board, Report Volume 1, 2003

o. N.: »Dirnsa weiß alles«
 in: »Der Spiegel«, Nr. 31, Hamburg/1972

o. N.: »Hobby«
 Magazin für Technik, o. J.

o.N.: »Japanische Mondstation«
 in: »Der Spiegel«, Nummer 27, Hamburg/1994

o. N.: »Neue Kaste«
 in: »Der Spiegel«, Nr. 19, Hamburg/1967

o.N.: »Mission von Militär-Satelliten Kosmos 2423 abgebrochen – Ursache bleibt im Dunkeln«
 russland.RU – Wissenschaft – Weltraum, 20-11-2006

o.N.: »Surveyor V: A Preliminary Report«
 NASA SP-163, Scientific abd Technical Information Division,
 Office of Technology Utilization, Washington, D.C./1967

Oberg, James O.: »Disaster at the Cosmodrome«
 in: »Air & Space«, Smithonian, December 1990/January 1991

Parker, Robert A. u. a.: »Apollo 17 Preliminary Science Report«
 National Aeronautics and Space Administration, NASA SP-330,
 Lyndon B. Johnson Space Center, Scientific and Technical Information Office,
 Washington, D. C./1973

Paul, Günter: »Aufmarsch im Weltraum.
    Die Kriege der Zukunft werden im Weltraum entschieden«
    Keil, Bonn/1980

Pichler, Herbert: »Die Mondlandung: Der Menschheit größtes Abenteuer«
    Molden, Wien-Zürich-München/1968

Pointner, Josef: »Das Weltraum-Dilemma«
    Econ, Düsseldorf u. Wien/1971

Proske, Rüdiger: »Der Mond: Das größte Abenteuer unserer Zeit«
    Olde Hansen, Hamburg/1969

Putkamer, Jesco v.: »Der erste Tag der neuen Welt:
    Vom Abenteuer der Raumfahrt zur Zukunft im All«
    Umschau, Frankfurt a. M./1981

Rjabtschikow, Jewgenij: »Rote Raketen – keiner kennt Baikonour«
    Deutsche Verlags-Anstalt, Stuttgart/1972

Ruppe, Harry O.: »Die grenzenlose Dimension – Raumfahrt
    Band 1: Chancen und Probleme«
    Econ, Düsseldorf u. Wien/1980

Sagan, Carl: »Blauer Punkt im All: Unsere Zukunft im Kosmos«
    Droemer Knaur, München/1996

Schirra, Wally u. Billings, Richard N.: »Schirra's Space«
    Bluejacket/1995

Schrunk, David, Sharpe Burton, Cooper, Bonnie u. Thangavelu Madhu:
    »The moon: Resources, Future Development, and Settlement«
    Springer-Praxis, Berlin Heidelberg New York – Chichester/2008

Shayler, David J.: »Desasters and Accidents in Manned Spaceflight«
    Springer-Praxis, Chichester/2000 sowie Berlin, Heidelberg, New York/2000

Shayler, David J.: »Skylab: America's space station«
    Springer-Praxis, Berlin, Heidelberg, New York/2001

Shayler, David J.: »Apollo: The Lost and Forgotten Missions«
    Springer-Praxis, Berlin Heidelberg New York/2002

Siddiqi, Asif A.: »Challenge to Apollo: The Soviet Union and the Spacerace, 1945-1974«
    National Aeronautics and Space Administration,
    NASA History Division, Office of Policy and Plans,
    NASA SP-2000-4408, Washington DC/2000

Simpson, Christopher: »Der amerikanische Bumerang:
    NS-Kriegsverbrecher im Sold der USA«
    Carl Ueberreuter, Wien/1988

Stanek, Bruno: »Planetenlexikon«
    Hallwag, Bern/1979

Stanek, Bruno: »Raumfahrt-Lexikon«
    Hallwag, Bern/1983

Steinhoff, Ernst A.: »Weltraumfahrt: Wissenschaftler planen die Zukunft«
    Habel, Darmstadt/1973

Stooke, Philip J.: »International Atlas of Lunar Exploration«
    Cambridge University Press, Cambridge (USA)/2007

Troebst, Cord-Christian: »Der Griff nach dem Mond;
    Amerika und Russland im Kampf um den Weltraum«
    Econ, Düsseldorf/1959

Turnill, Reginald: »The Observer«s Book of Manned Spaceflight«
    Frederick Warne, London/1978

Ulivi, Paoli u. Harland, David M.: »Lunar Exploration: Human Pioneers«
    Springer, Berlin Heidelberg New York, Praxis Publishing/2004

Utermann, Herman: »Mülldeponie Mond – eine phantastische, aber realistische Idee«
    Anita Tykve, Berlin/1996

Wallisfurth, Rainer M.: »Russlands Weg zum Mond«
    Econ, Düsseldorf – Wien/1964

West Reynolds, David: »Kennedy Space Center: Gateway to space«
    Firefly, New York u. Ontario/2006

Wladimirow, Leonid: »Moskaus großer Bluff –
    Die geheime Geschichte der sowjetischen Raumfahrt«
    Nauta, Hamburg/o. J.

Wolfe, Tom: »Die Helden der Nation«
    Hoffman u. Campe, Hamburg/1983

Zimmer, Harro u. Marfeld A.F.:
    »Weltraumfahrt«, Safari, Berlin/1978 (Neuaufl.)

BEGRIFFS- & ABKÜRZUNGSVERZEICHNIS

Advanced Launch System
Raumfrachter

Apollo Applications Program
Apollo-Nachfolgeprogramm

Apollo Lunar Scientific Experimental Package (ALSEP)
Wissenschaftliche Forschungs- und Experimentalgeräte, die bei den
Apollo-Mondlandungen aufgebaut und in Betrieb genommen wurden.

Apollo Lunar Rover Vehicle (LRV)
Mondrover der Apollo-Astronauten bei den Flügen 15 bis 17

Apollo Sojus Test Project
US-amerikanische und sowjetische Kooperation. 1975 koppelten erstmals
ein Sojus- und ein Apollo-Raumschiff aneinander, so dass die Raumfahrer
von einem ins anderere Raumschiff umsteigen konnten.

Army Map Service Lunar Map
Einrichtung der US-Armee zur Bildanalyse und Kartierung. Der Zusatz
»Lunar Map« weist auf eine Unterabteilung zur Auswertung von
Mondbildern hin.

Association of Lunar and Planetary Observers
1947 gegründete Vereinigung, die sich mit unserem Sonnensystem befasst.

Automated Transfer Vehicle (ATV)
Raumfrachter der ESA, der European Space Agency

Bodenproben-Rückhol-Missionen (BRM)
Spezielle Raumfahrtmissionen zur Einsammlung Bodenproben anderer
Himmelskörper und deren Verbringung zur Erde

British National Space Centre (BNSC)
Nationale britische Raumfahrtbehörde

Cape Canaveral
Raumfahrtbahnhof in Florida, USA

Cape Kennedy
Zeitweiliger, heute nicht mehr benützter Name des US-Weltraum-
bahnhofs Cape Canaveral

Chief of Naval Operations (CNO)
Ranghöchster Offizier und Admiralstab-Chef der US-Marine.

Chronological Catalog of Reported Lunar Events
Sammlung von Berichten über Mondanomalien.

Central Intelligence Agency (CIA)
Auslandsnachrichtendienst der Vereinigten Staaten.

Combined Intelligence Objectives Subcommitee« (CIOS)
Am 21. August 1944 ins Leben gerufene anglo-amerikanische Nachrichtendienst-Einheit zur Erfassung und Sicherung kriegswichtigen Materials im damaligen Nazi-Deutschland.

Crew Space Transportation System (CSTS)
Projektbezeichnung für die neueste bemannte russische Raumschiff-Generation, die ca. 2012 die bisherige Sojus-Klasse ersetzen soll.

Data and Photo Control Departement
Unterabteilung des NASA-Luar Receiving Laboratory.

Defense Mapping Agency
Veraltete Bezeichnung der heutigen National Goespatial-Intelligence Agency.

Departement of Defense (DoD)
Amerikanisches Verteidigungsministerium.

European Aeronautic Defence and Space Compony (EADS)
Zweitgrößtes Luft- und Raumfahrtunternehmen der Welt (nach Boeing).

EADS Astrium
Tochtergesellschaft des Luft- und Raumfahrtkonzerns EADS.

European Space Agency (ESA)
1975 gegründete europäische Raumfahrtorganisation mit Sitz in Paris.

Extra Vehicular Activities (EVA)
Außenbordtätigkeit bei Raumflügen sowie Exkursionen im Rahmen der Apollo-Mondlandungen.

Föderale russische Raumfahrtagentur
Roskosmos (s. dort)

Geomagnetic Tail Lab (Geotail)
Gemeinschaftsprojekt der NASA mit der ISAS.

Glawnoje Raswedywatelnoje Uprawlenije (GRU)
Militärischer Geheimdienst Russlands;
wörtlich: Hauptverwaltung für Aufklärung (beim Generlastab der Streitkräfte der Russischen Föderation).

Indian Space Research Organisation (ISRO)
Indische Raumfahrtbehörde.

Institute of Space and Astronautical Sciences (ISAS)
    Eine japanische Raumfahrtorganisationen, die in die neue Raumfahrtbehörde JAXA integriert wurde.

International Space Station (ISS)
    Internationale Raumstation, an der zahlreiche Nationen mitwirken zum Zwecke der zivilen Forschung.

Jet Propulsion Laboratory
    U.a. Hauptentwicklungs- und Kontrollzentrum für lunare und planetare Sonden der USA wie bspw. Surveyor oder Phoenix.

Johnson Space Center
    NASA-Einrichtung für das Astronautentraining und die Überwachung der jeweiligen Raumflüge.

Kennedy Space Center
    s. Cape Kennedy

Komitet Gossudarstwennoy Besopasnosti (KGB)
    Sowjetischer Auslandsgeheimdienst; wörtlich: Komitee für Staatssicherheit.

Kosmodrom Baikonur
    Raumfahrtbahnhof der ehem. UdSSR. Von hier aus startete der erste Mensch ins All. Das Kosmodrom befindet sich heute auf kasachischem Territorium. Die Bez. »Kosmodrom Baikonur« wurde im Westen irrtümlich benützt; richtig ist »Kosmodrom Tjuratam«.

Kosmodrom Tjuratam
    Russischer Raumfahrtbahnhof (vgl. »Kosmodrom Baikonur«).

Laboratory Factory Module (LZM)
    Geplantes Modul mit je einem biologischen und physikalischen Labor für eine nie verwirklichte russische Raumstation.

Laboratory Residence Modul (LZhM)
    Wohn- und Arbeitsbasis für die Besatzung einer sowjetischen Mondbasis, die im Planungsstadium wegen fehlender Finanzmittel verworfen wurde.

Langley Research Center
    Das traditionsreichste Forschungszentrum der NASA. Es liegt im US-Bundesstaat Virginia, 160 Kilometer vom Hauptquartier der Luft- und Raumfahrtbehörde in Washington entfernt.

Lewis Research Center
    Hochkarätige Forschungseinrichtung der NASA. Seit 1. März 1999 offiziell in »John H. Glenn Research Center« umbenannt.

Lunar Flying Unit
    Kleine Ein-Mann-Mondgerätschaft zum Schweben über der Mondoberfläche.

Lunar Horizon Glow (LHG)
Vermeintliches »Horizontglühen« auf dem Mond; mutmaßlich durch das
Aufwirbeln von Staub durch Sonneneinstrahlung verursacht.

Lunar Module (LM oder auch LEM)
Überwiegend benutzte Bezeichnung für die bemannten Mondfähren der
Amerikaner im Rahmen des Apollo-Programms.

Lunar Orbiter
Amerikanisches Mondsonden-Programm aus den 1960er Jahren.

Lunar Receiving Laboratory
Zum Johnson Space Center (s. dort) gehörend. Verwahrt u.a. die von den
Apollo-Missionen mitgebrachten rund 421 Kilogramm Bodenproben.

Lunar Reconnaissance Orbiter
Derzeit modernste Mondsonde der USA.

Lunar Rover
Sammelbegriff für Mondfahrzeuge, die per Fernsteuerung oder Hand-
lenkung zur Erkundung oder als Fortbewegungsmittel verwendet werden.

Lunar Prospector
Amerikanische Mondsonde.

Lunar Science Institute
Im Oktober 2007 beschlossenes NASA-Institut zur Erfassung und
Koordinierung sämtlicher wissenschaftlicher Arbeiten der USA im Bereich
der Mondforschung.

Lunar Scientific Survey Module
Mondrover mit großer Reichweite.

Manned Orbiting Laboratory (MOL)
Kleine militärische US-Raumstation für zwei Mann Besatzung. Mit MOL
sollte gezielte bemannte Weltraumaufklärung betrieben werden. Das
zwischen 1965 und 1969 entwickelte Labor, wurde aber nicht zur
Einsatzreife gebracht.

Mars Polar Lander (MPL)
Marssonde der USA, die aus unbekannten Ursachen beim Landeanflug
mutmaßlich auf dem »Roten Planeten« zerschellte.

Mission Control Center (MCC)
Sammelbegriff für Überwachungs- und Unterstützungseinrichtungen für
laufende Raumfahrtmissionen. Am berühmtesten ist sicherlich das MCC
in Houston, das auch die Mondlandungen der US-Astronauten begleitete
und unterstützte.

Mondlander
Sammelbegriff für bemannte wie unbemannte Mondsonden, die auf
unserem Trabanten niedergehen.

Mondorbiter
Ein spezifischer Raumschifftyp zur Monderkundung aus einer lunaren Umlaufbahn heraus.

National Aeronautics and Space Administration (NASA)
1958 gegründete US-Bundesbehörde für Luft- und Raumfahrt.

NASA Satellite Situation Report
Sammelwerk mit sämtlichen gegenwärtig verfügbaren Basisinformationen über frühere und jetzige Weltraumunternehmen. Dazu gehören u. a. die Missionsbezeichnung, das Herkunftsland sowie das Aufgabenfeld.

National Geospatial-Intelligence Agency (NGA)
Nachfolgeorganisation der NIMA, die am 24. November 2003 offiziell installiert wurde. Auch ihr Aufgabenfeld umfasst im Wesentlichen Bildanalysen im militärisch/nachrichtendienstlichen Bereich.

National Imagery and Mapping Agency (NIMA)
1996 gegründeter US-Dienst mit Hauptsitz in Bethesda, mit der Aufgabe, kartographische Auswertungen vor allem für militärische und geheimdienstliche Zwecke zu zentralisieren.

National Security Agency (NSA)
Größter Nachrichtendienst der USA mit Sitz in Maryland. Sein Augenmerk gilt vor allem sämtlichen Aspekten der technischen Aufklärung.

National Space Development Agency (NASDA)
Bis 2003 Bezeichnung der japanischen Raumfahrtagentur.

North American Aerospace Defense Command (NORAD)
Nordamerikanisches Luft- und Weltraumverteidigungskommando 1958 gegründet zum Zweck der Weltraumüberwachung und dem Schutz vor Angriffen mit Interkontinentalraketen

North American Aviation
Raumfahrtunternehmen in Downey (Kalifornien), das die Apollo-Raumschiffe herstellte.

Roskosmos (RAKA)
Russische Raumfahrtbehörde; wörtlich: Rossiiskoje Awiazionno-Koswitscheskoje Agenstwo. Hat ab 1992 (nach der Auflösung der Sowjetunioun und der Gründung der russischen Föderation) die wesentlichen Resosourcen der sowjetischen Raumfahrtagentur RKA übernommen.

Secret Service
US-Behörde, die hauptsächlich den Schutz des amerikanischen Präsidenten zu gewährleisten hat.

Skylab
Erste, 1973 gestartete Raumstation der USA. Sie wurde von insgesamt drei Besatzungen (Skylab 2 bis Skylab 4) genutzt.

Space Shuttle
> Sammelbegriff für Raumfähre – unabhängig davon, welche Nation sie
> gebaut hat.

Space Task Group (STG)
> In der Anfangszeit der NASA oberstes Entscheidungsgremium für
> bemannte Raumflüge. Aus der STG ging später das Manned Spacecraft
> Center hervor.

Space Transportation System (STS)
> Bezeichnung der Startkonfiguration für amerikanische Raumfähren,
> bestehend aus aus dem externen Tank (ET), den beiden Feststoffraketen
> (SRB) sowie der Raumfähre (OV).

Strap-on-booster
> Hilfsraketen für den Start von Raumflugkörpern. Sie sind an der eigentli-
> chen Rakete in wechselnder Stückzahl und Größe befestigt. Nach dem
> Ausbrennen werden sie vom Zentralkörper abgesprengt.

Strategic Defense Initiative (SDI)
> Strategische Verteidigungsinitiative der Vereinigten Staaten zum Aufbau
> eines Abwehrschirms gegen Interkontinentalraketen.

Superbooster
> Im Westen geprägter Ausdruck für die sowjetischen Großraketen N-1 und
> Energija.

Swing-by-Verfahren
> Ausnutzung der Gravitation von Himmelskörpern zur Beschleunigung
> und/oder extremen Richtungsänderung von Raumsonden – auch fly-by-
> Methode genannt.

United Nations Organization (UNO)
> Vereinte Nationen. Zusammenschluss von derzeit 192 Staaten mit dem
> Ziel der Sicherung des Weltfriedens und der Einhaltung von Völker- und
> Menschenrechten.

U.S. Air Force (USAF)
> Luftstreitkräfte der Vereinigten Staaten von Amerika.

U.S. Army
> Heereseinheiten der US-Streitkräfte.

U.S. Navy (USN)
> Kriegsmarine der USA.

Vandenberg Air Force Base (VAFB)
> US-Luftwaffenbasis in Kalifornien. Von diesem Stützpunkt aus wurden
> mehr Raketen ins All gestartet als von dem berühmten Weltraumbahnhof
> Cape Canaveral.

REGISTER

Abendzeitung 173
Abschussgelände 48
Absturz 127f, 159, 208
Abu Simbel 145
Advanced Launch System 169
Aelita 241
Aerojet 214
Afanasijev, Sergeij 152
Agena 68ff
Agoston, Tom 32, 284
Ägypten 143
Aitken 187, 192
Akademie der Wissenschaften 166
Akademie für Luft- und Raumfahrt 261
Akiba 176
Aldrin, Edwin »Buzz« 109f, 112f, 143, 232
Alexandria 143
Alpenfestung 27, 35
ALSEP 124ff, 231
Altair 273f
Anders, William 106
Andrejew, Boris D. 56
Angström-Krater 23
Anikejew, Iwan 76
Antares 121, 124f
Antarktis 137, 139
Anti-Missile-Präzisionsrakete 257
Antonov 164
Apollo 1 81, 83ff, 95f, 101ff
Apollo 7 13, 102, 104, 108
Apollo 8 13, 103ff, 141
Apollo 9 103, 105
Apollo 10 119, 141
Apollo 11 13, 108, 110ff, 117, 130,
        141ff, 146, 182, 227, 231, 233,
        278, 285
Apollo 12 11, 13, 113, 115, 231, 258
Apollo 13 12f, 113ff, 119, 140, 182, 285
Apollo 14 12, 14, 117, 119, 121f, 125,
        126, 140, 257f, 288
Apollo 15 23, 116
Apollo 16 135f, 140
Apollo 17 20, 135, 140f, 144, 233, 288
Apollo 18 140f

Apollo 19 140
Apollo 20 140f
Apollo-Mission 25, 145, 180, 185f, 294
Apollo Applications Program 140
Apollo Lunar Scientific Experimental Package
        124, 126
Apollo Sojus Test Project 56
ARD 124
Area 51 245ff
Area J 99, 108, 109, 162, 165
Ares 269, 271ff
Arlanda 213
Arlington 83, 85
Armavirskoje 57
Army Map Service Lunar Map 238
Armstrong 11, 13, 18, 109, 112f, 143,
        154, 228
AS-204 82
Association of Lunar and Planetary Observers
        120
Astronauten-Rettungsvertrag 95
Atlantis 170, 209f
ATV 217,
Aurora 246
Außenbordmanöver 69, 107
Avro Aircraft Ltd. 67
Awdujewski 166, 168
Axter 28

Baden-Württemberg 206
Baikonur 34, 37, 41, 48f, 51, 54, 58, 73,
        75, 94ff, 100
Barnier, Lucier 59
Baron, Thomas R. 7, 84, 85
BBC 206
Beagle 206
Beatenberg 275
Beijing News 226
Beljajew, Pawel 76
Beregowoi, Georgi 75
Berlin 221, 251, 285ff, 289f
Bethesda 236
Bildübertragungssystem 43
Bobrowski, Edouard 58f

Bodenproben 103, 111, 219, 223
Bodenproben-Rückholmissionen (BRM) 223
Bodenschätze 188
Boeing 198
Bondarenko, Galina 57
Bondarenko, Valentin 57, 76
Bodarenko-Krater 57
Bonnet, Roger 275
Borman, Frank 83, 106f, 110f
Braun, Wernher von 26, 28f, 31f, 34ff,
    38, 4ff, 45, 64f, 104, 143, 280
Braun, Magnus von 29
Breschnjew, Leonid 152
British National Space Center 206
Büdeler, Werner 124, 284
Buran 164ff, 169, 286
Burczik, Klaus 35, 286
Bürgin, Luc 120, 123, 282
Bush, George W. 208f9, 221f, 253ff, 268
Buster-Bombe 257
BW 1 206
Bykovsky, Waleri 75ff

Cain, LeRoy 182f
Cameron, W. S. 132
Cape Canaveral 31f, 39, 170, 183, 189,
    276
Cape Kennedy 11, 80f, 95, 248,
Carter, Jimmy 132
Centaur 68ff
Cernan, Eugene 135, 141
Chaffee, Roger 80ff, 85
Challenger 170, 183, 248
Chamberlin, James 66ff, 250, 285
Chandrayaan (1 und 2) 200, 208, 224
Chang'e (1 und 2) 209, 224ff
Charkow 57
Cheyenne-Mountains 254f, 260
Chief of Naval Operations (CNO) 45
China 12, 58f, 195ff, 208f, 215, 218f,
    221, 224ff, 257, 264ff, 278, 288
Chronological Catalog of Reported Lunar
    Events 118
Chrunow, Jewgenij 75, 76
Chruschtschow, Nikita 51
CIA 55f, 97ff, 149f, 160, 214, 270, 287
Clapper, James R. 236f
Clementine 187, 189ff, 195, 208, 248,
    250, 252
Clemmons, Steve 88ff
Cleveland 244
Clinton, Bill 138
CNN 253
Colaprete, Tony 227

Collins, Michael 109, 112, 143
Columbia 67, 125, 143, 182ff, 208, 253,
    272, 284, 288
Columbia University 125
Combined Intelligence Objectives
    Subcommitee« (CIOS) 45, 285, 292
Cone-Krater 123
Conrad, Charles 13, 113
Constellation-Programm 271, 273f
Cook, Steve 273
Crew Space Transportation System (CSTS)
    217
Criswell, David 135
Cunningham, Walter 102f, 285
Curtiss, Roger H. 119f

Data and Photo Control Departement 129
DDR 91
Debus, Dr. Kurt 30ff, 132, 285
Defense Mapping Agency 238
DeLay, Tom 264
Departement of Defense (DoD) 189
Descartes-Region 135
Deutschland 26ff, 35, 42, 45, 75, 196,
    221f, 229, 268, 275
Discovery 209
District of Columbia 67
dpa 42, 58f, 115, 218f, 232, 276
Dobrowolski, Georgij 5, 147
Dornberger, Walter 28
Dreamland 246
Druckabfall 147
Druckkammer 57
Dudok, Evert 217
Duke, Charles 135
Düsenbomber 45

EADS Astrium 221
Eagle 11, 13, 109, 112f, 130, 143,
Eisele, Don 102f
Eisenhower, Dwight D. 37
Electronic News 56
Endeavour 209
Energija 166, 168f, 172
Erdanziehungskraft 23
Erdatmosphäre 58, 78f, 93, 96, 131, 182
Erdorbit 40, 69, 103, 105, 149, 152,
    155, 270, 274
Erdumkreisung 58
Erdumlaufbahn 14f, 38, 146, 169, 181,
    260f, 277
ESA 202, 206f, 216ff, 221, 266f, 274f,
    278
Estonia 210, 212f 218f, 251f

Evans, Ronald 135
Explorer 1 40, 42
Expo 2000 196
Extra Vehicular Activities (EVA) 69

Fabian, Rainer 14
Fallschirmsystem 91, 103
Fedorow, Jewgenij 76
Fehlschlag 48, 52, 153, 157ff
Fehlstart 47, 170, 195f
Fellwock, Perry 92ff
Fengyun-1c 197
Feststoffrakete 174
Filatjew, Valentin 76
Florida 11, 32, 81, 91, 174, 184, 189,
    248, 264
Florida Today 264
Fort (George) Meade 92
Fossilien-Rover-Mission 137
Fra Mauro(-Hochland) 14, 117, 119ff,
    124, 126, 258
Frankfurter Allgemeine Zeitung 173
Französisch-Guyana 217, 266

Gagarin, Juri 54ff, 73, 75f, 112, 154
Gagarin-Krater 57
Gainor, C. 67, 285
Galaktika 9, 240, 241, 260
Galilei 25, 27
Galileo 187ff, 192f, 205, 285f
Garmisch-Partenkirchen 26f, 29, 31f 35
Garneau, Marc 220f
Geise, Gernot L. 229ff, 285
Gemini (1 bis 14)   68, 70, 106
Geographos 190, 191
Geotail 174
Glasnost 49, 53, 156, 169, 197, 218,
    244, 255, 260
Gluschko, Valentin 152f, 155, 165, 168
Goldin, Daniel 108, 255
Gorbatko, Viktor 76
Gorbatschow, Michail 49, 169
Gordon, Dick 286
Graham, Robert W. 244
Gravitation 174, 191
Gretschko, Georgij 75
Griffin, Michael 182, 185f, 219, 264
Grissom, Scott 85ff
Grissom, Virgil »Gus« 79ff, 90, 103
Groomlake 246
Großbritannien 206, 219
Gröttrup, Helmut 36
GRU 156, 292
Guozhu, Liang 197

H-II 174
Haas, Walter 120
Hagoromo 174
Haimoff, Elliott H. 59
Haise, Fred 14, 114
Hallig, Christion 32, 286
Hampton 67, 86
Hannover 196
Hartt, B.A. 45
Harvey, Brian 74, 155, 286
Hawaii 39, 257
Hess, Wilmot 239
Hirschfeldt, Johan 213
Hiten 172ff
Hitler, Adolf 26f, 284, 286
Hoagland, Richard 129
Hochorbitalflug 68, 70
Holmburg, Al 84
Hoose, Hubertus 35, 286
Horizontglühen 134f, 139, 280,
Houston 13, 71, 109, 111, 113, 115,
    124f, 143, 182
Hubble Space-Teleskop 145
Humphrey, Hubert H. 73
Husband, Rick 183
Hussein, Saddam 265

ILA 251
Iljuschin, Sergej 58f
Iljuschin, Wladimir 55, 58, 60
Indian Space Research Organisation (ISRO)
    199, 292
Indien 12, 162, 199ff, 208, 224, 257, 268
Institute of Space and Astronautical Sciences
    (ISAS) 173
Interfax 266
Interkontinentarakete 189, 246
Interkosmos-Programm 200f
Interlaken 14, 127ff
International Space Station (ISS) 145, 151,
    154, 168, 177, 180, 185f, 214, 216,
    252ff, 254, 262ff, 266f, 270, 274f
Irak 171, 265
ISAS 174
Iswestija 57
Italien 221
Iwanow, Sergej 268f

J-Missionen 140
Japan 8, 12, 172ff, 176ff, 195, 199, 208,
    257, 288
Jelisejew, Alexej 75
Jelzin, Boris 213
Jessel, Walter 31

Jet Propulsion Laboratory 144, 242,
John F. Kennedy Space Center 130f, 285
Johnson, Lyndon B. 69, 71, 98, 101, 106ff
Johnson Space Center 288
Johnston, Ken 129
Jupiter 38, 187, 189, 242, 285

Kaguya 174, 177, 208
Kalifornien 187, 189, 239, 247, 254
Kalinin 36
Kamanin, Nikolaij 76, 94
Kammler, Hans 28, 29, 44f
Kanada 11, 219, 220
Kapsel 42, 58, 61, 65, 68, 70, 73, 78f,
    82f, 85f, 93f, 96, 102, 107, 111f,
    146, 181, 214, 249ff, 270f, 273
Karpow, Jewgenij 76
Kartaschow, Anatoli 76
Kasachstan 38, 48, 100, 171
Keldysch 111
Kennedy, John F. 54f, 62, 64ff, 70, 75,
    81, 104, 142, 146, 209, 240
Kennedy Space Center 130f, 174, 285, 290
KGB 49, 55, 214
Klimuk, Pjotr 76
Kling, Jörg 183
Komarow, Wladimir 75f, 79f, 91ff, 93ff,
    101, 103, 288
Komet 136, 192
Kometenschauer 22
Kommandokapsel 114, 230
Konecci, Eugene 15
Kontrollzentrum 52, 104, 109, 111, 115,
    157, 182, 187, 241, 265, 273
Korea Space Launch Vehicle 201
Koroljow, Sergej 7, 34, 36ff, 41ff, 51,
    53ff, 6ff, 72ff, 79, 87, 96, 108,
    110, 147, 150, 152f, 168, 205
Kosmodrom 49, 58, 110, 162, 171, 245
Kosmos 60 158
Kosmos 111 155, 158
Kosmos 146 103, 158
Kosmos 154 103, 158
Kosmos 159 158
Kosmos 300 159
Kosmos 305 159
Kosmos 379 149, 159
Kosmos 382 149, 159
Kosmos 398 149, 157, 159
Kosmos 434 149, 159
Kosmos 2423 245, 288
Kossygin, Alexej 93
Kourou 206, 216f
Kranz 115, 182

Krasnow, Alexej 268
Kraft, Chris 182
Kriegsraumschiff 155
Kubassow, Walerij 75
Kuklin, Anatoli 76
Kusnezow, Alexej 245

L-1 75, 103, 107, 287
Laboratory Factory Module 181
Laboratory Residence Modul 181
Landebehälter 42
Landefallschirm 94
Landephase 159
Langer Marsch 195f
Langley Research Center 67, 270
Laser-Altimeter 192
Laserkanone 256
Latham, Garry 125
Laika 36ff, 262f, 283
Leningrad 261
Leonow, Alexej 65f, 75ff, 107f
Lewis Research Center 244
Libergot, Sy 115
Lindenberg, Hans 28
Liwei, Yang 194, 196
London 95, 284, 286, 290
Los Angeles 26, 246
Lovell, James 14, 106, 113f, 287
LPG 176,
LTP 8, 132, 133, 134,
Lucey, Paul 257
Luna (4 bsis 26) 74f, 103, 105, 110f,
    155, 158ff, 162
Luna Glob 224, 257
Lunabas 25
Lunar Expedition Plan 239,
Lunar Expeditionary Spacecraft 181
Lunar Flying Unit 239
Lunar Horizon Glow 133f
Lunar Module 114, 230, 273, 294
Lunar Orbiter 196, 284,
Lunar Orbiter 2 120, 155
Lunar Prospector 193, 195, 205
Lunar Receiving Laboratory 129
Lunar Reconnaissance Orbiter 205
Lunar Rover 115, 140, 179, 196, 239, 241
Lunar Science Institute 135,
Lunar Scientific Survey Module 239
Lunar Transient Phenomena 132, 133
Lunik 42f
Lunoschod 1 147ff, 156, 159
Lunoschod 2 159
Lunoschod 3 162
Lusser, Robert 32

LZhM 181
LZM 181

McDonald, Clark 88ff
Makarow, Oleg 75f
Manned Orbiting Laboratory 249, 264
Marchetti, Victor 214, 287
Mare Crisium 112, 280
Mare Imbrium 20
Mare Tranquillitatis 21, 120f
Marius Hills 140
Mars 8, 76, 137ff, 187, 196, 209, 218,
223, 241ff, 248, 285ff
Mars Express 275
Mars Polar Lander 237, 239
Marschflugkörper 44f
Marsrover 223, 225, 253
Marssonde 206, 237
Maryland 92, 236
Master-Alarm 109
Mattingly, Thomas 114
McDonnell Douglas Aerospace 259
mdr 49, 50, 51, 206
Mehner, Thomas 44f, 47, 282, 287
Mercury 60f, 68, 79
Merk, Otto 37f, 83, 287
Mielke, Heinz 78, 287
Mir 155, 170, 210, 214, 252
Mission Control Center 13, 182
Mitchell, Edgar d. 14f, 119, 121ff, 126ff
MOL 249, 264
Mond-Gravitationsmanöver 190
Mondauto 115, 162
Mondbasis 1 177
Mondbesiedelung 178, 197
Mondbilder 129, 156
Mondboden 110ff, 159, 223, 257
Monderkundung 15, 78, 193, 195, 208,
238, 241, 251
Mondexpedition 13, 75, 117, 135
Mondflug 117, 140, 152
Mondgestein 25, 110, 124, 136, 142f,
145, 153, 181, 196, 284
Mondkolonie 178, 189, 192
Mondkrater 21ff, 119, 239
Mondlandefähre 13, 105
Mondlander 77, 155
Mondlüge 232f, 250
Mondmobil 147
Mondorbit 73ff 135, 158, 230, 256f, 276
Mondorbiter 155, 159, 220, 255
Mondprobe 159
Mondrover 156, 159, 174, 223f
Mondrückseite 42f, 57, 129, 157

Mondsäulen 156
Mondschürfer 193
Mondumkreisung 68, 70, 78, 108, 159,
274
Mondumlaufbahn 103, 155, 158, 162
Mondumrundungsflug 107
Mondvulkan 208
Moskau 36f, 46, 49, 54, 57ff, 65, 73,
90, 95, 107, 110, 146f, 151, 157,
161, 168, 201, 212, 241, 251,
264ff, 290
Mosnews 218
Multispektralanalysator 190
Muses A 173
Mutterschiff 73, 143, 273

N-1 104f, 107f, 117, 148, 15ff, 155,
159, 162, 165, 168, 214
NASDA 173
National Aeronautics and Space Administra-
tion 288, 289
National Geospatial-Intelligence Agency 237
National Imagery and Mapping Agency 237
National Intelligence Estimate Number 11-1-
67 98, 100
National Security Agency 59, 92, 98
National Space Development Agency 173
Navigationssystem 95, 257
Navy Seals 264
Nedjelin, Mitrofan 48
Neljubow, Grigori 76
Netzzeitung 221
Neu Delhi 199
Nevada 229, 246
New Mexico 127
New Scientist 137
New York 11, 26, 45, 126, 284ff
Nigeria 200
Nikitin, Nikolai 76
Nikolajew, Andrian 64f, 75
NIMA 236f, 249
Nippon H-1 173
Nomad Explorer 276
NORAD 254f, 260,
Nordkorea 265
North American Aviation 83f, 88
Norwegen 45
Nowosti 218f, 245
NSA 59, 92f
NSDAP 30

Oberammergau 28f, 32
Oberg, James E. 45, 48f, 288
Oberth, Hermann 32

Ohio 244
O'Keefe, Sean 234f, 237, 251
Operation Mona 238, 239
Orion 270ff

Page, Dr. Thornton 129
Paine, Thomas 141
Pasadena 144, 187, 242
Pazajew, Viktor 5, 147
Pazifik 61, 106, 115, 125, 144, 248
Pearl Harbour 39, 59
Peenemünde(r) 27ff, 35, 36, 40, 42, 66f
Peking 197, 199, 215, 219, 221, 225f,
    265f
Penetrator 206, 223, 257ff
Penkovsky, Oleg 55f
Pentagon 15, 199, 213, 234, 237, 242,
    248, 250, 258, 260, 268
Perestroika 53, 156, 169, 197, 218 244,
    255, 260
Perminow, Anatoli 201, 220, 251, 266f
Phoenix 242, 244
Pioneer 234, 239, 242
Pluto 160f
Politbüro 51, 54, 65, 75, 107, 150ff
Pompidou, Georges 73
Popowitsch, Pawel 65, 76f
Popowkin, Wladimir 262
Progress 155
Projekt X 265
Proske, Rüdiger 120, 289
Prospector 193, 195, 205, 286
Proton 24, 99, 100, 103, 255
Protoneneruption 24
Putin, Vladimir 214, 221
Puttkamer, Jesco von 177, 179, 185

Quale, Dan 179
R-16 48, 51
Rabe, Jutta 212ff
Radio Moskau 53
Rafikow, Mars 76
Ramses-Tempel 145
Raumgleiter 240, 260f
Raumpendler 166
Raumtransporter 155, 169, 186
Raytheon 257
Reagan, Ronald 168, 244
Red Socks 241f
Redstone-Rakete 38
Reutte 28
Ride, Sally K. 178ff
Rom 24, 221
Röntgenspektrometer 256

Roosa, Stuart 119
Roskosmos 202, 217, 221, 252, 266ff
Rossija 58
Roswell 127ff
Rukawischnikow, Nikolai 76
Rychly, V.L. / -Report 45

Sabotage 17, 51, 53, 86g, 90, 148, 153
Sacharow, Andrej 49
Sagan, Carl 187, 289
Saikin, Dimitri 76
Saljut (1 bis 7) 146, 140, 152, 155, 200f
San Antonio 143
San Francisco 246
Santa Cruz(-Plan) 238f
Sarafin, Mike 183
Saturn 20, 31
Saturn V 66f, 96f, 102, 104, 143, 151,
    168, 186, 271f
Sauerstoff 24, 57, 82, 137, 181,
Schargin, Juri 261, 262
Schatalow, Wladimir 75
Schirra, Walter »Wally« 102f, 289
Schmitt, Harrison 135, 143
Schonin. Georgij 76
Schubkraft (-stärke) 44, 99f, 166, 168,
    272
Schumacher-Krater 227
Schwarzer September 111
Schweden 206, 213
Schwerlastrakete 168, 186
SDI 168, 189, 213, 260
Secret Service 111
Selene 208
Sensenbrenner, James 87
Seoul 201, 202
Sewastijanow, Vitali 76
Sharma, Rakesh 200f
Shepard 14f, 60f, 119, 121ff, 264
Siddiqi, Asif 34, 37, 64, 149, 153, 289
Siefarth 124
Sky and Telescope 120
Skylab 140, 151, 152, 186, 289,
Slayton 79
Smart 1 206ff, 275
Sniker 29
Sojus 1 91, 92, 93, 94, 95, 96, 102
Sojus 2 7, 94f
Sojus 3 104
Sojus 4 107
Sojus 6 146, 149
Sojus 11 147, 149
Sojus T-11 200
Sojus TMA-5 262

Solarkraftwerk 166
Solarwind 136
Somerton Publishing 130
Sonnensystemforschung 173
Soyus-K 218
Space Defense Initiative 168,
Space Shuttle 71, 141, 151, 154f, 164f,
    168ff, 186, 199, 210, 214, 260,
    270, 286
Space Task Group 67f
Space Transportation System (STS) 185
Spähsonde 156
Spektralbereich 191
Spiegel TV 51
Spione 17, 26, 32, 100, 214, 265
Spirit 223ff, 253, 283
Sputnik (1, 2 und 7) 34, 38, 46, 49, 51
Stalin, Josef 33, 37, 51
Star Magazine 86, 88
Startkomplex 34   88, 90, 91
Startkomplex 41   48f
Startkomplex J   99
Sternenkrieger 260ff, 264
STG 67, 69, 71
Stockholm 210, 213
Strap-on-Booster 166
STS 183, 217
Stuhlinger, Ernst 32
Südkorea 12, 201f, 209
Superbooster 159, 168, 197, 271, 272,
Surveyor (1 bis 7) 113, 134f, 231
Swedish Space Corporation 206
Swesda 181f, 241
Swigert, John 14, 114, 115
Swing-by-Verfahren 187

Tallinn 210ff
Telemetriedaten 151
Telepathieforschung 15
Tereschkowa, Walentina 65
Tern 59
Texas 13, 183f
The Local Sweden's News 206
The Soviet Space Program 98, 160
Titan II 189
Titow 76
Tjuratam 99f 108ff, 148, 151, 157, 162,
    164, 168, 170ff, 245, 254, 276
Toftoy 32
Toronto 67
Tschechoslowakei 45
Turicum 32
Türkei 94
Tyulin, Gregori 75

UDSSR 286
Ufo 121, 127, 130, 131, 132, 246
UNO 111, 194, 235, 277f
Uranium 197
Urnebel 23
USA today 185
Utö 211

V-1 bis V-4 26ff, 36, 38, 44ff, 75
Vandenberg Air Force Base 189, 246f, 254,
Vanguard-Rakete 41
Venus 51ff, 187
Vergeltungsexpress 26, 28, 36
Vergeltungswaffen 27, 45
Viking 242
Virginia 67, 86
Vorbeiflug 157
Voronin 212

Waffen-SS 44
Ward, Peter 137, 139
Warmalow, Valentin 76
Washington Post 219, 267
Wassereis 192, 242
Wasserung 61, 125
Webb, James 82, 102, 104, 106ff, 284
Webb-Monster 105, 108, 117, 148, 150
White, Edward 73, 80f, 83, 85, 138,
    221, 253
Wolff, Robert 144
Wolinow, Boris 75f
Wolkow, Wladislaw 75, 147
Woloschin, Walerij 76
World Mystery Forum 127f
Worobjow, Alexander 217
Woronow, Anatolii 76
Woschod (1 bis 3) 65, 79ff, 91, 98
Wostok (1 bis 4) 54, 57, 64f

Xichang 195, 197

Young, John 135, 182

Zhong Chan Er Bu 199
Zond 3 156, 158
Zond 4 78, 103, 158
Zond 5 103, 158
Zond 6 103, 158
Zond 7 146, 159
Zond 8 159
Zweitstufe 103, 166